D1080141

Hans Küng

Ist die Kirche noch zu retten?

HANS KÜNG

Ist die Kirche noch zu retten?

Piper München Zürich

Mehr über unsere Autoren und Bücher:

www.piper.de

FSC
Mix
Produktgruppe aus vorbildlich
bewirtschafteten Wäldern und
anderen kontrollierten Herkünften
Zert.-Nr. GFA-COC-001223
www.fsc.org
© 1996 Forest Stewardship Council

ISBN 978-3-492-05457-7
© Piper Verlag GmbH, München 2011
Satz: Dr. Stephan Schlensog, Tübingen
Druck und Bindung: CPI – Clausen & Bosse, Leck
Printed in Germany

Inhalt

III. Keime einer chronischen Krankheit
Untersuchungsbefunde und Therapien   93

IV. Rehabilitation mit Rückfällen
Triebkräfte und Gegenkräfte auf dem Weg in die
Moderne   115

V. Große Rettungsaktion
Reformation und Moderne nur halb eingeholt   147

VI. Ökumenische Therapie
Rettungsmaßnahmen

Zum Schluss: Die Vision bleibt   255

Was mich jetzt zum Schreiben drängt

Lieber hätte ich dieses Buch nicht geschrieben. Es ist nicht angenehm, der Kirche, die meine geblieben ist, eine solch kritische Veröffentlichung widmen zu müssen. Ich meine die *katholische Kirche*, die größte, mächtigste, internationalste, in etwa auch älteste Kirche, deren Geschichte und Geschick aber auch alle anderen Kirchen beeinflusst.

Lieber hätte ich freilich meine Zeit anderen dringenden Fragen und Projekten gewidmet, die auf meiner Agenda stehen. Aber der Restaurationskurs der letzten drei Jahrzehnte unter den Päpsten Karol Wojtyla und Joseph Ratzinger mit seinen fatalen und für die gesamte christliche Ökumene zunehmend dramatischen Auswirkungen drängt mir erneut die mir keineswegs angenehme Rolle des Papstkritikers und Kirchenreformers auf, eine Rolle, die oft die mir wichtigeren Aspekte meines theologischen Œuvres verdeckt.

Die große Kirchenkrise

In der gegenwärtigen Situation kann ich es nicht verantworten zu schweigen: Seit Jahrzehnten habe ich auf die große Krise der katholischen Kirche, faktisch eine *Kirchenleitungskrise,* die sich da entwickelte, aufmerksam gemacht – mit wechselndem und in der katholischen Hierarchie mäßigem Erfolg. Erst mit der Enthüllung der zahllosen Missbrauchsfälle im katholischen Klerus, die über Jahrzehnte hin von Rom und den Bischöfen weltweit vertuscht worden waren, ist diese Krise als *Systemkrise* für die ganze Welt sichtbar geworden und erfordert eine fundierte theologische Antwort. Alle noch so groß inszenierten Papstmanifestationen und Papstreisen (je nachdem als »Pilgerreise« oder »Staatsbesuch« inszeniert), alle die Rundschreiben und Kommunikationsoffensiven können über die anhaltende Krise nicht hinwegtäuschen. Diese äußert sich in Hunderttausenden von Kirchenaustritten allein in der Bundesrepublik Deutschland während der letzten drei Jahre und in einer zunehmenden Ferne der Bevölkerung zur kirchlichen Institution überhaupt.

Nochmals: Ich hätte dieses Buch lieber nicht geschrieben. *Nicht* geschrieben hätte ich dieses Buch:

1. wenn sich die Hoffnung erfüllt hätte, *Papst Benedikt* würde unserer Kirche und der gesamten Christenheit im Geist des Zweiten Vatikanischen Konzils einen Weg nach vorne weisen. Diese Hoffnung war in mir gekeimt in der vierstündigen freundschaftlichen persönlichen Unterredung mit meinem früheren Tübinger Kollegen in Castel Gandolfo 2005. *Aber*: Benedikt ging den zusammen mit seinem Vorgänger eingeschlagenen Weg der Restauration stur weiter, distanzierte sich in wichtigen Punkten vom Konzil und von großen Teilen des Kirchenvolkes und versagte angesichts des weltweiten Sexualmissbrauchs von Klerikern;

2. *wenn* die *Bischöfe* die ihnen vom Konzil zugesprochene kollegiale Verantwortung für die Gesamtkirche wirklich wahrgenommen und sich in Wort und Tat dazu geäußert hätten. *Aber*: unter der Herrschaft Wojtyla/Ratzinger wurden die meisten wieder linientreue Befehlsempfänger des Vatikans, ohne eigenes Profil und Verantwortung zu zeigen: auch ihre Antworten auf die neuesten kirchlichen Entwicklungen waren zögerlich und wenig überzeugend;

3. *wenn* die *Theologenschaft* sich wie früher kraftvoll, gemeinsam und öffentlich zur Wehr gesetzt hätte gegen neue Repression und den römischen Einfluss auf die Auswahl des wissenschaftlichen Nachwuchses in Fakultäten und Seminarien. *Aber*: die meisten katholischen Theologen haben begründete Angst, tabuisierte Themen in Dogmatik und Moral unvoreingenommen kritisch zu behandeln und deshalb zensuriert und marginalisiert zu werden. Nur wenige wagen die

weltweite reformerische »KirchenVolksBewegung« zu unter-
stützen. Und von evangelischen Theologen und Kirchenfüh-
rern erhalten sie auch nicht genug Unterstützung, da viele
von ihnen Reformfragen als binnenkatholische Probleme
abtun und manche in der Praxis die guten Beziehungen zu
Rom der Freiheit eines Christenmenschen bisweilen vorzie-
hen. Wie in anderen öffentlichen Diskussionen spielte die
Theologie selbst in den jüngsten Auseinandersetzungen um
die katholische und die anderen Kirchen eine geringe Rolle
und verpasste die Chance, die notwendigen Reformen entschieden einzufordern.

Woran die Kirche leidet

Von den verschiedensten Seiten wurde ich immer wieder
mündlich und schriftlich gebeten und ermuntert, klar Stellung zu beziehen zu Gegenwart und Zukunft der katholischen Kirche. So habe ich mich schließlich entschlossen,
statt einzelner Kolumnen und Artikel eine kompakte zusammenfassende Schrift zu verfassen, die darlegt und begründet, was sich als meine überprüfte Einsicht in den *Kern der
Krise* herausstellt: Die *katholische Kirche*, diese große Glaubensgemeinschaft, ist ernsthaft *krank*, sie *leidet unter dem
römischen Herrschaftssystem*, das sich im Lauf des zweiten
Jahrtausends gegen alle Widerstände etabliert und bis heute
durchgehalten hat. Es ist, wie zu zeigen sein wird, charakte-
risiert durch ein Macht- und Wahrheitsmonopol, durch Juridismus und Klerikalismus, Sexual- und Frauenfeindschaft
sowie geistlich-ungeistliche Gewaltanwendung. Dieses System trägt zwar nicht die alleinige, aber doch die Hauptverantwortung an den drei großen Spaltungen der Christenheit:
die erste zwischen West- und Ostkirche im 11. Jahrhundert,
die zweite in der Westkirche zwischen katholischer und protestantischer Kirche im 16. Jahrhundert und schließlich im

18./19. Jahrhundert die dritte Spaltung zwischen römischem Katholizismus und aufgeklärter moderner Welt.

Doch sei sofort angemerkt: Ich bin ökumenischer Theologe und *keineswegs papstfixiert*. In »Das Christentum. Wesen und Geschichte« (1994) habe ich auf gut tausend Seiten die verschiedenen Perioden, Paradigmen und Konfessionen in der Geschichte des Christentums analysiert und dargestellt, und da lässt sich nun einmal nicht bestreiten, dass das Papsttum das zentrale Element des römisch-katholischen Paradigmas ist. Ein Petrusamt, wie es sich aus den Ursprüngen entwickelte, war und bleibt für viele Christen eine sinnvolle Institution. Aber seit dem 11. Jahrhundert wurde daraus immer mehr ein *monarchisch-absolutistisches Papsttum*, das die Geschichte der katholischen Kirche beherrschte und zu den genannten Spaltungen der Ökumene führte. Die trotz aller politischen Rückschläge und kulturellen Niederlagen ständig zunehmende innerkirchliche Macht des Papsttums stellt das entscheidende Merkmal der Geschichte der katholischen Kirche dar. Die neuralgischen Punkte der katholischen Kirche sind seither nicht so sehr die Probleme der Liturgie, der Theologie, der Volksfrömmigkeit, des Ordenslebens oder der Kunst, sondern es sind die in der traditionellen katholischen Kirchengeschichte zu wenig kritisch herausgearbeiteten Probleme der Kirchenverfassung. Gerade diese werde ich hier, auch wegen ihrer ökumenischen Sprengkraft, mit besonderer Sorgfalt behandeln müssen.

Joseph Ratzinger, der jetzige Papst, und ich waren die beiden jüngsten offiziellen Berater des Zweiten Vatikanischen Konzils (1962–65), das versuchte, dieses römische System in wesentlichen Punkten zu korrigieren. Dies aber gelang wegen des Widerstands der römischen Kurie leider nur teilweise. In der nachkonziliaren Zeit machte Rom die Erneuerung dann auch mehr und mehr rückgängig, was in den letzten Jahren zum offenen Ausbruch der schon längst wuchernden bedrohlichen Erkrankung der katholischen Kirche führte.

Die Skandale um Sexualmissbrauch im katholischen Klerus sind nur das jüngste Symptom. Sie haben einen solchen Umfang angenommen, dass in jeder anderen großen Organisation eine intensive Erforschung der Gründe für eine derartige Tragödie eingesetzt hätte. Nicht so in der römischen Kurie und im katholischen Episkopat. Zuerst gestanden sie ihre eigene Mitverantwortung für die systematische Vertuschung dieser Fälle nicht ein. Dann zeigten sie – von wenigen Ausnahmen abgesehen – auch kein großes Interesse daran, die tieferen historischen und systemischen Gründe für eine derartig verheerende Fehlentwicklung herauszufinden.

Die bedauerliche Uneinsichtigkeit und Reformunwilligkeit der gegenwärtigen Kirchenleitung zwingt mich dazu, die *historische Wahrheit von den christlichen Ursprüngen her* gegen all die gängigen Vergesslichkeiten, Verschleierungen und Vertuschungen offen darzustellen. Dies wird gerade für historisch wenig informierte und traditionelle katholische Leser und vielleicht auch Bischöfe desillusionierend wirken. Wer sich bisher noch nie ernsthaft mit den Tatsachen der Geschichte konfrontiert sah, wird bestimmt manchmal darüber erschrecken, wie es da allenthalben zuging, wie viel an den kirchlichen Institutionen und Konstitutionen – und an der zentralen römisch-katholischen Institution des Papsttums ganz besonders – »menschlich, allzu menschlich« ist. Gerade dies bedeutet jedoch positiv: diese Institutionen und Konstitutionen – auch und gerade das Papsttum – sind veränderbar, grundlegend reformierbar. Das Papsttum soll also nicht abgeschafft, sondern im Sinn eines biblisch orientierten Petrusdienstes erneuert werden. Abgeschafft werden aber soll das mittelalterliche römische Herrschaftssystem. Meine kritische »Destruktion« steht deshalb im Dienst der »Konstruktion«, der Reform und Erneuerung, alles in der

Hoffnung, dass die katholische Kirche im dritten Jahrtausend gegen allen Anschein doch lebensfähig bleibe.

Therapeut, nicht Richter

Manche Leser werden sich darüber wundern, dass in diesem Buch vorwiegend eine medizinische Metaphorik verwendet wird. Das hat seinen Grund darin, dass sich einem bezüglich Gesundheit und Krankheit sofort Ähnlichkeiten zwischen der sozialen Körperschaft Kirche und dem menschlichen Organismus aufdrängen. Dazu kommt, dass ich in der Sprache der Medizin besser als etwa in der juristischen Sprache zum Ausdruck bringen kann, dass ich mich in diesem kritischen Buch über den Stand der Kirche nicht als Richter verstehe, sondern – in einem umfassenden Sinn – als eine Art Therapeut.

Meine Fundamentalkritik am römischen System wiegt schwer, und ich muss sie selbstverständlich Punkt für Punkt begründen. Nach bestem Wissen und Gewissen werde ich mich deshalb in diesem Buch durchgängig um eine ehrliche Diagnose wie um wirksame Therapievorschläge bemühen. Oft eine bittere Medizin, zweifellos, aber eine solche braucht die Kirche, wenn sie überhaupt wieder genesen soll. Dies ist eine spannende, aber, wie meistens bei Krankheiten, keine vergnügliche Geschichte. Nicht aus Rechthaberei oder gar Streitsucht also formuliere ich so deutlich, sondern um der Gewissenspflicht zu genügen, meiner Kirchengemeinschaft, der ich ein Leben lang zu dienen versuchte, diesen – vielleicht letzten? – Dienst zu leisten.

Von Rom aus wird man erfahrungsgemäß alles tun, um ein derart unbequemes Buch, wenn schon nicht zu verurteilen, so doch möglichst zu verschweigen. Ich hoffe deshalb auf die Unterstützung aus der Kirchengemeinschaft und der breiteren Öffentlichkeit, von Theologen und hoffentlich auch dialogbereiten Bischöfen, um die ideologisch fixierte und juristisch und finanziell zumeist abgesicherte römische Kirchenhierarchie aufzuwecken: die hier vorgelegte *Pathogenese*, diese Erklärung von Entwicklung und Folgen der Krankheit, unter der die katholische Kirche leidet, zur Kenntnis zu nehmen und den sich aufdrängenden unbequemen Therapien nicht weiter Dialogverweigerung und Widerstand entgegenzusetzen. Gibt es Hoffnung, zumindest für die Kirche in Deutschland?

Agenda für ein »Zukunftsgespräch«

Vom obersten katholischen Laiengremium, dem Zentralkomitee der deutschen Katholiken (ZdK), aufgefordert, hat die Deutsche Bischofskonferenz im Herbst 2010 in einem Brief an alle Katholiken nach der schockierenden Aufdeckung jahrzehntelanger Vertuschung sexualisierter Gewalt ein zweijähriges kirchliches »Zukunftsgespräch« angekündigt. Diese späte *Dialoginitiative* – etwa fünfzig Jahre nach dem Zweiten Vatikanum – ist zu begrüßen; ist sie doch Ausdruck dafür, dass die Bischöfe sich schließlich doch beunruhigt zeigen über die Frustration, Opposition und Abwanderung im katholischen Kirchenvolk infolge der Missbrauchskrise und des enormen Reformstaus. Der Dialog soll die Bischofskonferenz, die Bistümer, die Gemeinden und auch Fernstehende einbeziehen.

Aber: um die Jahreswende 2010/2011 war festzustellen, dass die Dialoginitiative schon wieder ins Stocken geraten war. Denn die deutschen Bischöfe sind uneins. Manche erkennen nicht einmal das Zentralkomitee der deutschen Katholiken (ZdK) als Dialog- und Kooperationspartner an – ganz zu schweigen von der mit weit über einer Million Unterschriften beglaubigten KirchenVolksBewegung »Wir sind Kirche«, einer unabhängigen »Stimme des Kirchenvolkes«. Nicht einmal auf ihren für Ende November 2010 angekündigten Brief an die Gemeinden konnten sich die Bischöfe einigen. Die Gläubigen wurden auf das Frühjahr 2011 vertröstet.

Aber diese Gläubigen erinnern sich sehr wohl, dass schon ähnliche Gesprächsinitiativen – auch im Zusammenhang mit Befragungen vor Bischofsernennungen – praktiziert wurden, die aber für die Gläubigen nichts als Enttäuschungen brachten, wie ja auch schon die Ergebnisse der »Würzburger Synode« (1971–1975) und vieler Diözesansynoden von der Hierarchie »schubladisiert« und von Rom schlicht nicht akzeptiert wurden. Daher haben auch jetzt manche Katholiken den Verdacht, die Bischöfe möchten durch ein »Gespräch« in erster Linie den großen Druck vom Kessel nehmen, um weiterhin Reformen hinauszuschieben.

Nicht weniger begründet ist der Verdacht, dass, wie schon oft, die übliche vatikanische Geheimdiplomatie auf die deutschen Bischöfe – wie früher auf die österreichischen anlässlich ihres hoffnungsvoll begonnenen »Dialogs für Österreich« (1997) – Druck ausgeübt hat, um das Dialogunternehmen möglichst abzubremsen, wenn nicht gar zu stoppen. Diese neue Dialogoffensive des deutschen Episkopats würde ohnehin mehr überzeugen, wenn sie mit Entscheidungen für bestimmte Reformen verbunden wäre, über die schon seit Jahren und Jahrzehnten »Gespräche« geführt werden. Die katholischen Laien wollen jedenfalls einen verbindlichen Dialog mit konkreten Resultaten, wovor sich mancher Bischof aber fürchtet.

Das ist erstaunlich angesichts des Befundes, dass nach dem von der Bischofskonferenz selber in Auftrag gegebenen Trendmonitor »Religiöse Kommunikation 2010« nur noch 54 % der Katholikinnen und Katholiken sich der Kirche verbunden fühlen, mehr als zwei Drittel davon in kritischer Weise. Ja, im Jahre 2010 dürften insgesamt 250 000 Menschen aus der katholischen Kirche der Bundesrepublik ausgetreten sein, ungefähr doppelt so viele wie im Vorjahr; es gab auch mehr Übertritte zur evangelischen Kirche (Angaben des Religionssoziologen Michael Ebertz, Katholische Hochschule Freiburg).

Wie auch immer: Ich stelle mich dem Dialog und lege hier eine sorgfältig ausgearbeitete und auf jahrzehntelanger theologischer Arbeit und kirchlicher Erfahrung gegründete *Agenda* für ein solches Zukunftsgespräch und entsprechende Entscheidungen vor. Vor fünfzig Jahren habe ich Ähnliches nach der Ankündigung des Zweiten Vatikanischen Konzils mit dem Buch »Konzil und Wiedervereinigung. Erneuerung als Ruf in die Einheit« (1960) getan. »Agenda« (lat.: »was zu tun ist«): nicht zu verstehen nur als Notizbuch, in das die zu erledigenden Dinge pro memoria eingetragen sind, sondern als Aktionsprogramm dringend anzupackender Aufgaben. Wie schön wäre es doch, wenn dieses Buch allen Widrigkeiten zum Trotz einen ähnlichen Erfolg hätte wie das damalige, dessen kühne Vorschläge zuallermeist durch das Konzil in Erfüllung gegangen sind. Auch heute brauchen wir nicht noch jahrelange Diskussionen und Reflexionen, sondern kühne Entscheidungen und mutige strukturelle Reformen, wie sie im letzten Kapitel dieses Buches mit aller Deutlichkeit formuliert und ausführlich begründet sind.

Sollte das gegenwärtige »Zukunftsgespräch« aber ergebnislos bleiben, so wird, davon bin ich überzeugt, diese Agenda auf der Tagesordnung der katholischen Kirche bleiben. Und dafür hat sich für mich die Mühe gelohnt.

Tübingen, 1. Februar 2011

I. Eine kranke, gar sterbenskranke Kirche?

Zum gegenwärtigen Stand

1. So kann es nicht weitergehen

»So kann es doch nicht weitergehen mit unserer Kirche! ›Die da oben‹, ›die in Rom‹ machen noch die ganze Kirche kaputt!« Solche erbitterten, empörten und verzweifelten Sätze konnte man in den vergangenen Monaten in Europa wie in Amerika oft hören, am eindrücklichsten auf dem Zweiten Ökumenischen Kirchentag in München im Mai 2010.

»Die Alternativen sind: Resignation, gewollte oder jedenfalls mit wenig Bedauern hingenommene Schrumpfung zu einer kleinen Gemeinschaft ›überzeugter Christen‹ oder Wille und Mut zu einem neuen Aufbruch«, formulierte ALOIS GLÜCK, der klarsichtige und mutige Vorsitzende des Zentralkomitees der Deutschen Katholiken nach jenem Kirchentag und drückte damit Sorge und Hoffnung vieler, und gerade der engagiertesten Kirchenmitglieder aus. Aber bei den katholischen Bischöfen fand er erst später ein Echo. Viele von ihnen wollen offenkundig weitermachen wie bisher. Deshalb die Frustration, der Zorn, oft die Verzweiflung gerade bei den loyalsten Katholiken, die das Zweite Vatikanische Konzil noch nicht vergessen haben.

Dabei steckt die katholische Kirche in der tiefsten Vertrauenskrise seit der Reformation, und niemand kann es übersehen: In ihrem Zentrum steht – das muss man auch in Deutschland sehen – JOSEPH RATZINGER, der gegenwärtige Papst, der zwar aus dem Land der Reformation stammt, aber seit drei Jahrzehnten im päpstlichen Rom lebt und die Krise verschärft, statt sie zu beheben. Als Papst BENEDIKT XVI. hat er die große Chance verpasst, das Zweite Vatikanische Konzil mit seinen zukunftsweisenden Impulsen auch im Vatikan zum Kompass der katholischen Kirche zu machen und ihre Reformen mutig voranzutreiben. Im Gegenteil, immer wieder relativiert er die Konzilstexte und interpretiert sie gegen den Geist der Konzilsväter nach rückwärts. Ja, er stellte sich sogar ausdrücklich gegen das *Ökumenische Konzil, das nach der großen katholischen Tradition die oberste Autorität in der katholischen Kirche darstellt*:

– Er hat außerhalb der katholischen Kirche illegal ordinierte Bischöfe der traditionalistischen Pius-Bruderschaft, die das Konzil in zentralen Punkten ablehnen, ohne Vorbedingungen in die Kirche aufgenommen.

– Er fördert mit allen Mitteln die mittelalterliche Tridentinische Messe und feiert selber die Eucharistiefeier gelegentlich auf Latein mit dem Rücken zum Volk.

– Er schürt ein tiefes Misstrauen gegenüber den evangelischen Kirchen, indem er nach wie vor behauptet, sie seien überhaupt keine Kirchen im eigentlichen Sinn.

– Er realisiert nicht die in offiziellen ökumenischen Dokumenten (ARCIC) vorgezeichnete Verständigung mit der Anglikanischen Kirche, sondern versucht, konservative verheiratete anglikanische Geistliche unter Verzicht auf die Zölibatsverpflichtung in die römisch-katholische Kirche zu locken.

– Er hat durch Ernennung antikonziliarer Chefbeamter (Staatssekretariat, Liturgiekongregation, Bischofskongregation u. a.) und reaktionärer Bischöfe in aller Welt die konzilsfeindlichen Kräfte in der Kirche gestärkt.

Papst Ratzinger scheint sich durch seine »Fauxpas«, schlimmen Fehltritte, zunehmend von der großen Mehrheit des Kirchenvolkes in unseren Ländern zu entfernen, das sich ohnehin immer weniger um »Rom« kümmert und sich bestenfalls noch mit der Ortsgemeinde und einem guten Seelsorger und vielleicht auch noch mit dem Ortsbischof identifiziert. Der Papst wird in seiner antikonziliaren Politik allerdings voll unterstützt von der römischen Kurie, in der man die konziliar gesinnten Kräfte isoliert und eliminiert hat. In der Zeit nach dem Konzil hat man wieder einen sehr effizienten Propagandaapparat aufgebaut, der ganz im Dienst des römischen Personenkultes steht. Die modernen Massenmedien (Fernsehen, Internet und YouTube) werden systematisch, professionell und erfolgreich für die eigenen Interessen eingesetzt. Schaut man auf die großen Massenveranstaltungen, gerade bei Papstreisen, könnte man meinen, es stünde in dieser Kirche alles zum besten. Aber entscheidend ist die Frage: was ist hier Fassade und was Substanz? Vor Ort sieht es jedenfalls anders aus.

2. Zerfall der kirchlichen Strukturen

Natürlich verkenne ich in keiner Weise die immense Arbeit, die in aller Welt vor Ort in Gemeinden geleistet wird: der unermüdliche seelsorgerliche und soziale Einsatz zahlloser Priester und Laien, Männer und vor allem Frauen; ich bin vielen solchen glaubwürdigen Glaubenszeugen in all den Jahrzehnten immer wieder begegnet. Wo stünde die deutsche Kirche heute ohne dieses unermüdliche Engagement? Wer aber dankt es ihnen? Wie viele von ihnen fühlen sich »von oben«, von römischer Politik, Theologie und Disziplin mehr behindert als gefördert! Aus aller Welt kann man Klagen vernehmen über den Zerfall traditioneller kirchlicher

Strukturen, die durch all die Jahre und zum Teil durch Jahrhunderte aufgebaut worden waren.

Auch ich ganz persönlich fühle mich betroffen. Ich denke an den drastischen Abbau der Seelsorge nicht nur in der Universitätsstadt Tübingen und in der gesamten Diözese Rottenburg-Stuttgart, sondern auch in meiner Schweizer Heimatstadt Sursee bei Luzern, wohin ich jedes Jahr im Sommer zurückkehre und wo ich auch nach wie vor der Eucharistiefeier vorstehe. Aber es bereitet mir immer weniger Freude als früher. Denn was musste ich im August 2010 feststellen? Hier eine triste Momentaufnahme:

– Die Stadtpfarrei Sursee hatte durch die Jahrhunderte immer mindestens vier ordinierte Geistliche (»Vierherren«). Jetzt aber hat sie nicht einmal mehr einen einzigen ordinierten Pfarrer, sondern wird von einem Laientheologen und Diakon, MARKUS HEIL, geleitet, der ein hervorragender Pfarrer wäre, aber als Verheirateter nun einmal nicht zum Priester ordiniert werden darf. Deshalb macht er zwar mit seinem Team ausgezeichnete Arbeit, muss aber für die Eucharistiefeier auf pensionierte Priester zurückgreifen – solange es noch solche gibt. Der zölibatäre Klerus scheint auch in der Schweiz zum Aussterben verurteilt zu sein. Niemand weiß, in Sursee und anderswo, wie es mit der Seelsorge und vor allem der regelmäßigen Eucharistiefeier weitergehen soll.

– Die Kapuziner, seit Anfang des 17. Jahrhunderts eine mächtige Unterstützung für die Seelsorge, mussten ihr Kloster in Sursee wie anderswo mangels Nachwuchses schließen und verkaufen. Auch Nachwuchs für den Diözesanklerus ist äußerst rar.

– Die nahe Theologische Fakultät Luzern, aus der im vergangenen Jahrhundert die Universität hervorging, muss ebenfalls um ihre Existenz bangen; wegen rückläufiger Studentenzahlen soll sie nach den Plänen mancher Politiker zu Gunsten des Ausbaus einer »Gesundheitsfakultät« mit der

Katholisch-Theologischen Fakultät in Fribourg oder aber mit der Evangelisch-Reformierten Theologischen Fakultät Zürich zusammengelegt werden. Studierende der Katholischen Theologie gibt es in der Schweiz zu wenige, und Ausbildungsstätten zu viele.

– Der zuständige Bischof von Basel, KURT KOCH, wenig beliebt wegen seiner römischen Linientreue, seiner Opposition zum bewährten eidgenössischen Staatskirchenrecht mit starker Laienrepräsentation und wegen seines jahrelangen Konflikts mit einer Kirchengemeinde nach der willkürlichen Absetzung ihres Pfarrers – dieser Bischof hatte beinahe fluchtartig Ende Juli 2010 seine Diözese verlassen und von Rom aus seinen Rücktritt angekündigt, wo er ebenso unvermittelt zum Chef des Sekretariats für die Einheit der Christen ernannt worden ist. Von ihm wird im römischen Kontext noch die Rede sein müssen. Dass der vom Domkapitel gewählte neue junge Bischof FELIX GMÜR, der im Januar 2011 sein Amt antritt, sich besser bewähren wird, hofft man allgemein.

Der Zustand meiner Heimatgemeinde ist typisch für sehr viele andere in aller Welt. Angesichts der Wahl des neuen Bischofs von Basel sei es »spürbar, wie viele Menschen unsere Kirche bereits innerlich abgeschrieben haben«, schrieb der Gemeindeleiter von Sursee im Vorfeld der Wahl. »Vielleicht merken wir sogar in uns, dass da und dort Resignation sich breitgemacht hat. Diese Resignation beinhaltet, dass eh alles so bleibt wie es ist.«

Die Auszehrung der Kirche schreitet auch in anderen Weltregionen fort: Zehntausende Priester haben seit dem Konzil, vor allem wegen des Zölibatsgesetzes, ihr Amt aufgegeben. Der Nachwuchs an Priestern, aber auch an Ordensleuten, Schwestern und Laienbrüdern, hat in quantitativer wie qualitativer Hinsicht abgenommen. Resignation und Frustration breiten sich im Klerus und gerade unter den aktivsten

Kirchenmitgliedern aus. Viele fühlen sich mit ihren Nöten im Stich gelassen und leiden an der Reformunfähigkeit der Kirche. In vielen Diözesen gibt es immer mehr leere Gotteshäuser, Priesterseminarien, Pfarrhäuser. In manchen Ländern werden Kirchgemeinden wegen Priestermangel, oft gegen ihren Willen, zusammengelegt zu riesigen »Seelsorgeeinheiten«, in denen die wenigen Priester völlig überlastet sind und wodurch eine Kirchenreform nur vorgetäuscht wird.

Kanon 515 des kirchlichen Gesetzbuches gibt jedem Bischof die uneingeschränkte Macht, Pfarreien zu errichten und sie auch wieder aufzuheben. Dieser Kanon wurde kürzlich auch vom obersten Gericht der römischen Kurie zitiert zur Unterstützung von Bischöfen wie Kardinal SEAN O'MALLEY von Boston, gegen den zehn Pfarreien, die von ihm aufgehoben worden waren, an den Heiligen Stuhl appelliert hatten – natürlich vergebens! Seither geht in den USA das Wort um, das leider nicht nur für die USA gilt: »No parish is safe – keine Pfarrei ist sicher«. Sicher sind sie vielleicht vor Kirchenräubern, nicht aber vor »rationalisierenden« diözesanen und römischen Kirchenoberen. Lieber geben diese die Eucharistiefeier auf, das Zentrum der neutestamentlichen Gemeinde, um des »heiligen« mittelalterlichen Zölibatsgesetzes willen. Schließlich kann man so nicht nur Priester sparen, sondern auch Geld. So hat zum Beispiel Bischof RICHARD LENNON in seiner Diözese Cleveland/Ohio 27 Pfarreien geschlossen und plant, 41 andere zu 18 Pfarreien zu fusionieren. Auch diese Betroffenen appellieren an Rom – angesichts der dortigen uneinsichtigen Bürokraten ebenfalls vergebliche Liebesmüh. Als »Christenverfolgung von oben« bezeichnet man vielerorts in Deutschland solche Fusion von Pfarreien.

Ich vermute, ein Theologe wie JOSEPH RATZINGER, der mehr als drei Jahrzehnte am vatikanischen Hof gelebt hat, kann kaum verstehen, wie weh mir ums Herz wird, wenn ich in meiner Heimatpfarrei im Sonntagsgottesdienst, wo ich in früheren Jahrzehnten eine volle Kirche vorfand, jetzt manchmal nur wenige Dutzend Gläubige vor mir sehe. Doch ist dies nicht, wie von Rom immer wieder behauptet, nur eine Folge der wachsenden Säkularisierung, sondern auch eine Folge einer von Rom zu verantwortenden fatalen binnenkirchlichen Entwicklung. Noch gibt es mancherorts aktive katholische Jugendgruppen und funktionierendes Gemeindeleben, getragen von tapferen Frauen und Männern der Gemeinde. Aber immer mehr scheint die Kirche aus dem Bewusstsein der jungen Generation zu entschwinden. Man ärgert sich nicht einmal mehr über die weltfremde Rückständigkeit der Hierarchie in so vielen Fragen von Moral und Dogma. Man interessiert sich nicht mehr für die Kirche, sie ist für das Leben vieler junger Menschen bedeutungslos geworden. Aber im Vatikan merkt man davon kaum etwas. Da brüstet man sich mit noch immer hohen Pilgerzahlen, auch wenn viele davon schlicht Touristen sind, und hält die päpstlichen Jugendtreffen für repräsentativ für »die Jugend«.

3. Die gescheiterte Restaurationspolitik zweier Päpste

Es erstaunt immer wieder, wie auch säkulare Zeitgenossen, die sich nicht der Kirche zugehörig fühlen, und ästhetisierende Intellektuelle sich blenden lassen von wieder verstärkter barocker Prachtentfaltung und von medienwirksamen liturgischen Inszenierungen, womit man in Rom eine starke Kirche und einen unangefochtenen Papst zu demonstrieren versucht. Doch kann aller sakrale Prunk nicht darüber hinwegtäuschen, dass die Restaurationspolitik JOHANNES PAULS II. und BENEDIKTS XVI. aufs Ganze gesehen gescheitert ist. Alle päpstlichen Auftritte, Reisen und Lehrdokumente vermochten die Auffassungen der meisten Katholiken in kontroversen Fragen nicht im Sinne römischer Doktrin zu verändern. Und selbst päpstliche Jugendtreffen, besucht vor allem von konservativen charismatischen Gruppierungen und gefördert von traditionalistischen Organisationen, konnten weder die Kirchenaustritte bremsen noch mehr Priesterberufungen wecken. Selbst in der Diözese Rottenburg-Stuttgart, die gemeinhin als aufgeschlossen gerühmt wird, sind von Januar bis Mitte November 2010 insgesamt 17 169 zutiefst enttäuschte Katholiken, also 0,9 % der Gesamtmitgliederzahl, ausgetreten.

Die oben skizzierte Auszehrung der Kirche ist in den vergangenen drei Jahrzehnten sehr weit fortgeschritten. Aber sie wurde weithin als unabänderliches Schicksal hingenommen, murrend zwar und klagend, aber letztlich gott- oder papstergeben. Aufgeschreckt wurde die ganze Weltöffentlichkeit erst durch die sich häufenden himmelschreienden Sexualskandale im Klerus: vor allem der Missbrauch von Tausenden von Kindern und Jugendlichen durch Kleriker, in den Vereinigten Staaten, Irland, Belgien, Deutschland und anderen Ländern – dies alles verbunden mit einer nie dagewesenen Führungs- und Vertrauenskrise.

Es darf nicht verschwiegen werden, dass das weltweit in Kraft gesetzte Vertuschungssystem von klerikalen Sexualvergehen gesteuert war von der römischen Glaubenskongregation unter der Leitung von Kardinal Joseph Ratzinger (1981–2005), wo schon unter Johannes Paul II. unter strengster Geheimhaltung die Fälle gesammelt wurden. Noch am 18. Mai 2001 sandte Ratzinger ein feierliches Schreiben über die schwereren Vergehen (»Epistula de delictis gravioribus«) an alle Bischöfe. Darin werden die Missbrauchsfälle unter das »Secretum Pontificium« gestellt, bei dessen Verletzung man sich schwere Kirchenstrafen zuziehen kann. Dieses Schreiben wurde bisher nicht zurückgezogen.

Zu Recht fordern deshalb viele vom damaligen Präfekten und jetzigen Papst ein persönliches »Mea culpa«. Doch leider hat er in der Karwoche 2010 die Gelegenheit dafür verpasst. Stattdessen ließ er sich am Ostersonntag 2010 in einer so noch nie dagewesenen peinlichen Zeremonie zu Beginn der feierlichen Messe vom Dekan des Kardinalkollegiums, Kardinal ANGELO SODANO, dem früheren Staatssekretär, seine Unschuld »urbi et orbi« attestieren. Dabei war gerade Sodano selber wegen peinlicher Verwicklungen in die öffentliche Kritik geraten. Der Papst hat die Missbrauchsfälle zwar immer wieder bedauert, zu seiner persönlichen Verantwortung jedoch hat er geschwiegen, wie auch viele Bischöfe geschwiegen haben. Auch im neuesten Papstbuch »Licht der Welt« nimmt er zu seiner Rolle keine Stellung. Das ist kein Zufall, sondern strukturbedingt.

4. Von der »winterlichen« zur kranken Kirche

Schon bald nach dem Zweiten Vatikanischen Konzil hatte der große Konzilstheologe KARL RAHNER das Wort von der »winterlichen« Kirche geprägt, das von vielen aufgenommen wurde. Und als ihm der erste Romano-Guardini-Preis verliehen wurde, wagte er es beim Festakt in München am 18. März 1970, die »institutionalisierte Mentalität« der Bischöfe als »feudalistisch, unhöflich und paternalistisch« zu charakterisieren. Mit zwei Ausnahmen hatten diese nämlich ein von ihm verfasstes und von anderen Theologen mit unterzeichnetes vertrauliches »Memorandum zur Zölibatsdiskussion« nicht einmal durch eine Empfangsbestätigung gewürdigt.

Die beim Festakt anwesenden Kardinäle JULIUS DÖPFNER und HERMANN VOLK und weitere Bischöfe zeigten über Rahners Worte nicht etwa Besinnung, gar Zerknirschung, vielmehr Unverständnis, Zorn und Wut. Ab diesem Zeitpunkt war Karl Rahner auch bei diesen als fortschrittlich geltenden Kirchenmännern nicht mehr »persona grata«. Und für den kommenden Bischof und Kardinal KARL LEHMANN, früher Karl Rahners Assistent, »wird an diesem Tag klar, dass sein Weg in der Kirche nicht der seines theologischen Lehrers K. Rahner sein könne« (so sein autorisierter Biograph Daniel Deckers). Dem Jesuiten Karl Rahner, der papsttreu noch 1968 die Zölibatsenzyklika Pauls VI. im Auftrag von Kardinal Döpfner publizistisch durch einen massenhaft verbreiteten Offenen Brief an den Klerus wirksam unterstützt hatte, wurden jetzt wie mir später »provozierende Formulierungen, peinliche Bloßstellung, Skandalisierung – all die medienwirksamen Instrumente öffentlicher Inszenierung von Konflikten und Kontroversen« vorgeworfen. Seither waren Zwangszölibat und wachsender Priestermangel für die Deutsche Bischofskonferenz erst recht tabuisiert und blieben es auch unter dem Vorsitz Lehmanns – bis zum Ruchbarwerden der zahllosen vertuschten Fälle von sexuellem Missbrauch unter dem Vorsitz von Lehmanns Nachfolger Erzbischof ROBERT ZOLLITSCH.

Karl Rahner starb in winterlicher Resignation im Jahr 1984 – ohne unter einem neuen Papst einen neuen Frühling der Kirche erlebt zu haben. Was würde er wohl zum Zustand seiner Kirche 25 Jahre später sagen? Es ist bitter: Unsere gemeinsame Hoffnung auf einen Johannes XXIV. hat sich nicht erfüllt. Sicher würde mir Rahner – nach all den üblen Erfahrungen in drei Jahrzehnten römischer Restauration – zustimmen: An einen baldigen Frühling nach einem eisigen Winter kann man angesichts der Wahl des Chefs der Glaubensinquisition zum Papst und der Kreierung Dutzender neuer konformer Kardinäle nicht mehr glauben, man muss diese Kirche vielmehr als ernsthaft *krank* bezeichnen. Dabei geht es nicht nur etwa um individuelle, »ekklesiogene, von der Kirche erzeugte Neurosen«, auf die der katholische Psychotherapeut

ALBERT GÖRRES schon vor vielen Jahren hingewiesen hatte. Es geht darüber hinaus um pathologische, *krankhafte Strukturen* der Kirche selbst, die für viele die Frage nahelegen: Ist diese Kirche nicht vielleicht *sterbenskrank, todkrank*?

In meiner Einschätzung der Lage des Zustands der Kirche fühle ich mich bestätigt durch die mit vielen Umfrageergebnissen untermauerte Analyse von THOMAS VON MITSCHKE-COLLANDE, Director Emeritus der Unternehmensberatung McKinsey/Deutschland und selbst engagierter Katholik, vom September 2010, unter dem Titel »Kirche – was nun? Die Identitätskrise der katholischen Kirche in Deutschland«. Fünf Dimensionen des Problems greifen ihm zufolge ineinander und verstärken sich gegenseitig: die Glaubenskrise, die Vertrauenskrise, die Autoritätskrise, die Führungskrise, die Vermittlungskrise. Aus verschiedenen Gründen zweifeln viele Menschen an ihrem Glauben an Gott, können in dieser Situation aber nur wenig Vertrauen in die Kirche und ihre Vertreter entwickeln, was ihnen sehr helfen würde. Und das ist verständlich, denn die Autorität der Kirche hat einen Tiefpunkt erreicht, weil sie selbst von einer tiefen Führungskrise geschüttelt wird und ihren offiziellen Glauben kaum mehr verständlich erklären und bezeugen kann.

Viele Ereignisse des Jahres 2010 verschlimmerten den Gesundheitszustand der katholischen Kirche. Sie wirkten buchstäblich wie Schüttelfröste, die den Leib der Kirche zum Zittern brachten und – um in diesem Bild zu bleiben – ein rasch ansteigendes Fieber ankündigten.

5. Fieberschübe

Ein »Fieberschauer« (»shiver«) habe die katholische Kirche erfasst, erklärte am 13. September 2010 in Brüssel auch Erzbischof ANDRÉ-JOSEPH LÉONARD, Präsident der Belgischen

Bischofskonferenz. Dieser konservative Kirchenrechtler, den Rom der belgischen Kirche gegen den Mehrheitswunsch als Präsidenten vorgesetzt hatte, sprach dabei allerdings nur einen bestimmten Krankheitsherd an, der im katholischen Belgien erschreckend deutlich wurde. Faktisch traten aber in der katholischen Kirche im Jahr 2010 gleich mehrere Fieberschübe auf, die sich in der Kirche mit fieberfreien Intervallen, meistens in Festzeiten, abwechselten.

Erster Fieberschub: polizeiliche Untersuchung gegen Bischöfe. In Belgien hatte eine unabhängige Untersuchungskommission auf zweihundert Seiten von mindestens 475 Fällen von klerikalem Kindermissbrauch berichtet und von 19 Suizidversuchen von Opfern, von denen 13 tragischerweise erfolgreich waren. Seit im April 2010 der Bischof von Brügge, ROGER VANGHELUWE, wegen sexuellen Missbrauchs seines eigenen Neffen zurücktreten musste, häuften sich die Anzeigen. Da akute Verdunkelungsgefahr bestand, ordnete die belgische Justiz drei Polizeirazzien innerhalb eines Tages an:

– Eine erste während einer Sitzung der belgischen Bischofskonferenz in Brüssel: dabei wurden sämtliche Bischöfe Belgiens zusammen mit dem apostolischen Nuntius mehrere Stunden festgehalten und eine Fülle von Akten abtransportiert.

– In der privaten Residenz von Kardinal GODFRIED DANNEELS, der bis Ende 2009 als Primas von Belgien amtiert hatte, wurden ebenfalls Akten sichergestellt.

– In Löwen wurde das mit Missbrauchsfällen befasste Zentrum, das unter der Leitung des Kinderpsychiaters Peter Adriaenssen gearbeitet hatte, durchsucht. Dieser hatte von einer »Affaire Dutroux der belgischen Kirche« gesprochen.

Das alles waren unerhörte Ereignisse in einem katholischen Land, welche die Temperatur auch in anderen Bischofshäusern und vor allem im Vatikan steigen ließen. Zwar erklärte das Brüsseler Appellationsgericht, von der Kirche bedrängt, in der Folge die Polizeiaktion wegen Unverhältnismäßigkeit für illegal. Aber es ist keine Frage, dass die Untersuchungen marode Stellen des Kirchensystems sichtbar gemacht haben – einerseits die Sexualdelikte, andererseits die bischöflichen Vertuschungen.

Zumindest Kardinal Danneels hat sich sofort in mehreren Interviews für seine »schweren Fehler« entschuldigt, dass er jenen Bischof von Brügge im Amt belassen wollte und dessen während dreizehn Jahren missbrauchten Neffen zu bewegen versuchte, seine Klage zurückzuziehen. Gleichzeitig aber erklärte der für die Aufarbeitung der Missbrauchsfälle zuständige Bischof Guy Harpigny, der Vorsitzende der Bischofskonferenz, Léonard, hätte keine klare Entschuldigung ausgesprochen, weil man finanzielle Schadenersatzforderungen der Opfer fürchte. Offensichtlich aber sind auch in katholischen Ländern die Zeiten vorbei, da die katholische Kirche für sich eine eigene Gerichtsbarkeit beanspruchen konnte und ihr eigenes Recht gegenüber dem Staat durchzusetzen vermochte, der übrigens in Belgien jährlich etwa 300 Millionen Euro an die Kirche bezahlt. Und all das ereignete sich in einer Kirche, deren Seelsorgesituation zu größter Sorge Anlass gibt: Zwei Drittel des belgischen Klerus sind über 55 Jahre alt, und ein Drittel älter als 65. Zur Zeit bereiten sich aber nur 28 Studenten auf das Priesteramt vor. Wie viele von ihnen werden sich wohl nach diesen Ereignissen noch ordinieren lassen?

Zweiter Fieberschub: *Vatikan zur Rechenschaft gezogen.* Das oberste Gericht der USA (»Supreme Court«) lehnte den Rekurs ab, mit dem der Vatikan das Urteil eines Gerichts im Staat Oregon anfechten wollte, der Vatikan könne wegen sexueller Missbrauchsfälle, die durch Priester verübt wurden, vor Gericht gestellt, verurteilt und zur Zahlung von Strafgeldern aus den vatikanischen Finanzen verpflichtet werden. Das US-Gericht verwarf also die vatikanische Position, die sich auf die juristische Immunität eines souveränen Staates berief. Rechtsanwalt JEFF ANDERSON (St. Paul/Minnesota), ein höchst erfolgreicher Sammelkläger wegen Sexualmissbrauchs, dessen Tochter ebenfalls von einem Ex-Priester missbraucht worden war, erklärte, dass damit nach acht Jahren der Verhinderung seit 2002 der Weg frei sei für eine Anklage, dass der Vatikan für seine Vertuschung der Missbrauchsfälle strafrechtlich verantwortlich sei. Demnächst soll die Klage nun gegen Kardinal ANGELO SODANO, den früheren Staatssekretär und jetzigen Dekan des Kardinalskollegiums, und gegen den jetzigen Staatssekretär Kardinal TARCISIO BERTONE gerichtet werden. Aber danach könne die Anklage auch gegen Papst Ratzinger erhoben werden. Denn dieser habe, wie die New York Times ausführlich berichtete, als Präfekt der Glaubenskongregation auf alle Sanktionen gegen den Priester Lawrence Murphy verzichtet, der von 1950 bis 1975 in Milwaukee rund 200 gehörlose Jungen missbraucht habe. Auch wenn der Papst als Staatsoberhaupt Immunität genießt, so sind das in jedem Fall desaströse Aussichten.

Dritter Fieberschub: vatikanische Geldwäsche. Früher wurde der Vatikan kritisiert, weil Firmen, in denen er finanziell engagiert war, an der Rüstungsindustrie oder an Herstellung und Handel mit Anti-Baby-Pillen beteiligt waren. 2009 musste der Präsident der Vatikanbank zurücktreten, weil er offensichtlich allzu sehr belastet wurde durch das Enthüllungsbuch »Vatikan AG« des italienischen Journalisten GIANLUIGI NUZZI, von dem noch die Rede sein wird. Als neuen Schock traf den Vatikan 2010 die Nachricht, dass die italienischen Behörden 23 Millionen Euro auf einem Konto der Vatikanbank bei der italienischen Bank Credito Artigiano konfisziert hatten und dass gegen den neuen Präsidenten der Vatikanbank, den Opus-Dei-nahen ETTORE GOTTI TEDESCHI, und ihren Generaldirektor PAOLO CIPRIANI Verfahren eingeleitet wurden. Alles – nach all den früheren Skandalen – wohl nur die Spitze des Eisbergs. Der Vatikan jetzt also nicht nur juristisch, sondern auch finanzpolitisch in seiner »staatlichen« Unabhängigkeit bedroht? Und der jeweilige Papst als juristischer Alleineigentümer der Bank haftbar? Zumindest die neuen EU-Richtlinien über Geldwäsche gelten jetzt auch für den Vatikan. Darauf werde ich im Kapitel VI näher eingehen.

Vierter Fieberschub: Krach in der obersten Kirchenleitung. Der Erzbischof von Wien, Kardinal CHRISTOPH SCHÖNBORN, ein Protégé von Kardinal Ratzinger bzw. Papst Benedikt, behauptete, der damalige Kardinal-Staatssekretär Angelo Sodano sei dafür verantwortlich, dass ein Verfahren gegen den Kinderschänder Kardinal Hans Hermann Groër, Schönborns Vorgänger, blockiert wurde, obwohl die österreichische Bischofskonferenz verkündet hatte, sie sei in Bezug auf die Schuld Groërs »moralisch sicher«. Der pädophile Kardinal trat zwar 1995 zurück, durfte aber noch in vollem Ornat an der Installation Kardinals Schönborns in Rom teilnehmen. Es erfolgte keine Verurteilung bis zu seinem Tod am 24. März 2003. Aber im Vatikan erregte man sich offensichtlich mehr über Schönborns offene Kritik an Kardinal Sodano und seine relativierenden Äußerungen zu Priesterzölibat und Homosexualität. Jedenfalls wurde er nach Rom beordert, was man in Österreich als Canossagang verstand. Nach dem Gespräch zu viert (auch Kardinal-Staatssekretär Bertone wurde hinzugezogen) erfolgte eine Presseerklärung, die keine Kritik an Sodano enthielt, vielmehr in der Behauptung gipfelte, Kritik an Kardinälen falle allein in die Zuständigkeit des Papstes. Warum denn und seit wann? Offensichtlich erforderte die Kirchenraison diese unerhörte Demütigung des Erzbischofs von Wien. Ob freilich, wie es in der Presseerklärung heißt, die »große Zuneigung« des Heiligen Vaters zu Österreich und die Anrufung des »himmlischen Schutzes Mariens, die in Mariazell so sehr verehrt wird«, den »Weg einer erneuerten kirchlichen Gemeinschaft« eröffnen wird, ist mehr als fraglich. Aber dass Kardinal Schönborn solch offene Kritik an einem der Mächtigen in der Kurie gewagt hat, wird in Österreich positiv gewertet.

Fünfter Fieberschub: Aufregung um Kondome. Großes Aufsehen erregte im November 2010 das als Buch (»Licht der Welt«) veröffentlichte lange Interview, das Benedikt XVI. seinem deutschen Hofjournalisten Peter Seewald gewährt hatte. Darin gesteht der Papst erstmals zu, dass zur Bekämpfung von AIDS Kondome in bestimmten Fällen erlaubt sein können. Selbstverständlich kann ein Papst auch in Interviews seine Meinung kundtun. Aber ob in dieser Form auch eine so delikate und intime Frage behandelt werden sollte, ist umstritten. Zunächst blieb vor allem unklar, welchen Verbindlichkeitsgrad ein solches Interview hat. Die Vorveröffentlichung im Osservatore Romano (vor der Sperrfrist!) stand offenkundig im Dienst einer gut gesteuerten und breit angelegten Werbekampagne und führte zu einem internationalen Medienspektakel. Sofort brach die Diskussion aus, ob diese päpstliche Äußerung nun eine Kursänderung bedeutete oder nicht. Im Grunde war sie beides. Nachdem Papst Benedikt auf seiner Afrikareise noch jeden Kondomgebrauch als unsittlich abgelehnt hatte, hat er nun zumindest für den Fall männlicher Homosexueller die Meinung geändert. Aber das ist faktisch das späte Eingeständnis, dass sich die bisherige rigide Lehre nicht aufrechterhalten lässt. Der Papst wusste, dass selbst konservative Katholiken, auch Bischöfe und Theologen, und erst recht auch kirchliche Organisationen für Entwicklungshilfe das absolute Kondomverbot ablehnen und dass die uneinsichtige vatikanische Politik die Kirche weltweit lächerlich macht. Insofern handelt es sich um eine *taktische Wende* und keine grundsätzliche. Die Beschränkung der ethischen Abwägung auf Prostituierte stellt einen Affront dar gegen alle Eheleute und natürlich vor allem gegen Frauen, die besonders in Afrika von AIDS betroffen sind.

Eine *grundsätzliche Wende* wäre es, wenn Benedikt nicht nur männlichen Prostituierten eine kasuistische Antwort gäbe, sondern den Abermillionen heterosexuellen Ehepartnern eine grundsätzliche Antwort: dass das römische Lehramt nicht mehr jegliche »künstliche« Empfängnisverhütung als unsittlich betrachte. In der Bibel steht darüber nichts. Es handelt sich faktisch um eine falsche Ableitung aus der Naturrechtslehre, als ob jeder Geschlechtsverkehr auf Fortpflanzung ausgerichtet sein müsse. Offenkundig will der Papst aber weiterhin an dieser in der umstrittenen Enzyklika »Humanae Vitae« Pauls VI. verkündeten Auffassung festhalten. Da sitzt er in der Unfehlbarkeitsfalle, über die endlich offen und ehrlich geredet werden müsste. Das vorläufige Ergebnis dieser Debatte: »Confusion, not clarity from Pope«, titelte die International Herald Tribune am 23. November 2010. Paradoxerweise wird dies vier Wochen später bestätigt durch die Glaubenskongregation, die unmittelbar vor dem Weihnachtsfest mit einer in sechs Sprachen verbreiteten klärenden Note »Über die Banalisierung der Sexualität« die Wogen zu glätten versuchte, die ausgerechnet ihr früherer Chef ausgelöst hatte. Der Papst habe mit seiner Kondomäußerung keinesfalls das (in der Ethik gängige) Prinzip der Güterabwägung zwischen größerem und kleinerem Übel vertreten wollen. Schade.

Leider ist kein Ende solcher Fiebermeldungen in Sicht, was einen Rückgang der Kirchenkrankheit signalisieren würde. Wie darauf reagieren?

6. Sieben Reaktionen auf die Kirchenkrankheit

Die Frage stellt sich für jeden Christenmenschen, Mann oder Frau, und so auch für jeden Theologen. Millionen Katholiken sind nicht einverstanden mit diesem Kurs. Auf diese

Situation lassen sich sieben höchst unterschiedliche Reaktionen beobachten, von denen für mich die ersten vier freilich nicht in Frage kommen:

1. Man kann aus der Kirche *austreten*, wie dies allein im Jahr 2010 aufgrund der offenbar gewordenen Skandale Zehntausende von Gläubigen getan haben: wie berichtet in Deutschland wohl um die 250 000, in Österreich (nach einer Prognose von Kardinal Schönborn) an die 80 000 Gläubige.

2. Man kann das *Schisma* einer ganzen Gruppe bewirken, wie seinerzeit der reaktionäre Alt-Erzbischof Marcel Lefebvre (1988 exkommuniziert) und seine traditionalistische Pius-Bruderschaft. Dies hat jedoch bisher wohlgemerkt keine einzige reformerische Gruppe getan.

3. Man kann in die *innere Emigration* gehen und schweigen. Viele frühere Reformgesinnte haben frustriert aufgegeben, sie bleiben zwar in der Kirche, aber engagieren sich nicht mehr: »Ist doch alles umsonst, dieses System lässt sich nicht reformieren!« So fehlt es überall immer mehr an profilierten Leuten, die Widerstand leisten.

4. Man kann sich *äußerlich anpassen*, aber privat ganz anders denken. Das tun viele, die sich mit dem Genossen Trend verbinden, und tun besonders konformistische Politiker, die auf gute Beziehungen mit der Kirche Wert legen und auf Kirchentagen und Papstmanifestationen gerne in der ersten Reihe sitzen und der Hierarchie schmeicheln, aber ihre Einwände gegen offizielles Dogma oder Moral bestenfalls privat äußern.

Es lassen sich jedoch drei weitere Reaktionen beobachten, die mir alle wichtig erscheinen:

1. Man kann sich auf Gemeindeebene *engagieren* und unbekümmert um Papst und Bischof sich mit dem Seelsorger und der Gemeinde vor Ort identifizieren oder, wie es immer häufiger engagierte Männer und besonders Frauen tun, Funktionen des fehlenden Pfarrers übernehmen.

2. Man kann *öffentlich protestieren* und energisch von der Kirchenleitung einen Wandel fordern. Doch ist das kritische Potential angesichts des massiven Widerstandes des römisch-katholischen Establishments immer schwächer geworden. Auch die Reformbewegungen leiden unter akutem Nachwuchsmangel und sind von Überalterung betroffen.

3. Man kann über die entstandene Lage *wissenschaftlich reflektieren* und publizieren und so die einzelnen Kirchenmitglieder und Gemeinden geistig orientieren und inspirieren. Das tun jene Theologen, die sich nicht resigniert zurückgezogen oder sich bequem im akademischen Elfenbeinturm eingerichtet haben, sondern ihre Aufgabe als Lehrer wahrnehmen (vgl. 1 Kor 12,28f). Hier sehe auch ich als Lehrer der Theologie meine besondere Aufgabe. Doch nicht weniger wichtig ist die Frage: Wie aber reagieren die Bischöfe?

7. Bischöfe, die zum Dialog bereit sind

Im Dezember 2010 kam ein im Erzbistum München und Freising – Wirkungsstätte des Seminaristen, Priesters, Professors und Bischofs Joseph Ratzinger – in Auftrag gegebenes Gutachten zu dem Ergebnis, dass dort in den Jahren 1945–2009 mindestens 159 Priester wegen sexuellen Missbrauchs oder körperlicher Misshandlungen auffällig geworden waren. Die tatsächliche Zahl sei aber wahrscheinlich »wesentlich höher«, ließ die zuständige Rechtsanwältin MARION WESTPFAHL verlauten. Nur in 26 Fällen wurden Priester wegen Sexualdelikten verurteilt. Fälle seien in der Vergangenheit systematisch vertuscht worden: »Wir haben es mit umfangreichen Aktenvernichtungsaktionen zu tun«.

Trotz allem: Dass der Erzbischof von München, Kardinal REINHARD MARX, das belastende Gutachten veröffentlichen ließ und sich öffentlich zu den »schlimmsten Monaten« seines Lebens bekannte, verdient hohe Anerkennung. Zeigt er doch, dass es auch theologisch konservative Bischöfe gibt, die sich des Ernstes der Lage der Kirche bewusst zu werden beginnen. Er und die bayrischen Bischöfe haben ein gemeinsames Vergebungsgebet formuliert und wollen mehr für die Prävention tun und besser mit der Staatsanwaltschaft zusammenarbeiten. Zum Jahresende 2010 hat Marx sich nochmals »für eine Linie der Offenheit, des Hinschauens und der Transparenz« ausgesprochen. Die Aufarbeitung der Krise sei noch längst nicht abgeschlossen.

Doch um die tiefe Glaubwürdigkeitskrise zu überwinden, wendet der Sprecher der Reformbewegung »Wir sind Kirche«, CHRISTIAN WEISNER, ein, müssten allerdings »die tiefergehenden Probleme angepackt werden«: Machtmissbrauch, verkrampfter Umgang mit Sexualität, fehlende Gleichberechtigung von Mann und Frau, Zölibat … Die Bischöfe dürften auch nicht hoffen, dass die Missbrauchsfälle rasch in Vergessenheit gerieten: »Da wächst kein Gras drüber.« Es genüge nicht, die Fälle organisatorisch in den Griff zu kriegen. Ob also nicht alle Bischöfe den Ernst der Lage erkennen sollten?

»Denk ich an Deutschlands Kirche in der Nacht, bin ich um den Schlaf gebracht«, so könnte ich das Heine-Wort variieren. Im Jahr 2010 haben sich – trotz der beiden mit viel finanziellem Aufwand betriebenen »Jahres der Berufung« und »Jahres der Priester« – in ganz Deutschland nur 150 Bewerber gemeldet. So wenige wie nie zuvor. Und wieviele werden sich noch vor der Weihe anders entscheiden! Und wieviele Priester werden unterdessen sterben! Bei der umgekehrten Alterspyramide des Klerus muss man vermuten, dass das zölibatäre Priestertum in absehbarer Zeit aussterben wird.

Dies ist indes nur ein weiteres Symptom für den dramatischen Vertrauensverlust, den die katholische Kirche nach einer im Juni 2010 veröffentlichten Untersuchung des Instituts Allensbach erlitten hat: »Der Anteil der Bevölkerung, der

der Kirche allgemein zutraut, in moralischen Fragen Orientierung zu geben, ist seit 2005 von 35 % auf 23 % gesunken, allein zwischen März und Juni des Jahres 2010 von 29 % auf 23 %. Zugleich ist die Überzeugung schwächer geworden, dass von den Kirchen Antworten auf Sinnfragen zu erwarten sind. 2005 waren davon noch 50 % der Bevölkerung überzeugt, im März 2010 noch 45 %, im Juni 38 %« (FAZ vom 23. 6. 2010). Die letzte Zahl ist besonders alarmierend, sie trifft den Kernauftrag der Kirche und müsste ihre Leitung zu Sofortmaßnahmen veranlassen.

Noch auf dem 2. Ökumenischen Kirchentag in München (12.–16. 5. 2010) gingen die Bischöfe mit keinem Wort auf die zahlreichen Reformforderungen ein. Unterdessen aber haben sie aus zahlreichen Artikeln, Zuschriften, Leserbriefen und persönlichen Gesprächen erfahren können, wieviel Unruhe, Unmut, Frustration und Zorn sich in Kirchenvolk und Klerus ausgebreitet haben. So zeichnet sich denn in der Deutschen Bischofskonferenz – und wenn ich nicht irre auch in anderen Bischofskonferenzen – langsam ein Stimmungswandel ab. Am Vorabend der Herbst-Vollversammlung der Deutschen Bischofskonferenz in Fulda im Oktober 2010 sprach der gastgebende Fuldaer Bischof, HEINZ JOSEF ALGERMISSEN, von einer »Stau-Situation«. Es gebe viele Fragen, die schon lange reif seien, diskutiert zu werden – von der Sexualmoral bis zum Zölibat. Diese Themen könne man nicht länger verschweigen. In der Tat ist neben der wenig verständlichen Glaubensverkündigung der seit Jahrzehnten zunehmende Reformstau, der in der Vertuschung des weitverbreiteten sexuellen Missbrauchs kulminierte, der Hauptgrund für die gegenwärtige Austrittswelle.

Eine wachsende Einsicht scheint sich auch beim Vorsitzenden der Deutschen Bischofskonferenz, Erzbischof ROBERT ZOLLITSCH, abzuzeichnen. Als Personalreferent der Erzdiözese Freiburg war er lange Jahre über das diözesane

Vertuschungssystem von Missbrauchsfällen sicher gut informiert. Als Bischof zeigte er mehr Offenheit und Dialogbereitschaft, aber als Vorsitzender der Deutschen Bischofskonferenz überschätzte er zunächst stark den politischen Einfluss der Kirche. Man erinnert sich noch daran, wie er im Kontext der Pädophilie-Skandale in arrogantem Tonfall, wie ihn deutsche Bischöfe sonst nur Pfarrern, Theologen und Laien gegenüber anschlagen, der Justizministerin der Bundesrepublik Deutschland, SABINE LEUTHEUSSER-SCHNARRENBERGER, ein 24-Stunden-Ultimatum zum Widerruf einer bischofskritischen Äußerung stellte. Er musste schließlich einlenken.

Bei einer Ministrantenwallfahrt in Rom Anfang August 2010 lobte Zollitsch die Jugend als Zukunft der Kirche und beklagte die Abnahme der Priesterberufungen, sagte aber kein Wort über das Zölibatsgesetz als Haupthindernis für den Weg zum Priestertum. Doch in seinem Eröffnungsreferat zur Herbst-Vollversammlung der Bischofskonferenz in Fulda 2010 schlug er erstaunlicherweise ganz andere Töne an. Er hielt ein »Plädoyer für eine pilgernde, hörende, dienende Kirche«. Dabei lobte der Freiburger Erzbischof das Zweite Vatikanische Konzil und rief seine bischöflichen Kollegen auf, sich um mehr Vertrauen in Gemeinden zu bemühen: »Man müsse auch auf die Zweifel an den verschiedenen Lehren der Kirche etwa im Bereich der menschlichen Sexualität hören, dass viele Katholiken die Ehelosigkeit der Priester in Frage stellen und Anstoß an manchen konservativen Positionen in der Ökumene nehmen.« So berichtet die gut informierte, in Freiburg erscheinende Wochenzeitschrift »Christ in der Gegenwart«. Nicht Rückzug aus der Moderne sei gefordert, sondern eine Hinwendung zu den Zeichen der Zeit. Um den Dialog voranzubringen, schlägt Zollitsch einen »Reflexionsprozess« vor, einen »neuen, gemeinsamen und zielgerichteten Gesprächsprozess«.

Ob ein solches zweijähriges »Zukunftsgespräch« – wie schon in meiner Vorrede erwähnt – zu wirklichen Reformen führt oder nur ein Propagandagag ist? In seiner Radioansprache zum vierten Adventssonntag 2010 sprach der Erzbischof zwar ausführlich vom Besuch der Bundeskanzlerin Angela Merkel und des französischen Staatspräsidenten Nicolas Sarkozy in seinem Freiburger Münster, sprach von französisch-deutscher Freundschaft und der Sehnsucht nach Frieden. Aber von der Reform der Kirche und der Sehnsucht der Christen nach Erneuerung und ökumenischer Verständigung kein einziges Wort. Die Weihnachtspredigt 2010 aber nutzte der Erzbischof, um in der alten, für viele unerträglichen moralisierenden Manier sozusagen im Namen Gottes ein Verbot der Präimplantationsdiagnostik (PID) zu fordern, als ob diese nicht auch von zahllosen Katholiken mit guten Gründen innerhalb bestimmter Grenzen bejaht würde (darüber in Kap. VI,16). Stattdessen hätte man erwartet, dass gerade der Vorsitzende der Deutschen Bischofskonferenz, des befleckten Bildes der Kirche eingedenk, erklärt hätte, warum der von ihm versprochene Hirtenbrief des Episkopats vom Herbst auf das Frühjahr nächsten Jahres verschoben wurde. Steht der Vorsitzende, Anfang 2011 in den neugegründeten Päpstlichen Rat für die Neuevangelisierung berufen, vielleicht unter dem Druck Roms und romhöriger deutscher Bischöfe, die sich, anders als Zollitsch, von vornherein dem Gespräch verweigern?

8. Bischöfe, die den Dialog verweigern

Sprechend ist das beredte Schweigen des streng romhörigen Flügels der Deutschen Bischofskonferenz zu diesen Fragen. Gerade diese Dialogverweigerer haben ja auch genügend Sorgen: Im großen Erzbistum Köln des Kardinals JOACHIM

MEISNER etwa gab es 2009 nur neun und 2010 sogar nur vier Priesterweihen; die Zahl der 221 Gemeinden soll auf 180 schrumpfen. Ähnlich im Bistum Essen des Bischofs FRANZ-JOSEF OVERBECK: 2009 nur 2 neue Priester und 2010 nur einer; die 272 Pfarreien mit rund 350 liturgisch genutzten Kirchengebäuden wurden zu 43 Großpfarreieinheiten fusioniert (so die Angaben der Kunsthistorikerin Dr. Christel Darmstadt von der Bürgeraktion »Rettet Bochumer Kirchen« 2010). Früher hieß es »Beispiele reißen hin«, bezüglich solcher Bischöfe muss man heute im Hinblick auf Priesterberufungen vielleicht sagen: »Beispiele schrecken ab«.

Ein erschreckendes Beispiel gibt der Bischof von Limburg, FRANZ-PETER TEBARTZ-VAN ELST, römisch gesinnter Nachfolger des aufgeschlossenen Franz Kamphaus und Zögling von Kardinal Meisner (vgl. Bericht von N. Sommer in Publik-Forum vom 3. 12. 2010). Dieser Bischof meint, einen im Bistum zirkulierenden Brief von zehn Pfarrern, der ihm Geldverschwendung, Arroganz und ein Klima der Angst vorwirft, leicht abtun zu können. Weit verbreitet in seiner Diözese ist die Kritik, dass er sich in einer für zahllose Menschen wirtschaftlich schwierigen Zeit einen millionenschweren Neubau seiner Bischofsresidenz gestattet, mit großer Wohnung und eigener Kapelle, wo im Untergeschoss nach offizieller Angabe »der Reliquienbestand des Bistums aufbewahrt« werden soll. Schlimme Zustände: Ein neuer Generalvikar, der »Diskretion als Verschwiegenheit« fordert. Angst im Klerus, die Wahrheit über die kirchliche Lage auszusprechen. Kirchenzeitungsredakteure unter ständigem Druck. Laien nicht mehr als Pfarrbeauftragte zugelassen und auch Laientheologen nicht als »Seelsorger und Seelsorgerinnen« zu bezeichnen. Priesteramtskandidaten, denen klerikaler Dünkel eingeimpft wird. Dafür Priester, die – gegen das Votum des Priesterrates – wieder mehr mit römischen Titeln wie »Prälat« oder »Monsignore« geschmückt werden. Keinesfalls sollen sie wiederverheiratete Geschiedene zur Kommunion zulassen oder homosexuelle Paare segnen. Schluss mit den bisherigen Pfarrgemeinden, dafür Konzentration auf von den übrig gebliebenen Priestern geleitete Gottesdienstzentren, zu denen sich die verbliebenen Gläubigen gefälligst hinbewegen sollen.

Kann man da den Notschrei der betroffenen Pfarrer nicht verstehen? In jenem Offenen Brief an ihren Bischof schreiben sie unter anderem: »Sind wir Auslaufmodelle? Seelsorger, die möglichst nah und verlässlich mit den Leuten in den Gemeinden das Leben teilen wollen; Pfarrer, denen ihre Gemeinden ans Herz gewachsen sind und die sie nicht wechseln und kumulieren wollen, wie man das Hemd wechselt; die in liebevolle Gesprächs- und Gebetsgemeinschaften mit ihren Gemeinden verschworen sind …; in den Räten Engagierte, die Mitverantwortung übernommen hatten und sich immer häufiger nach dem Klappstuhlprinzip in die Ecke gestellt vorkommen …; Künstler und Intellektuelle, die sehr deutlich spüren, dass ihre Welt nicht die der Bommeln und Troddeln ist, die die Kirche wieder zur Verzierung baumeln lässt, auch nicht des Hochglanzkitschs, der die leeren Worthülsen aufdesignt …«

Dieser Brief hätte auch an Bischof GEORG LUDWIG MÜLLER von Regensburg, früherer Dogmatikprofessor und Ratzinger-Freund, gerichtet werden können, der aufgrund seiner autoritären, laienfeindlichen und antiökumenischen Kirchenpolitik eine noch schlechtere Presse hat als sein Limburger Kollege. Aber er erklärte schon im Februar 2010, die Kirche habe die Probleme im Griff. Er ging deshalb auch wiederholt gegen kritische Journalisten vor und sprach noch im August 2010 von »öffentlich inszenierter Kritik«. Für die Missbrauchsopfer werde schließlich alles getan, was möglich sei.

So einen Bischof kümmert es wenig, wenn Vertreter ehemaliger misshandelter Heimkinder die jetzt von einem

»runden Tisch« vorgesehenen Entschädigungszahlungen als völlig unzureichend ansehen: statt bald ausgezahlter Pauschbeträge in vierstelliger Höhe eine weit hinausgeschobene kleinliche Prüfung des Einzelfalls. Immerhin musste Bischof Walter Mixa von Augsburg wegen Missbrauchs- und Untreuevorwürfen – nicht auf Weisung von oben, aber auf Druck von unten – von seinem Amt zurücktreten. Sein Bistum hatte 2009 rund 7 000 und 2010 sogar rund 12 000 Kirchenaustritte zu verzeichnen.

Die Front der bischöflichen Dialog- und Reformverweigerer erscheint in Deutschland zwar geschwächt. Doch wollen noch allzu viele Bischöfe die tiefe Kirchenkrise, als wäre sie eine simple Medienkampagne, nach römischem Vorbild aussitzen und mit päpstlichem Segen bequem weitermachen. Gerade so machen sie ihre Kirche krank, noch kränker.

Das gilt leider auch für andere Länder und insbesondere für die USA, wo die Katholische Bischofskonferenz neuerdings »nach rechts gekippt ist«. So der Jesuit Thomas J. Reese vom Woodstock Theological Center an der Georgetown University (vgl. sein Bericht in der »Washington Post« Anfang November 2010). Eine verhängnisvolle Rolle spielt in USA offensichtlich der frühere Vizepräsident und jetzige Präsident der Bischofskonferenz, Kardinal FRANCIS GEORGE von Chicago. Er hatte schon früher in der International Commission on English in the Liturgy (ICEL) sämtliche Gegner einer stur buchstabengetreuen Übersetzung der lateinischen Messe ins Englische hinausgedrängt. So wird diese Übersetzung in schlechtem Englisch im Advent 2011 eingeführt werden. Kardinal George führte auch die Attacke gegen Präsident Obamas Gesundheitsreform, weil sie die Abtreibung finanziere, obwohl die Catholic Health Association dieser Ansicht nicht zustimmt.

Früher verfügte die US-amerikanische Bischofskonferenz über hervorragende Präsidenten, die wie Kardinal JOSEPH

BERNADIN von Chicago im Geist des Zweiten Vatikanischen Konzils arbeiteten. Aber die Gewichte in der Bischofskonferenz wurden radikal verändert durch die Bischöfe, die von Johannes Paul II. eingesetzt worden waren. Diese verhinderten jetzt auch die Wahl des gemäßigten Vizepräsidenten zum Präsidenten, wie das bisher immer üblich war. Statt das volle Spektrum der katholischen Soziallehre zu berücksichtigen, konzentriert man sich jetzt vor allem auf zwei Moralfragen: Abtreibung und gleichgeschlechtliche Ehe. Und man stärkt auf diese Weise die Front der Obstruktion der Republikaner gegen die gesamte Politik der Obama-Administration. Offenkundig erkennt man in der Bischofskonferenz nicht, dass sich in der krisengeschüttelten Kirche selber Fundamentales ändern müsste, wenn die Kirche auch in USA auf die Dauer von ihrem Gang ins Ghetto abgehalten und gerettet werden soll. Die Kirchenkrankheit heilt jedenfalls nicht von selbst.

9. Diagnostik und Therapie erfordert

Angesichts der nicht mehr zu übersehenden Erkrankung der Kirche könnte man erwarten, dass im katholischen Weltepiskopat, dem mit dem Papst die Leitung und »Heilung« (eventuell auch heilsame Operationen) der Kirche obliegen, eine große öffentliche Grundsatzdiskussion – über schüchterne Anmerkungen zum Zölibatsgesetz und ähnlichem hinaus – eingesetzt hätte, wie die Kirche wieder gesunden könnte.

Aber noch ist es nicht so weit: Die Enttäuschung, wie sie schon KARL RAHNER auf seinen (vertraulichen) Brief an die deutschen Bischöfe im Jahr 1970 erfuhr, traf auch mich 2010, da ich auf meinen (Offenen) Brief an die Bischöfe der Welt keine einzige Antwort eines Bischofs erhielt. Dieser Brief wurde zwar in zahlreichen Medien auf der ganzen Welt verbreitet und fand viele zustimmende Leser. Aber kein einziger der rund fünftausend Bischöfe, von denen ich einige persönlich kenne, wagte es, öffentlich oder auch nur privat zu antworten. Keine positive, aber auch keine negative Reaktion, schlicht Schweigen. Den Gründen dieses Schweigens wird nachzugehen sein.

Freilich wird man mich fragen: Was sollen denn ein einzelner Bischof, ein einzelner Theologe angesichts dieser kranken Kirche schon tun können? Ich antworte nur für mich: Ich bin kein Prophet und kein Wunderheiler und wollte auch nie zum politischen Agitator werden. Was kann ich also tun, der ich mich immer als Professor der Theologie, Philosophie und Religionswissenschaft verstanden habe? Vielleicht doch so etwas wie den Dienst eines »Arztes« leisten, sozusagen eines »Schulmediziners« oder besser, wie in der Vorrede angekündigt, eines *Therapeuten*, der dieser sterbenskranken Patientin Kirche nicht durch vordergründige Erklärungs- und Entschuldigungsmuster, sondern durch eine gründliche Diagnostik und Therapie helfen und so vielleicht zumindest ein Stück weit zu ihrer Rettung beitragen kann:

1. *Korrekte Diagnosen* (griech.: »diágnosis = unterscheidende Beurteilung«): keine Verharmlosung der Krankheitssymptome (»alles halb so schlimm«), allerdings auch keine alarmistische Dramatisierung (»da hilft kein Medikament mehr!«). Vielmehr eine historisch fundierte Analyse der Krankheitsgeschichte, ja eine echte Pathogenese, die genau zu erklären vermag, warum diese Jahrhundertinstitution katholische Kirche in einen solch lamentablen Zustand geraten konnte. Ätiologie nennt man in der Medizin das Suchen nach der »aitía«, der Ursache.

2. *Wirksame Therapien* (griech.: »therapeía = Dienen, Pflege, Krankenbehandlung«): Nicht eine bloße Symptomtherapie, die nur bestimmte Krankheitserscheinungen behandelt; fiebersenkende Mittel allein helfen dieser Kirche nicht auf. Sondern eine Kausaltherapie, die durch alles Vergessen, Ver-

drängen und Tabuisieren hindurch zu den wahren Ursachen der Erkrankung vordringt und die krankmachenden Faktoren oder Prozesse bekämpft. Und wenn nötig auch Operationen, die manches Geschwür an der Wurzel packen.

An diesem Punkt werden wohl manche einwenden, das sei zuviel des Aufwandes und meiner Mühen nicht wert.

10. Sterbehilfe oder Reanimation?

Nicht wenige Zeitgenossen sind in der Tat der Meinung: Diese katholische Kirche ist unheilbar krank, sterbenskrank, aber verdient es gar nicht, gerettet zu werden. Sie könne nicht reanimiert werden. Die Erosion des Vertrauens in die Lebenskraft der Kirche hat neuerdings auch traditionelle *katholische Kreise* erfasst. Es wird immer deutlicher: Die Zahl derer, die eine Kirche für notwendig oder auch nur nützlich halten, hat seit dem Höhepunkt der öffentlichen Zustimmung in der Zeit des Zweiten Vatikanischen Konzils (1962–65) kontinuierlich abgenommen und unter Benedikt XVI. einen Tiefpunkt erreicht. Dass dies nicht nur eine Entwicklung in den »aufmüpfigen« deutschsprachigen Ländern ist, zeigen weitere signifikante Umfrageergebnisse aus verschiedenen westlichen Ländern, wiederum aus dem Jahr 2010:

In Italien, dem Land des Papstes, bezeichnet sich nur noch wenig mehr als die Hälfte der Bevölkerung als Katholiken, zwanzig Prozent weniger als im Jahr 2004 (IARD RPS). Dabei finden mehr als 80 % Religion wichtig, nur 8 % weniger als vor sechs Jahren. Doch viele wollen mit der kirchlichen Institution nichts mehr zu tun haben. Nur 46 % haben noch Vertrauen zum Papst, statt 60 % vor sechs Jahren. Eine ähnliche Entwicklung lässt sich in den katholischen Bastionen Spanien, Irland und ansatzweise auch in Polen feststellen. In USA glauben drei Viertel der Katholiken, man könne ein guter Katholik sein, ohne dem Papst Gehorsam entgegenzubringen.

Aufgrund des beschriebenen Restaurationskurses ist diese Entwicklung im »Volkskatholizismus« nicht verwunderlich. Zahllose Katholiken, auch zu Unrecht gemaßregelte und marginalisierte Theologen wie EUGEN DREWERMANN und GOTTHOLD HASENHÜTTL, wurden es leid, vergebens Einspruch zu erheben gegen den Kurs der Kirchenleitung und sind in den letzten Jahren *aus der Kirche ausgetreten*, genauer: nicht aus der katholischen Glaubensgemeinschaft, aber aus der römisch-katholischen Kirche als Körperschaft öffentlichen Rechts, aus der Kirchensteuergemeinschaft. So schon der Freiburger Professor für Kirchenrecht HARTMUT ZAPP und der Regensburger Ingenieur Dr. ANDREAS JANKER. Das kann Schule machen, ist Mahnzeichen für die Hierarchie und verständlich: Wer das Kirchenvertrauen verloren hat, will auch nicht mehr Kirchensteuer bezahlen.

Aber noch bedenklicher: eine vielfach größere Zahl von Katholiken hat sich *innerlich von der Kirche distanziert*. Man bleibt nominell katholisch, aber hat das Interesse an der Institution Kirche verloren. Ich mache mir die Einschätzung THOMAS VON MITSCHKE-COLLANDES zueigen: »Viele Kirchenmitglieder informieren sich über einen Kirchenaustritt. Die Krise ist in ihrer Art einmalig und so noch nicht dagewesen. Bisher ist noch keine Beruhigung eingetreten. Austrittszahlen könnten 2010 explodieren.« Sie sind tatsächlich explodiert.

Zu diesem Vertrauensverlust unter Katholiken gesellt sich eine wachsende *Kirchenfeindlichkeit in der säkularen Gesellschaft*. Allzu viele Zeitgenossen fühlen sich gerade durch die jüngst entdeckten Missstände bestätigt in ihrer Vorstellung von einer uneinsichtigen und zugleich machtfixierten Hierarchie, unter deren Autoritarismus, Lehrdiktatur, Angsterzeugung, Sexualkomplexen und Dialogverweigerung die ganze Kirchengemeinschaft, ja oft auch die Gesellschaft überhaupt zu leiden hat.

Aber, werden da manche Katholiken einwenden, hat Rom nicht neuerdings für das Versagen, die Irrtümer »um Vergebung gebeten«? Das stimmt, aber leider, ohne dass der Papst sich persönlich zu seinem Fehlverhalten bekannt hätte und ohne daraus praktische Konsequenzen für die Gegenwart und die Zukunft zu ziehen. Die Sexualmissbräuche und ihre Vertuschung bestätigen den Eindruck vieler, dass kirchliche Administration und Inquisition stets neue Opfer und Leiden produziere.

Und man kann es ja nicht leugnen: Kaum eine der großen Institutionen geht in unseren demokratischen Ländern so menschenverachtend mit Andersdenkenden und Kritikern in den eigenen Reihen um und keine diskriminiert so sehr die Frauen – durch die Verbote der Empfängnisverhütung, der Priesterehe und der Frauenordination. Keine polarisiert so stark Gesellschaft und Politik weltweit durch rigoristische und polarisierende Positionen in Fragen wie Homosexualität, Stammzellenforschung, Abtreibung, Sterbehilfe und ähnlichem. Und wenn Rom auch keine in aller Form unfehlbaren Lehrsätze mehr zu proklamieren wagt, so umgibt man sich dort doch noch immer gerne für alle Lehräußerungen mit der Aura der Unfehlbarkeit, als seien die Worte des Papstes unmittelbarer Ausdruck des Willens Gottes oder die Stimme Christi.

Angesichts dessen ist es nicht verwunderlich, dass die seit einem halben Jahrhundert einsetzende mehr oder weniger wohlwollende Gleichgültigkeit gegenüber dieser Kirche vielfach umgeschlagen hat in Ablehnung, manchmal sogar Gehässigkeit, Zynismus, ja offene Feindschaft. Man möchte der kranken Kirche das Sterben erleichtern, ihr sozusagen »Sterbehilfe« anbieten. In den Medien werden immer wieder Themen aus der »Kriminalgeschichte« der Kirche publikumswirksam präsentiert, welcher der ursprünglich katholische Autor KARLHEINZ DESCHNER schon vor Jahrzehnten mehrere Bände widmete. Bei aller Berechtigung solcher Darstellungen vergisst man freilich leicht, dass mit einer ähnlichen Summierung und Massierung aller irgendwo auffindbaren Irrtümer, Fehlentwicklungen und Verbrechen auch eine Kriminalgeschichte Deutschlands, Frankreichs, Englands oder der USA geschrieben werden könnte – von all den monströsen Verbrechen moderner Atheisten im Namen der Göttin Vernunft oder der Nation, der Rasse oder Partei ganz zu schweigen.

Wie immer: Voltaires Hasswort gegen die katholische Kirche »Écrasez l'infâme – Rottet sie aus, die Schändliche« äußert sich zwar selbst im laizistischen Frankreich nicht mehr als Verfolgung, wird aber dort und anderswo in Form von Marginalisierung praktiziert. Aufsehen erregte das Europäische Parlament, wo die Mehrheit den Namen Gottes in der Präambel für eine Europäische Verfassung nicht genannt haben wollte (angesichts der zahlreichen Nichtglaubenden oder Andersglaubenden in Europa verständlich), aber auch nicht einmal das Christentum neben Antike und Aufklärung als kulturelle Wurzel Europas anzuführen bereit war (angesichts der unleugbaren epochalen Kulturleistungen und humanitären Institutionen der Kirchen unverständlich). Weiteres Beispiel: eine Anzeigenkampagne militanter Atheisten in Londoner Bussen (freilich als Antwort auf die Höllenandrohungen von christlichen Fundamentalisten an die Adresse von Atheisten): »Maybe there is no God, therefore enjoy life – Vielleicht gibt es keinen Gott, also genießen Sie das Leben«. Solche Reaktionen spiegeln nur die oft angstmachende, ganz un-evangelische Verkündigung der Kirchen, und solche warnenden Symptome sollten von den Kirchen selbstkritisch reflektiert und nicht nur empört zurückgewiesen werden. Deshalb:

11. Kirchengeschichte als Anamnese

Die Krankheit der katholischen Kirche hat ihren Ursprung nicht allein in unseren Tagen. Ihre Krankheitsgeschichte ist so alt und so komplex, dass sie eingehender »Anamnese« (griech.: »Erinnerung«) bedarf. Es gilt die *Vorgeschichte der Krankheit* zu erfragen. Was der Arzt, der Psychotherapeut oder der Berater im Gespräch mit dem Patienten zu erfahren sucht, kann der Theologe und Historiker aus der Geschichte des leidenden Kirchenkörpers erfahren. Er bedarf für diese Anamnese freilich einer unideologischen, sauber diagnostizierenden Sicht der Geschichte.

Ungeeignet für eine ernsthafte Diagnose und Therapie ist jedenfalls die von Theologen im 19. Jahrhundert ausgearbeitete *optimistisch harmonisierende Interpretation* der Kirchengeschichte, die natürlich von hierarchischen Instanzen gerne in Anspruch genommen wird, um sich gegen jegliche Kritik an pathologischen Entwicklungen zu immunisieren. Da wird behauptet, in der 2 000jährigen Geschichte der Kirche habe in Lehre, Verfassung, Recht, Liturgie und Frömmigkeit ein »organisches« Wachsen stattgefunden. So können sogar die erst in der zweiten Hälfte des 19. Jahrhunderts und der ersten Hälfte des 20. Jahrhunderts durchgesetzten neuen römischen Dogmen wie die zwei über den Papst (Jurisdiktionsprimat und Unfehlbarkeit) und die zwei über Maria (Unbefleckte Empfängnis und Aufnahme in den Himmel) gerechtfertigt und können zugleich schlechte Amtsträger hingenommen werden. Die Kirche sei nun einmal ein riesiger gesunder Baum, der in dauernder Entwicklung, Entfaltung und Vervollkommnung begriffen sei, wenngleich er manchmal auch einige faule Früchte abwerfe und abgestorbene Zweige trage.

Eine solche idealistische Geschichtsideologie kann durchaus als *Palliativ* dienen, welches die Kirchenkrankheit psychisch erträglich macht, aber die Ursache der Krankheit nicht zu Gesicht bekommt. Oft aber ist sie auch nur ein *Placebo*, ein Scheinmedikament, das auf Kirchenvolk und aufmüpfige Kräfte einen Beruhigungseffekt ausüben soll. Wer die Geschichte der katholischen Kirche einseitig als organischen Reifungs- und Durchdringungsprozess versteht, der kann und will auch gänzlich unorganische, anormale, krankhafte Erscheinungen nicht sehen, wenngleich sie den ganzen Leib der Kirche infizieren. Für diese sind ja zumeist vor allem amtliche Repräsentanten der Kirche verantwortlich, und gerade sie können und wollen nicht zugeben, dass bei allem großartigen Fortschritt durch die Jahrhunderte auch erschreckende Rückfälle stattgefunden haben, an denen besonders die Päpste alles andere als unschuldig sind. Lieber sprechen solche Heiligen Väter auch recht unheilige Vorväter heilig (etwa Pius IX., Pius X., vielleicht auch Pius XII.). Heiligsprechungen des »Simul iustus et peccator«?

Aber wenn ich die optimistisch harmonisierende Sicht der Kirchengeschichte ablehne, dann andererseits auch die *hasserfüllte denunzierende Geschichtsinterpretation*, die an der Kirche kein gutes Haar lässt. Ich halte es also weder mit den kritiklosen Bewunderern noch mit den ressentimentgesteuerten Kritikern, die beide nur eine Seite der Kirche sehen wollen. Vielmehr plädiere ich für die Mühe der Differenzierung. Denn auch die Geschichte der Kirche ist – wie die aller anderen großen Institutionen – ambivalent.

Eine gründliche Anamnese geht von den historischen Ursachen der Erkrankungen aus und erklärt zugleich, warum es soweit gekommen ist. Auch Nichthistoriker können manches beobachten, aber nicht erklären: Hinter der effizienten Organisation steht oft ein mit höchst weltlichen Mitteln operierender Macht- und Finanzapparat. Hinter imponierenden Großveranstaltungen und Liturgien katholischer Massen verbirgt sich allzu oft ein verflachtes, substanzarmes Traditionschristentum. In der angepassten Hierarchie manifestiert sich vielfach ein immer nach Rom schielendes, nach »oben« serviles und nach »unten« selbstherrliches geistliches Funktionärstum. Im geschlossenen dogmatischen Lehrsystem steckt eine längst überholte autoritäre, unbiblische Schultheologie. Und mit den gepriesenen abendländischen Kulturleistungen gehen allzu viel Verweltlichung und Abweichen von den eigentlichen geistlichen Aufgaben einher.

Aber schon höre ich die Apologeten des kirchlichen Establishments: Quo iure, mit welchem Recht möchten Sie über die Institution Kirche zu Gericht sitzen? Ich wiederhole: Ich bin kein Richter, sondern Theologe, ich möchte nicht zu Gericht sitzen, sondern wie ein Arzt, Psychotherapeut, Berater diagnostizieren. Mein Rat, in vielen Büchern breit dargelegt und ausführlich begründet, war freilich von den zuständigen Autoritäten zumeist nicht gefragt. Er war ihnen unbequem. Gehörten doch viele von ihnen selber zu den krankmachenden Organen. Und von den notwendigen Operationen und Veränderungen im Kirchenkörper wollten sie nichts hören.

Aber, rufen die Apologeten, geht es denn in dieser Institution nicht um mehr als Geschichte und ständige Veränderung? Ja durchaus, es geht tatsächlich auch um Bleibendes, um die Wahrheit, gar ewige Wahrheit. Das ist die Frage: Was soll denn bleiben in der Kirche, was soll Kriterium für die Wahrheit sein?

12. Ist Tradition oder Fortschritt das Wahrheitskriterium?

Nicht nur in der Sorge um das physische Wohlergehen, sondern auch um die Wohlfahrt der Gesellschaft kann man zwei entgegengesetzte Einstellungen zur Wahrheit feststellen: Für die einen hat prinzipiell das »Alte«, das Bestehende, das alte Wissen, eben die Tradition den Vorrang, für die anderen das

Neue, die moderne Wissenschaft, die Innovation, der Fortschritt. Und wer hat recht?

Ich schätze die Tradition, bin aber kein Traditionalist. Doch es gibt Menschen in der Kirche, und nicht nur in Rom, die nur auf das *Alte* schwören. Nun kann das »gute Alte« oft Stimulans sein, sollte aber nie zum Vorbild schlechthin werden. Als ob Gott nur in einer bestimmten Periode der Vergangenheit, etwa der »Väterzeit« (griechische und lateinische Patristik) oder dem Mittelalter (Scholastik, Romanik, Gotik) präsent gewesen sei, mit den nachfolgenden Epochen aber, insbesondere mit Reformation und Aufklärung, nichts zu schaffen hätte. Diese, so meinen die Traditionalisten, seien Perioden des »Verfalls«, was man heute oft verschleiernd als »Enthellenisierung«, »Entkirchlichung« oder »Entchristlichung« bezeichnet. So aber liefert man sich dem lähmenden Mythos »Verfall« aus, der jedem Fortschritt abhold ist.

Auch der gegenwärtige Papst sieht seine Aufgabe vor allem darin, die *Wahrheit,* und diese ist für ihn eben die *Tradition,* zu bewahren. Dabei will er freilich als oberster Lehrer selber bestimmen – womöglich mit Berufung auf seine Vorgänger –, was Tradition ist und was nicht. Sein Vorgänger Pius IX. etwa hat den bischöflichen Gegnern der von ihm leidenschaftlich betriebenen Definition der päpstlichen Unfehlbarkeit, die sich nur scheinbar auf die Heilige Schrift und die alte Tradition berufen konnte, entgegengehalten: »La tradizione sono ío – die Tradition bin ich!« Faktisch ein absolutistisches päpstliches Wahrheitsverständnis, ähnlich dem absolutistischen Staatsverständnis eines Louis XIV. »L'État – c'est moi!«

So hat sich in der katholischen Kirche des 19./20. Jahrhunderts ein typischer *römisch-katholischer Traditionalismus oder Fundamentalismus* herausgebildet, der meint, alles beim Alten lassen zu müssen und zu können. Dass die Kirche immer wieder erneuert werden muss, wird bestenfalls dem einzelnen Gläubigen moralisierend vorgehalten, etwa im Sinne der besseren Beachtung der päpstlichen Sexualmoral. Doch solche Wahrheit hören Jugendliche vom Papst auch auf den großen Jugendtreffen freundlich an und benützen dann doch selbstverständlich Pille und Kondome, selbst auf römischem Gelände.

Vergangenheitsgläubigkeit führt zu schöpferischer Schwäche, geistiger Impotenz und blutleerer Scholastik. Nein, die Traditionalität darf in der Kirche nicht oberstes Gesetz sein. Statt einer rückhaltlosen Festlegung auf irgendeine Vergangenheit bedarf die Kirche vielmehr der Freiheit, die sich in einer kritisch-sichtenden Haltung auch zur eigenen Geschichte manifestiert. Und eine solche zeigt sich natürlich auch in der Abgrenzung vom anderen Extrem: vom *schwärmerischen Modernismus.*

Ich liebe Neues, bin aber nicht neuerungssüchtig. Es gibt in der modernen Gesellschaft viele Menschen, die grundsätzlich auf das *Neue* schwören. Sie fordern eine unbedingte Orientierung nach vorn – im Blick auf eine Utopie. Im 20. Jahrhundert proklamierten manche ein Tausendjähriges Reich (es ging nach nur zwölf Jahren 1945 unter), andere eine klassenlose Gesellschaft (sie hatte 1989 abgewirtschaftet). Doch auch im 21. Jahrhundert schwärmen noch manche von einer durch technologische oder ökologische Evolution oder gar politisch-soziale Revolution heraufzuführenden neuen Menschheit. Doch weder die schwarzen, noch die braunen, noch die roten, noch die grünen Utopisten haben den idealen »neuen Menschen« herangebildet.

Auch in der katholischen Kirche gab es Personen, Gruppierungen und Bewegungen, die von modernen Utopien derart fasziniert waren, dass sie eine Modernisierung in Anpassung an den jeweiligen Zeitgeist verlangten. Daneben gibt es ein eigenartiges katholisches Schwärmertum, das sich mit einer apokalyptisch gefärbten Zukunftsgläubigkeit paart. Man appelliert an eine höhere Offenbarung, die über die von Jesus Christus gebrachte hinausgeht: genaue Prophezeiung des Weltendes, eines großen Krieges, der Bekehrung Russlands, verbunden mit Zahlenmystik und Vorausberechnungen. Auch in seinem neuesten Buch spricht der Papst wieder vom seltsam mystischen Fatimageheimnis. Kurz, ein Gemisch aus Aberglauben und Obskurantismus zur Befriedigung von Wundersucht und religiöser Sensationsgier religiöser wie unreligiöser Gebildeter – mit Hilfe moderner Medien verbreitet. Aber ist dies das wahre Christentum? Sicher nicht!

13. Christlicher müssten die christlichen Kirchen sein

Der historisch gewachsene Katholizismus und erst recht der heute real existierende Katholizismus kann selbstverständlich nicht Maßstab sein für seine eigene Beurteilung. So möchten freilich manche im Vatikan und manche »Vatikanesen« außerhalb des Vatikans die katholische Kirche festlegen auf den für sie bequemen und profitablen Status quo. So verweigern sie – immer mit Berufung auf eine »höhere«, eben die päpstliche Autorität – jegliche Korrektur ihres die Kirche krankmachenden Kurses und schließen jegliche ernsthafte Reform von Lehre und Praxis aus: Was nicht römisch ist, sei auch nicht katholisch.

Doch immer mehr Katholiken durchschauen solche römischen Kurzschlüsse, die Rom immer mehr Macht gebracht und der katholischen Kirche krankhafte Zustände beschert haben. Wer auch nur eine geringe Ahnung von der realen Kirchengeschichte hat, kann die Risse, Sprünge und Brüche, all die Kontraste und Widersprüchlichkeiten in dieser Geschichte nicht ignorieren oder harmonisieren. Aber umgekehrt stellt sich die Frage: Lassen sie sich wirklich reformieren und transzendieren? Da bin ich zunehmend skeptischer geworden. Und dies nicht nur wegen des lamentablen aktuellen Zustandes der katholischen Kirche, sondern auch wegen der von mir in zwei Jahrzehnten mühseliger Forschung analysierten epochalen Umwälzungen oder Paradigmenwechsel aller drei abrahamischen Religionen, besonders aber des Christentums. Diese werden in ihren Konsequenzen für die Kirche der Gegenwart weder von der Kirchenleitung noch von der Kirchengeschichtsschreibung genügend ernst genommen.

Ich werde auf diese *Paradigmenwechsel*, diese epochalen Veränderungen der Gesamtkonstellation, zurückkommen, möchte aber schon jetzt auf die Problematik kurz hinweisen. Wer die Geschichte kennt, fragt sich: Kann man denn ernsthaft hoffen, dass eine Kirche den Weg in die Zukunft findet, die zutiefst im mittelalterlichen Paradigma (in meiner Terminologie »P III«) verwurzelt bleibt? Die das ursprüngliche judenchristliche Paradigma der Urkirche (P I) weitgehend ignoriert? Die das altchristlich-hellenistische Paradigma des ersten Jahrtausends (P II) nur selektiv akzeptiert? Und kann eine Kirche, die dann auch das auf das Mittelalter folgende Paradigma der protestantischen Reformation (P IV) und erst recht das der aufgeklärten Moderne (P V) nur als Abfall vom wahren Christentum zu verstehen vermag – kann also eine solche mittelalterlich-gegenreformatorisch-antimodern orientierte Kirche im 21. Jahrhundert den Übergang zu einem neuen friedlicheren, gerechteren, ökumenischen Paradigma (P VI) wirklich schaffen? Angesichts der Tatsache, dass dieser katholischen Kirche die Integration des reformatorischen und des modernen Paradigmas durch das Zweite Vatikanische Konzil nur zur Hälfte gelungen ist und derzeit eine Restauration des vorkonziliaren Paradigmas droht, ist eine solche Kirche überhaupt noch imstande, den Weg in die Zukunft so zu gehen, dass dabei das *ursprünglich Christliche* bewahrt, ja wieder neu zum Ausdruck gebracht wird?

Und damit kommen wir zum entscheidenden Punkt, an welchem freilich nicht nur die katholische Kirche, sondern jede Kirche, die sich christlich nennt, herausgefordert ist; auch die evangelischen Kirchen sind ja keine »Inseln der Seligen«: Sieht man sich in seiner Kirche überhaupt noch konfrontiert mit der ursprünglichen christlichen Botschaft, mit dem Evangelium, ja ganz praktisch mit *Jesus Christus selbst*, auf den sich doch jede Kirche theoretisch beruft? Oder trifft man in ihr nur auf ein christlich etikettiertes *kirchliches System*, sei es altkirchlich-orthodoxer, sei es mittelalterlich-lateinischer, sei es protestantisch-reformierter oder sei es modern-aufgeklärter Prägung?

Ohne diesen konkreten Rückbezug auf den geschichtlichen Jesus Christus, seine Botschaft, sein Verhalten und sein Geschick (wie ich es im Buch »Christ sein« gezeichnet habe), hätte eine christliche Kirche – welche auch immer – weder Identität noch Relevanz. Auch und gerade die zahllosen römisch-katholischen Institutionen, Dogmen, Rechtssätze, Zeremonien und Aktionen stehen unter dem Kriterium, ob sie im strengen Sinn »christlich« oder zumindest nicht »antichristlich«, kurz, ob sie evangeliumsgemäß sind.

Dies ist ja nun auch Wunsch und Begehren so vieler Menschen in den Kirchen, die sich sagen: ihre Kirche müsste wieder christlicher werden, müsste sich wieder mehr *am Evangelium, an Jesus Christus selbst orientieren*. Und damit der theologische »Laie« nicht denkt, es handle sich hier um ein abgehobenes theologisches Programm, möchte ich diesen für das Überleben der Kirche entscheidenden Punkt illustrieren mit einem – zugegebenermaßen drastischen – Bild.

14. Eine bedenkliche Momentaufnahme

Wenige Szenen in der aktuellen Kirchengeschichte haben mich so beschäftigt wie die am 8. April 2005 auf dem Petersplatz: Es geschah bei der grandios inszenierten Totenfeier für Papst Johannes Paul II. mit »pomp and circumstance«, die jedem römischen Imperator gut angestanden hätte. Durch eine zwischen Vatikan und italienischem Fernsehen wie immer perfekt abgesprochene und abgestimmte Bildregie wurde sie eindrücklich einem Millionenpublikum in aller Welt übermittelt. Da stieg der Chef der Glaubenskongregation, zugleich Dekan des Kardinalskollegiums, JOSEPH RATZINGER, in festlichem Purpur die Stufen hinunter zum bewusst schlicht gehaltenen Holzsarg. Daneben ebenso bewusst plaziert ein großer, realistisch gestalteter Kruzifixus, die Figur des leidenden und gekreuzigten Christus. Einen größeren Kontrast konnte ich mir nicht vorstellen:

– Hier der Chef der Glaubenskongregation (so nennt sich heute das frühere Sanctum Officium der Inquisition), der mit autoritären Lehrdokumenten und zahllosen geheimen Inquisitionsverfahren für unendlich viele Menschen Leid in der Kirche zu verantworten hat, aber jetzt die geballte Macht des neuen Imperium Romanum verkörperte – was bei der Trauerfeier unterstrichen wurde durch die Präsenz von 200 Staatsgästen aus aller Welt, in der ersten Reihe die Familie des Kriegspräsidenten GEORGE W. BUSH.

– Dort der Schmerzensmann aus Nazaret, Prediger des Friedens, der Gewaltlosigkeit und der Liebe, letzte Appellationsinstanz aller ungerecht Verfolgten, Gedemütigten, Gequälten und unschuldig Leidenden …

Unwillkürlich kommt einem da der Christus in FJODOR DOSTOJEWSKIJS berühmter Erzählung vom Kardinal-Großinquisitor in den Sinn: »Warum bist Du gekommen, uns zu stören?«, herrscht dieser den wiedergekommenen und von ihm verhafteten Christus an. Dieser hatte den Menschen eine *Freiheit* gebracht, zu der sie nach Auffassung des Großinquisitors gar nicht fähig sind. Deswegen müsste dieser Christus wie alle Irrlehrer verbrannt werden. Doch der Gefangene antwortet ihm auf alle Anklagen mit keinem Wort und küsst ihn schließlich still auf seine blutleeren neunzigjährigen Lippen, so dass dieser ihm die Türe öffnet und sagt: »Geh und komm nicht wieder … komm nie, nie mehr wieder … niemals, niemals!«

Doch er kommt immer, immer wieder. Es wäre, dachte ich mir schon oft, nicht schwer, diese Geschichte aus dem düsteren Sevilla des 16. Jahrhunderts in das freundlichere vatikanische Rom des 20./21. Jahrhunderts zu übersetzen. Das Thema der Freiheit der Christenmenschen ist so aktuell wie eh und je. Und liegt darin vielleicht doch »der Grundzug des römischen Katholizismus«, wie Dostojewskij mutmaßt: »Alles ist von Dir dem Papst übergeben worden, und alles liegt jetzt folglich in Händen des Papstes, Du aber sollst jetzt überhaupt nicht mehr kommen, störe uns wenigstens vorderhand nicht«?

Aber nun wurde ja gerade der Chef der – heute mit subtileren Methoden arbeitenden – Glaubensinquisition zum Erstaunen oder Entsetzen vieler *zum Papst gewählt*. In einer anfänglichen Charmeoffensive präsentierte er sich als menschenfreundlicher Hirte. Aber immer wieder zeigte er sein altes Gesicht als unbarmherziger Chef der Glaubensinquisition. Nach einiger Zeit sahen viele Papst Benedikt XVI. sogar auf der Linie jenes unseligen George W. Bush. Kein Zufall, dass der Papst auf Einladung Bushs seinen 81. Geburtstag 2008 froh im Weißen Haus mit dem Kriegspräsidenten feierte. Denn beide, Bush und Ratzinger, erwiesen sich in all den Jahren als lernunfähig, etwa in der Abtreibungsproblematik. Beide abgeneigt allen ernsthaften Reformen und dafür pompösen Auftritten zugeneigt. Beide selbstherrlich regierend und ohne Transparenz in ihrer Amtsführung. Beide mit Berufung auf »Sicherheit« in ihrem Bereich auf Einschränkung der Rechte und Freiheiten der Menschen bedacht.

Doch in den USA hilft das demokratische Korrektiv der Wahlen, das auf George W. Bush einen BARACK OBAMA folgen ließ. In der autoritären römischen Papstmonarchie aber fehlt jedes demokratische Korrektiv; an die Wahl eines »Obama« zum Papst ist »rebus sic stantibus – wie die Dinge so stehen« nicht zu denken. Das bringt viele gerade der aktivsten Katholiken in eine echte Gewissensnot: »Die Kirche Ratzingers ist meine Kirche nicht!«, sagte mir kürzlich ein prominenter Katholik. Und auch mich erreichen immer wieder Aufforderungen, es den Tausenden gleichzutun, die in den letzten Jahren aus der katholischen Kirche ausgetreten sind. Theologen würden ja ohnehin nur als »Störfaktor« betrachtet, und statt einer Volkskirche wolle man sich in Rom auf die »kleine Herde« der ganz und gar Papsttreuen beschränken. Aber – da tauchen doch wieder ganz andere Bilder der katholischen Kirche vor meinem geistigen Auge auf:

15. Die andere Kirche

Es sind Bilder, die mit den triumphalen Großdemonstrationen der Macht auf dem Petersplatz wenig zu tun haben, die man aber in aller Welt tausendfach erleben kann. Überall fand ich immer wieder Menschen in Gemeinden und Krankenhäusern, Schulen und Sozialeinrichtungen, die im Geiste des Nazareners sich engagieren und bei allen Schwächen unendlich viel Gutes tun. Und da kann ich doch nicht nur an Sexualmissbrauch und seine Vertuschung denken. An allen Fronten der Welt habe ich Seelsorger getroffen, die sich aufreiben im Dienst an den Menschen. Ungezählte Männer und Frauen, die sich einsetzen für Junge und Alte, für Arme, Kranke, Zukurzgekommene, Gescheiterte.

Dies ist keine idealistische Konstruktion und keine utopische Projektion, sondern ein empirisch von vielen festgestellter Befund, weswegen sie auf Kirche nicht verzichten möchten. Und das ist die Kirche, mit der ich mich nach wie vor identifizieren kann: die weltweite Gemeinschaft von Gläubigen und Engagierten, die auch die engen Grenzen der verschiedenen Konfessionen überschreitet. Diese Glaubensgemeinschaft ist die wahre Kirche, und von ihr schließe ich selbstverständlich Päpste, Kardinäle, Bischöfe, Prälaten aller Art nicht aus, natürlich auch nicht die Amtsträger anderer Kirchen. Aber soll ich nicht sagen dürfen, dass sie alle für mich durchaus zweitrangig sind, da sie nach dem Neuen Testament nur Diener und nicht Herren sein sollen: »nicht Herren unseres Glaubens, sondern Diener unserer Freude« (vgl. 2 Kor 1,24)? Schließlich hat ja das Zweite Vatikanische Konzil nicht ohne Grund in seiner Konstitution über die Kirche dem (leider kurial manipulierten) Kapitel III über die Hierarchie das Kapitel II über das Volk Gottes vorgeordnet, was nicht nur in der Theorie, sondern auch in der Praxis gelten sollte, aber faktisch oft nicht gilt.

Es sieht zur Zeit nicht so aus, als ob wir bald wieder einen Papst wie Johannes XXIII. bekämen, der sich statt »Heiliger Vater« und »Heiligkeit« mit Recht »Diener der Diener Gottes« (so Papst Gregor der Große) nennen dürfte. Und relativ wenige Bischöfe gibt es, die sich in der Praxis überzeugend statt als konforme Diener der römischen Kurie als eigenständige Diener ihrer Gemeinden erweisen. Aber: ich – und viele mit mir – war ja nun einmal nie wegen der Hierarchie Christ und nie wegen des römischen Papstes katholisch.

Nein, ich gedenke auch nicht, das 2010 von einer bischöflichen Einrichtung zu Propagandazwecken verkaufte »Bischofskartenspiel« mitzuspielen. Es zeigt sämtliche mehr oder weniger sympathischen deutschen Bischofsgesichter mit feudalem Wappen, lateinischem Wappenspruch und kurzer Vita. Als ob man mit solchen läppischen Spielchen die Welt für Gott und Christus (oder zumindest mehr Priester) gewinnen könnte. Oder neuerdings auch mit von Modedesignerinnen entworfenen »modernen« Messgewändern, welche (wie im September 2007 beim Papstgottesdienst im österreichischen Mariazell) die klassischen liturgischen Farben zu Gunsten des marianischen Blau (kombiniert mit grellem Gelb) ignorieren. Als ob die papageienhafte Buntheit der Gewänder dieser stark gebeutelten Kirche Vitalität und Dynamik verleihen könnte.

Ich danke es einer anderen, höheren Instanz (und vielen hilfreichen Mitmenschen), dass mein Glaube unerschüttert geblieben ist: zwar nicht der Glaube an die Kirche als Institution, wohl aber an jenen Jesus Christus, seine Person und Sache, die in der guten Kirchentradition, Liturgie, Theologie das Urmotiv bleibt, das bei aller Dekadenz und Korruption nie einfach verloren ging und geht. Der Name Jesus Christus ist so etwas wie der »Goldene Faden« im ständig neu gewirkten Gewebe der oft so rissigen und schmutzigen Kirchengeschichte.

Von daher am Ende dieses Kapitels I eine Präzisierung meiner Titelfrage: »Ist die Kirche noch zu retten?«. Zu retten wäre die Kirche jedenfalls nur, wenn der Geist Jesu Christi die Glaubensgemeinschaft wieder neu bewegt und auch ihrer Leitung wieder neue Glaubwürdigkeit, Verständlichkeit und Akzeptanz verleiht. Das aber hängt andererseits wieder ab von den Menschen, welche diese Gemeinschaft der Glaubenden bilden und die für das Wehen des Geistes, der weht wo er will, offen sind. Vieles, was Menschen an dieser Offenheit hindert, wird in den nächsten Kapiteln beschrieben. Da werde ich begründen, dass die Kirchengemeinschaft unter dem römischen Machtsystem leidet. Dieses bahnte sich im ersten

Jahrhundert nach Christus langsam an und wurde schon in der Mitte des ersten Jahrtausends in Rom theoretisch proklamiert. Aber, in der Kirche vielfach abgelehnt, konnte es sich erst zu Beginn des zweiten Jahrtausends und nur im Westen durchsetzen – mit fatalen Folgen für die gesamte Christenheit. Dieses römische System gilt es nun nüchtern und präzis zu analysieren, um herauszufinden, ob die katholische Kirche nicht vielleicht eher ohne dieses System zu retten wäre.

II. Diagnostik des römischen Systems

Anamnesen und Diagnosen

Der Kirchenkritik, der gelehrten ebenso wie der populären, fehlt oft die historische Tiefenschärfe. Da wird manchmal etwas als »wesentlich katholisch« erklärt, was eine spätere Entwicklung ist, und umgekehrt etwas als ganz und gar »unkatholisch«, was ursprünglich durchaus katholisch war. Es bedarf deshalb dringend der historisch fundierten Analyse, um hier Klarheit zu schaffen.

Jede ernsthafte Diagnose einer Krankheit wird nicht nur die Symptome berücksichtigen, sondern auf die Ursachen zurückfragen. Dabei wird sie alle Ergebnisse der wissenschaftlichen Forschung so weit wie möglich einbeziehen. Was nun die Kirche betrifft, so haben die Kirchenhistoriker Berge von Forschung aufgetürmt und zahllose unbestreitbare Ergebnisse erbracht. Diese waren jedoch für die römische Kurie des öfteren unbequem und wurden deshalb schlicht ignoriert, und dies nicht nur in der Theorie, sondern auch in der Praxis – angesichts der vielen historisch begründeten Reformforderungen. Eine *kirchenhistorische Anamnese*, ein Erfassen der Lebens- und Krankheitsgeschichte ist also dringend geboten. Ohne sie ist an keine Heilung zu denken.

Ich habe in meinen römischen Studienjahren eine recht brave römisch-katholische Kirchengeschichte gehört, die mich unbefriedigt ließ. Seit meinen jungen Jahren als Professor habe ich immer wieder neu die Kirchengeschichte studiert. Dieser lange Prozess der Anamnese, der Erinnerung, hat sich auch in vielen meiner Bücher niedergeschlagen. Dort findet sich eine Fülle von Referenzen und Konkretisierungen, auf die ich in diesem Buch hier zurückgreifen kann: »Konzil und Wiedervereinigung« (1960), »Strukturen der Kirche« (1962), »Die Kirche« (1967), »Unfehlbar? Eine Anfrage« (1970), »Fehlbar? Eine Bilanz« (1973), »Katholische Kirche – wohin? Wider den Verrat am Konzil« (mit Norbert Greinacher, 1980), »Die Hoffnung bewahren: Schriften zur Reform der Kirche« (1990), »Das Christentum. Wesen und Geschichte« (1994), »Die Frau im Christentum« (2001), »Kleine Geschichte der katholischen Kirche« (2001).

»Doch wo bleibt das Positive?«, werden manche konservative Kritiker nach Lektüre dieses kritischen Buches hier fragen. Das Positive können sie in genannten Büchern finden, breit dargelegt. Besonders die umfassende Synthese »Die Kirche« wird in vielen Sprachen als unüberholter Klassiker bis heute im Studium benutzt. Aber in diesem Buch hier geht es nun einmal nicht um die allgemeine Geschichte, sondern um die *Krankengeschichte* dieser Kirche und ihre Ursachen. Wie schon in der Vorrede begründet, konzentriere ich meine Diagnostik im folgenden auf die Probleme der Kirchenverfassung und die zentrale römische Herrschaftsinstitution, das Papsttum. Eine lange und wechselhafte Geschichte ist hier aufzuarbeiten. Beginnen wir mit dem Anfang.

1. Petrus – der erste Papst?

Anamnese: Rom, auch das päpstliche Rom, ist nicht an einem Tage erbaut worden. Zweifellos spielte die Kirche der Reichshauptstadt – schon immer ausgezeichnet durch gute

Organisation und karitative Tätigkeit – von Anfang an eine gewichtige Rolle. Als Hort der Rechtgläubigkeit gegen Gnosis und Häretiker hatte sie ein entscheidendes Gewicht: bei der Formulierung des Taufbekenntnisses, bei der Begrenzung des Kanons der neutestamentlichen Schriften und schließlich – als Stadt der Gräber der beiden Hauptapostel Petrus und Paulus – bei der Herausbildung der apostolischen Tradition der Sukzession.

Aber was lässt sich historisch verifizieren? Dass Petrus in Rom war, davon liest man im Neuen Testament kein Wort. Von einem Nachfolger des Petrus (und auch noch in Rom) erst recht nichts. Der Christus-Glaube des Petrus und nicht irgendein Nachfolger soll nach der Matthäus-Tradition der »Fels«, das ständige Fundament der Kirche, sein und bleiben (Mt 16, 18).

Andererseits: von einem Aufenthalt und Martyrium des Petrus in Rom zeugen schon der »Klemensbrief« um 96 sowie die Briefe des Ignatius von Antiochien. Diese Tradition ist also alt und vor allem konkurrenzlos. Selbst in Antiochien, wo ein Aufenthalt des Petrus bezeugt ist, erhebt man keinen Anspruch auf sein Grab. Ein Grab des Petrus unter der jetzigen vatikanischen Basilika ließ sich archäologisch nicht verifizieren. Auch gibt es kein zuverlässiges Zeugnis dafür, dass Petrus – im Vergleich zum perfekt griechisch sprechenden römischen Bürger Paulus ein ungebildeter jüdischer Fischer namens Simon – der Kirche von Rom je als Oberhaupt oder »Episkopos« vorstand. Er war Sprecher von Jesu Jüngerkreis, aber alles andere als ein »Apostelfürst«. Der monarchische Episkopat wurde in Rom ohnehin relativ spät eingeführt. Um 160 errichtete man Gedenkmale für Petrus und für Paulus, der vermutlich ebenfalls in Neros Christenverfolgung umgebracht wurde. Die Gräber der beiden Hauptapostel sind der ausschlaggebende Grund für eine bestimmte Vorrangstellung der Kirche Roms.

Doch deswegen ist Rom keineswegs »die Mutter aller Kirchen«, wie noch heute die pompöse Aufschrift auf der Lateranbasilika, der ursprünglichen römischen Bischofskirche, suggeriert: »Caput et mater omnium ecclesiarum urbis et orbis – Haupt und Mutter aller Kirchen der Stadt und des Erdkreises«? Nein, Haupt und Muttergemeinde der ersten Christenheit ist unbestreitbar nicht Rom, sondern Jerusalem. Und apostolische Gründungen sind völlig unabhängig von Rom verschiedene Kirchen des Ostens wie: Antiochien, Ephesus, Thessaloniki, Korinth … Darauf legen diese Kirchen bis heute Gewicht.

Von einem *Rechtsprimat* – gar einer biblisch begründeten Vorrangstellung – der *römischen Gemeinde* oder des römischen Bischofs kann in den ersten Jahrhunderten keine Rede sein. Die für die heutigen römischen Bischöfe ständig in Anspruch genommene Petrusverheißung aus dem Matthäusevangelium – »Du bist Petrus, und auf diesem Felsen will ich meine Kirche bauen« (in den anderen Evangelien nicht bezeugt!) – ziert in riesigen schwarzen Lettern auf goldenem Grund das Innere der Peterskirche. Aber in der ganzen christlichen Literatur der ersten Jahrhunderte wird sie kein einziges Mal in vollem Wortlaut zitiert – abgesehen von einem Text bei Tertullian, der diese Stelle jedoch nicht bezogen auf Rom, sondern auf Petrus zitiert. Erst in der Mitte des 2. Jahrhunderts beruft sich ein römischer Bischof namens Stephan im Streit mit anderen Kirchen um die bessere Tradition auf diese Petrusverheißung – aber ohne Erfolg. Schon damals lehnte man die Herrschaft einer Kirche über die anderen Kirchen strikt ab.

Kein Rechtsprimat also, und das ist auch verständlich: Denn der Rechtsprimat gehörte allein dem Kaiser, der als »Pontifex maximus«, als Oberpriester, das Gesetzgebungsmonopol auch in kirchlichen Dingen (»ius in sacris«) besaß. Er war durch all die Jahrhunderte höchste rechtliche Instanz.

Er hatte die oberste administrative Aufsicht selbstverständlich auch über die römische Christengemeinde und ihren Bischof. Ohne Rückfrage bei irgendeinem Bischof beruft KAISER KONSTANTIN, der Große genannt, 325 das Erste Ökumenische Konzil in seine neue Residenz Nikaia, östlich von Byzanz, ein und erlässt Kirchengesetze für Glaube und Kirchenordnung. Er macht Konzilsbeschlüsse durch Bestätigung zu Reichsgesetzen und passt zugleich die Kirchenorganisation der Staatsorganisation an (auch in der Kirche »Diözesen« mit einem Metropoliten an der Spitze).

Doch später verbreitet man im Westen die Mär von einer Übertragung der Herrschaft über die Stadt Rom und die Westhälfte des Reiches an den römischen Bischof: die sogenannte »*Konstantinische Schenkung*«. Das war die erste von mehreren folgenreichen Fälschungen, mit der der Aufstieg der römischen Gemeinde und ihres Bischofs bis hin zu einer monarchischen Vormachtsstellung im Westen begründet wurde. Für den Osten, wo der Kaiser residierte, war dieser Prozess von vornherein unverständlich.

Erste Diagnose: Eine zentrale Stellung der römischen Kirche und später auch ihres Bischofs in der frühen Christenheit ist unbestreitbar. Ein funktionierendes Zentrum im Dienst der Einheit, gegründet auf die Tradition der beiden Hauptapostel Petrus und Paulus, könnte auch für die Christenheit des 21. Jahrhunderts – wenn im evangelischen Geist ausgeübt – von Nutzen sein. Aber ein Herrschafts- oder Rechtsprimat des Apostels Petrus, der römischen Gemeinde oder gar ihres Bischofs lässt sich weder aus dem Neuen Testament noch aus der frühen Kirchengeschichte erweisen. Er führte denn auch faktisch – wie wir im folgenden sehen werden – nicht zur Einheit, sondern zur Spaltung der Kirche. Im 21. Jahrhundert lässt er sich weniger denn je in der Christenheit durchsetzen. Da hilft auch keine ständige Repetition und Zelebration der auf Sand gebauten römi-

schen Herrschaftsideologie. Helfen kann nur eine selbst-
kritische Besinnung auf die bescheidene Rolle des (vielfach
fehlbaren) Petrus und auf den unprätentiösen Dienst der
frühen römischen Kirche im »Vorsitz der Liebe« (Ignatius
von Antiochien). Also ein Petrusdienst, keine Petrusherr-
schaft.

2. Römischer Herrschaftsanspruch – schon früh proklamiert

Anamnese: Keine »Konstantinische Schenkung« fand statt,
wohl aber eine Verlagerung der Hauptstadt von Alt-Rom
nach Neu-Rom am Bosporus durch Kaiser Konstantin.
Und zugleich die Wanderung der germanischen Völker, die
schließlich im Jahre 410 zur erstmaligen Eroberung des un-
besiegten »ewigen Rom« führte. Diese beiden Entwicklungen schufen im Westen ein Machtvakuum. Die römischen
Bischöfe des 4. und 5. Jahrhunderts nutzten dieses zielstrebig
und machtbewusst, um ihre Amtsbefugnisse in Richtung eines universalen Herrschaftsprimats auszuweiten.

Nur in Stichworten sei erwähnt, was, wiewohl ohne bibli-
sches und theologisches Fundament, doch per viam facti in
das bis heute gültige Kirchenrecht einging:
– Rom erklärt sich zur allgemeinen Appellationsinstanz (Bischof Julius in der Mitte des 4. Jhs. mit falscher Berufung auf
das Konzil von Nikaia).
– Das Felsenwort aus Mt 16,18, rein juristisch verstanden,
wird jetzt für Machtansprüche bemüht und das Wort vom
»Apostolischen Stuhl« (»Sedes apostolica«) exklusiv für Rom
in Anspruch genommen, wie wenn es keine anderen apostolischen Sitze gäbe (Bischof Damasus im 4. Jh.).
– Der römische Bischof nennt sich jetzt »Papst«: »Papa«,
vom griechischen »pappas«, ist ein ehrwürdiger, liebevoller

Name für Vater, der im Osten schon lange für sämtliche Bischöfe gebraucht wurde, nun aber im Westen nur noch vom Bischof von Rom. Seine eigenen »Statuta« nennt er kurzerhand »apostolische«. Zugleich wird der römische Amts- und Kanzleistil übernommen: auf Anfragen von Bischöfen erfolgen nur knappe »Decreta« und »Responsa« (Bischof Siricius, Ende des 4. Jhs.).

– Jede wichtige Angelegenheit soll nach ihrer Behandlung auf einer Synode dem römischen Bischof zur Entscheidung vorgelegt werden (Bischof Innozenz zu Beginn des 5. Jhs.).

– Jede weitere Appellation ist ausgeschlossen; die Entscheidungen des römischen Bischofs sind letztverbindlich (Bischof Bonifaz im 5. Jh.).

So begann der bis heute anhaltende Prozess der römischen *Monopolisierung von Titeln und Rechtsansprüchen*, die ursprünglich vielen Kirchen und Bischöfen gehörten. Doch man beachte: dies alles waren zunächst *nur Ansprüche*. Besonders in Konstantinopel, wo man abschätzig auf Rom als heruntergekommene alte Hauptstadt blickte und allein der Kaiser das Sagen hatte, nahm man solche Ansprüche überhaupt nicht ernst. Daher scheiterten auch alle Versuche der römischen Bischöfe des 4. und 5. Jahrhunderts, aus dem Felsenwort über Petrus Schlüsse für eine gottgewollte römische Herrschaft (»iurisdictio«) über die gesamte Kirche zu ziehen und praktisch durchzusetzen.

Auch der geniale Zeitgenosse dieser Bischöfe, der durchaus romfreundliche Nordafrikaner AURELIUS AUGUSTINUS, Bischof von Hippo und bedeutendster Theologe des Westens, hält, wie schon CYPRIAN, der große Metropolit von Carthago, nichts von einem universalen Rechtsprimat des römischen Bischofs. Der Papst spielt in seinem letzten großen Werk, dem »Gottesstaat«, keine Rolle. Für Augustin sind ohnehin alle Bischöfe grundsätzlich gleich. Dem Papalismus leistet er keinen Vorschub, so sehr für ihn Rom das Zentrum des Reichs und der Kirche ist. An einen Herrschafts- oder Jurisdiktionsprimat Roms denkt er gar nicht. Denn nicht Petrus als Person (oder gar sein Nachfolger) ist Fundament der Kirche, sondern Christus und der Glaube an ihn – was auch der junge JOSEPH RATZINGER in seiner Dissertation über Augustinus überzeugend herausgearbeitet hat. Nicht der römische Bischof ist für Augustin die höchste Autorität in der Kirche, sondern – wie auch für den ganzen christlichen Osten – das ökumenische Konzil. Doch selbst diesem schreibt er keine unfehlbare Autorität zu.

Zweite Diagnose: Rom vertritt im eigenen westlichen Herrschaftsbereich zunehmend eine Sondertradition: Kirche wird vor allem rechtlich verstanden als eine monarchisch-absolutistisch-zentralistische *Einheitskirche*, die sich vorwiegend auf dem römischen Kirchenrecht und auf im Osten völlig unbekannten (großenteils gefälschten) römischen Dekreten gründet. Dagegen herrscht in den übrigen Kirchen, in denen des Ostens ebenso wie denen Nordafrikas (Tertullian, Cyprian, Augustin) das auf dem Neuen Testament gründende Verständnis von Kirche als »*koinonia*«, »*communio*«: eine »Gemeinschaft« von Glaubenden, von Ortskirchen und ihren Bischöfen, eine kollegial geordnete Föderation von Kirchen, die auf gemeinsamen Sakramenten, liturgischen Ordnungen und Glaubenssymbolen gründet. Diese Auffassung hat sich außerhalb des römischen Herrschaftsbereiches bis heute durchgehalten.

3. Der erste wirkliche Papst und seine romzentrierte Ideologie

Anamnese: In der Generation nach Augustin ist es Papst LEO I. (440–461), ein solider Theologe und Jurist, ein eifriger Prediger und Seelsorger und ein fähiger Staatsmann, welcher

»der Große« genannt wird. Ihm haben die Historiker als erstem den Titel »Papst« im eigentlichen Sinn beigelegt.

Ganz erfüllt vom römischen Sendungsbewusstsein vermag Leo die klassische Synthese der römischen Primatsidee zusammenzuschmieden: Die neutestamentlichen Petrus-Stellen versteht er anders als im biblischen Text rein juristisch – im Sinn einer dem Petrus geschenkten »Fülle der Macht« (»plenitudo potestatis«), also eines Herrschaftsprimats zur Leitung der gesamten Kirche. Eine Nachfolge Petri durch den Bischof von Rom sieht Leo in einem (gefälschten) Brief des Papstes Klemens an den Herrenbruder Jakobus in Jerusalem: Demzufolge habe Petrus in einer letzten Verfügung Klemens zu seinem alleinigen legitimen Nachfolger gemacht. Die juristische Position des Nachfolgers Petri bestimmt Leo genauer mit Hilfe des römischen Erbrechts. Der Nachfolger erbe zwar nicht die persönlichen Eigenschaften und Verdienste Petri, wohl aber die von Christus übertragene amtliche Vollmacht und Funktion. Selbst ein unwürdiger Papst sei demnach ganz legitim Nachfolger Petri und amtiere als solcher. Als erster römischer Bischof schmückt Leo sich mit dem Titel des heidnischen Oberpriesters »Pontifex Maximus«, den der byzantinische Kaiser gerade abgelegt hatte. 451 gelingt es ihm mit einer römischen Delegation, die Hunnen Attilas in Mantua von der Eroberung Roms abzuhalten. Vier Jahre später jedoch kann er die Eroberung und Plünderung Roms durch die Vandalen nicht verhindern.

So erfolgreich Leo der Große mit seiner römischen Theologie und Politik im Westen ist, so wenig Akzeptanz findet er in der – noch immer viel gewichtigeren – Kirche des Ostens. Eklatant zeigt sich dies in seiner bitteren Niederlage auf dem Vierten Ökumenischen Konzil von Chalkedon (451): Seinen drei Legaten wird der beanspruchte Vorsitz glatt verweigert. Trotz seines ausdrücklichen Verbotes wird sein Sendschreiben vom Konzil zuerst nach den Normen der Orthodoxie überprüft, bevor seine christologische Formel Beifall findet. Es werden ihm keine Vorrechte über die gesamte Kirche eingeräumt, ja, der kirchliche Rang einer Stadt wird von ihrem zivilen Status abhängig gemacht und so konsequenterweise dem Bischofssitz von Neu-Rom (Konstantinopel) derselbe Primat zuerkannt wie der alten Reichshauptstadt. Ungehört verhallt der Protest der römischen Legaten auf diesem großen Konzil mit seinen sechshundert Mitgliedern, ungehört schließlich Leos Protest nach dem Konzil. Alles in allem wird vom römischen Bischof zwar ein Rechtsprimat proklamiert, aber von der Gesamtkirche wird er nicht akzeptiert.

Als erster römischer Bischof wird Leo in der Peterskirche begraben. Seine Nachfolger operieren weithin auf seiner theologischen und politischen Linie. Vorläufiger Höhepunkt des römischen Machtanspruchs ist der Pontifikat von GELASIUS I. am Ende des 5. Jahrhunderts. Nur weil er ganz unter der Herrschaft des arianischen Gotenkönigs Theoderich steht, kann er es sich leisten, ungestraft gegen Byzanz (auf der Linie der Zwei-Reiche-Lehre Augustins) den Anspruch einer von der kaiserlichen Gewalt völlig unabhängigen kirchlichen Gewalt zu entwickeln: Kaiser und Papst hätten verschiedene Funktionen in ein und derselben Gemeinschaft; der Kaiser habe nur weltliche, der Papst nur priesterliche Autorität. Aber die *geistliche Autorität sei der weltlichen Autorität des Kaisers übergeordnet,* da sie für die Sakramente zuständig und vor Gott auch für die weltlichen Machthaber verantwortlich sei. Diese Lehre löst die Geistlichkeit völlig aus der weltlichen Ordnung und Gerichtsbarkeit heraus. Insofern hat man die *Leonisch-Gelasianische Lehre die Magna Charta des mittelalterlichen Papsttums* genannt (Walter Ullmann).

Dritte Diagnose: Die Primatsauffassung Papst Leos I. stellt die klassische Ausformung des römischen Herrschaftsprimats dar, der von da an in Rom ständig wiederholt, verteidigt, in kirchenrechtliche Kanones gegossen und schließlich

1500 Jahre später auf dem Ersten Vatikanischen Konzil 1870 feierlich definiert wird. Aber wahr bleibt: die massive juristische Deutung einer »Fülle der Macht« (»plenitudo potentiae«) des Apostels Petrus über die Gesamtkirche hat keinen Anhalt im neutestamentlichen Text und in der großen gemeinsamen Tradition des ersten Jahrtausends. Eine »Fülle der Macht« des römischen Bischofs erst recht nicht. Der von Leo I. zitierte Brief eines Papstes Klemens an den Herrenbruder Jakobus in Jerusalem ist eine Fälschung des 2. Jahrhunderts, die erst im 4./5. Jahrhundert (zu Leos Zeiten) ins Lateinische übersetzt wurde.

Die symbolische Lehre von den beiden Gewalten (»Schwertern«), die später aufgrund der Doktrin der Päpste Leo und Gelasius formuliert wurde, blieb Jahrhunderte lang Ausdruck eines römischen Wunschdenkens. Aber später sollte sie ihre historische Dynamik entwickeln. Auf ihr gründet sich die Forderung nach einem »katholischen Staat«, die bis zum Zweiten Vatikanischen Konzil in den 60er-Jahren des 20. Jahrhunderts als herrschende römische Lehre galt. Andere Aspekte blieben in der römischen Sicht der Dinge unterbelichtet:

4. Irrende Päpste, päpstliche Fälschungen und Papstprozesse

Anamnese: Auf jene Phase der päpstlichen Machtexpansion in der Völkerwanderungszeit des 4./5. Jahrhunderts folgten im 6./7. Jahrhundert herbe Rückschläge. Im 6. Jahrhundert herrschte Kaiser Justinian, der das Imperium Romanum von Byzanz aus machtvoll erneuerte. Er erbaute die Hagia Sophia als die größte Kirche der Christenheit und setzte das Staatskirchentum wieder voll durch. Er ließ die römischen Bischöfe den Rechtsprimat des Kaisers deutlich spüren. Das

Zweite Rom ist dem alten nicht nur gleichgestellt, sondern eindeutig übergeordnet. Die östlichen Patriarchen und Metropoliten betrachten den Papst gewiss als Bischof der alten Reichshauptstadt und einzigen Patriarchen des Westens. Doch ist er Erster unter Gleichen. Und dies nicht wegen einer biblischen Verheißung, auch nicht wegen einer ihm verliehenen juristischen Vollmacht, sondern wegen der Gräber der beiden Hauptapostel Petrus und Paulus.

An eine »Unfehlbarkeit« der römischen Bischöfe hätte damals selbst im alten Rom kein Mensch gedacht. Zu offensichtlich waren die Irrtümer der Päpste. Zwei berühmte Fälle von *irrenden Päpsten* wurden sogar noch auf dem Ersten Vatikanischen Konzil 1870 heftig diskutiert. Besonders vom Tübinger Konzilienhistoriker und späteren Bischof von Rottenburg Carl Joseph von Hefele wurden sie auf dem Konzil als Argument gegen Unfehlbarkeit ins Spiel gebracht, aber von der übermächtigen kurialen Mehrheit schließlich schlicht ignoriert. Da war einmal der Fall des Papstes VIGILIUS, der auf dem Fünften Ökumenischen Konzil in Konstantinopel (553) durch widersprüchliche theologische Stellungnahmen seine Glaubwürdigkeit völlig verlor, nicht einmal in Sankt Peter beigesetzt wurde und durch Jahrhunderte auch im Westen geächtet blieb. Und da war vor allem der Fall des Papstes HONORIUS I., der auf dem Sechsten Ökumenischen Konzil von Konstantinopel (681) als Häretiker verurteilt wurde, was das Siebte und Achte Ökumenische Konzil und auch nachfolgende römische Päpste bestätigten. Irrende Päpste also, Irren ist auch päpstlich!

Gleichzeitig aber erweiterten die Päpste ihre Macht entschieden durch drei Großfälschungen:

– Die »*Konstantinische Schenkung*«, von der bereits die Rede war: Eine schon im 5./6. Jahrhundert frei erfundene Legende von einem Papst SILVESTER bildete im 8. Jahrhundert die Grundlage für diese höchst einflussreiche Fälschung. Ihr zufolge habe Kaiser Konstantin dem Papst Silvester Rom und die Westhälfte des Reiches überlassen, ihm die kaiserlichen Insignien und Gewänder (Purpur) und einen entsprechenden Hofstaat gestattet, ja, ihm den Primat über alle anderen Kirchen, besonders die von Antiochien, Alexandrien, Konstantinopel und Jerusalem verliehen. Und was war die historische Wahrheit? Tatsächlich hatte Konstantin dem Bischof von Rom nur den Lateranpalast und die von ihm gebauten Lateran- und Petersbasilika überlassen.

– Fälschungen aus dem Umkreis des Papstes SYMMACHUS, des zweiten Nachfolgers des Gelasius im 5./6. Jahrhundert. Unter anderem erfanden sie den folgenschweren Satz »Prima sedes a nemine iudicatur«: der Papst (»der erste Stuhl«) dürfe von keiner Instanz, nicht einmal vom Kaiser, gerichtet werden. Und die historische Wahrheit? Tatsächlich wurde über die Päpste immer wieder von der weltlichen Autorität gerichtet. Der Ostgote Theoderich der Große etwa, ein arianischer Christ, ließ Papst JOHANNES I., den er zu einer Vermittlungsaktion nach Konstantinopel geschickt hatte, wegen Misserfolgs nach der Rückkehr kurzerhand in den Kerker werfen, wo er starb. Kaiser Justinian ließ unter seiner vierzigjährigen absolutistischen Herrschaft die römischen Bischöfe wann immer nötig an seinen Hof kommen, wo ihre Rechtgläubigkeit überprüft wurde. Und seit seinem Dekret von 555 musste für jede Wahl eines römischen Bischofs das kaiserliche »Fiat« (»So geschehe es«) eingeholt werden, was auch bis in die Zeit der Karolinger befolgt wurde. Ja, im 6./7. Jahrhundert kam es zu einer ganzen Reihe von *Papstprozessen* – durch den Kaiser oder durch Klerus und Volk von Rom, die ja auch den Papst wählten. Diese Verfahren endeten oft mit der Absetzung des Papstes. Es gab sie noch bis ins 15. Jahrhundert.

– *Die Pseudo-isidorischen Dekretalen*, einem sonst unbekannten Isidor Mercator zugeschrieben, wurden im 9. Jahrhundert, in der Zeit des Niedergangs des Karolingerreichs in Frankreich, von einer Gruppe höchst kundiger, wohl geistlicher Fälscher angefertigt. In der verbreiteten Ausgabe umfassten sie über siebenhundert eng bedruckte Seiten: 115 ganz und gar gefälschte Dokumente römischer Bischöfe aus den ersten Jahrhunderten, 125 authentische Dokumente, gefälscht durch spätere Interpolationen und Veränderungen. Es ging ihnen darum, die übermächtige Autorität der Erzbischöfe über die Bischöfe zu schwächen, was faktisch eine ungeheuere Stärkung der übergeordneten Autorität des Papstes zur Folge hatte.

Zur Zeit KARLS DES GROSSEN findet sich allerdings auch im Westen noch keine Spur eines päpstlichen Rechtsprimats. Der Rechtsprimat gehörte wie früher dem byzantinischen so jetzt dem fränkischen Kaiser, der sich ganz theokratisch als Herr der Kirche fühlte und entsprechend handelte. Aber schon ein halbes Jahrhundert nach Karl dem Großen trat ein Papst namens *Nikolaus I.* auf, der in vollmundigem »petrinischem« Amtsbewusstsein und äußerster Kühnheit versuchte, die bisher übliche Selbstverwaltung der Landeskirchen zugunsten einer römischen Zentralverwaltung zu beenden. Gerade dieser Papst war es, der sich – wohl kaum in gutem Glauben – mit der Konstantinischen Schenkung auch die berühmt-berüchtigten pseudo-isidorischen Dekretalen zu eigen gemacht hat.

Vierte Diagnose: Gefährlich sind die Fälschungen vor allem, weil sie den fatalen Eindruck erwecken, schon die alte Kirche sei bis in alle Einzelheiten ihres Lebens durch Dekrete der Päpste regiert gewesen. Eine unerhörte Steigerung der Macht des Papstes, der als »Haupt des ganzen Erdkreises« bezeichnet wird, wird hier mit zahllosen Vorschriften konstruiert und zementiert! Konkret: Das bisher vom Kaiser ausgeübte Recht, Synoden abzuhalten und zu bestätigen, wird allein dem Papst zugesprochen. Angeklagte

Bischöfe können an den Papst appellieren. Überhaupt sind alle »schwerer wiegenden Angelegenheiten« dem Papst zur endgültigen Entscheidung vorbehalten. Ja, Staatsgesetze, die mit den Kanones und Dekreten des Papstes im Widerspruch stehen, gelten als nichtig. So wird einerseits die absolute Herrschaft des Papstes innerhalb der Kirche begründet, andererseits das Eigenrecht und die Eigengerichtsbarkeit der Kirche gegenüber dem Staat. Diese Fälschungen aus dem 9. Jahrhundert geben allen erst seit Mitte des 5. Jahrhunderts erhobenen päpstlichen Ansprüchen die Aura des Uralten und den Glorienschein des Gottgewollten. Sie sind nicht nur »Kuriositäten von damals«, sondern sie verschaffen den Machtansprüchen jene theologisch-juristische Legitimation, die ihnen bisher gefehlt hat. Kirchenbild und Kirchenrecht sind ab jetzt ganz auf die römische Autorität konzentriert.

Pseudo-Isidors amtliches Nachschlagewerk verbreitete sich schon bald im ganzen westlichen Europa. Erst in der Reformationszeit weisen die »Magdeburger Centurien« die Unechtheit der Dekretalen auf. Dabei wäre die päpstliche Kanzlei durchaus fähig gewesen, Fälschungen aufzuspüren. Warum tut sie dies bestenfalls dann, wenn es in ihrem Interesse liegt? Weil sie nicht an der historischen Wahrheit interessiert ist, sondern an der römischen Macht. Die römische Kurie bemühte sich auch in der Folge nie um die Untersuchung der zu ihren Gunsten sprechenden Großfälschungen, auch nicht, als schon um die Wende vom ersten zum zweiten Jahrtausend Kaiser OTTO III. zum ersten Mal die Konstantinische Schenkung als Fälschung erklärte. Auch der von Johannes Paul II. im Jahr 1983 promulgierte Codex Iuris Canonici ist historisch betrachtet ein höchst zweifelhaftes Produkt. Eine künftige Kirchenrechtsrevision müsste die gefälschten Kanones entweder ausmerzen oder als solche kennzeichnen.

5. Unheilige Väter und aufgezwungene Reformen

Anamnese: »Heiliger Vater« (»Seine Heiligkeit«) ist heute Ehrentitel und Anredeform des Papstes. Und man gibt sich im Vatikan Mühe, alles Päpstliche mit einer Aura der Heiligkeit zu umgeben. Man kann gar nicht genügend Behörden, Gegenstände, Personen als »heilig« bezeichnen, um diesen damit etwas vom Glanz der Ewigkeit zu verleihen. Wer das alles wörtlich nimmt, muss freilich daran erinnert werden, dass manche Päpste recht unheilige Menschen waren und das ganze Leben am Hof des Papstes auch nicht immer einen sehr heiligen Eindruck erweckte. Gerade jener machthungrige Nikolaus I., der den römischen Primat so laut einforderte, hatte schwache und zum Teil völlig korrupte Nachfolger.

Ja, das 10. Jahrhundert gilt in der Kirchengeschichte als das »*Saeculum obscurum*«, das »finstere Jahrhundert«. Alle Papstgeschichten berichten jeweils auf Dutzenden von Seiten über Intrigen und Kämpfe, Morde und Gewalttaten. Päpste und Gegenpäpste aus den verschiedenen römischen Adelsgeschlechtern sind darin verwickelt. Man denke nur an die schaurige Exhumierung des Papstes FORMOSUS nach neun Monaten zum Totengericht, in welchem ihm der Segensfinger der rechten Hand abgehauen und sein Leichnam schließlich in den Tiber geworfen wurde. Oder man denke an die Schreckensherrschaft der »Senatrix« MAROZIA, welche, so wird überliefert, die Geliebte des einen Papstes (Sergius III.), die Mörderin eines zweiten (Johannes X.) und die Mutter eines dritten (ihres unehelichen Sohnes Johannes XI.) war. Diesen hielt sie in der Engelsburg gefangen, bis sie bei ihrer dritten Vermählung von ihrem ehelichen Sohn Alberich gefangengesetzt wurde, der dann zwei Jahrzehnte als »Dux et Senator Romanorum« Rom beherrschte und dessen willenlose Werkzeuge die Päpste dieser Zeit waren.

Die Päpste des 10. Jahrhunderts konnten sich offensichtlich nicht an ihren eigenen Haaren aus dem Sumpf ziehen. Das besorgten vielmehr die mächtig gewordenen Könige des ostfränkischen Reiches. Zunächst der Sachse OTTO DER GROSSE, der, fasziniert von seinem Vorbild Karl dem Großen, den lasterhaften, mit sechzehn Jahren zum Papst gewählten JOHANNES XII. im Jahr 963 absetzte und einen Laien, LEO VIII., zu dessen Nachfolger wählen ließ, der an einem Tag alle Weihen erhielt: eine Vorgehensweise, die bis zum neuen Codex Iuris Canonici (1983) legitim war. Doch Papstabsetzungen und Papsteinsetzungen, Päpste und Gegenpäpste, mordende und ermordete Päpste waren auch weiterhin keine Seltenheit.

Die schließlich dringend nötige *Reform des Papsttums* wurde Ende des ersten Jahrtausends *initiiert* und inspiriert *vom französischen Mönchtum*. Das burgundische Kloster Cluny wurde zur Wiege einer römisch orientierten Klosterreform nach alten benediktinischen Idealen. Politisch wichtig war in diesem Zusammenhang die Befreiung der Klöster von der Oberaufsicht der Ortsbischöfe und ihre unmittelbare Unterstellung unter den Papst. Diese »Exemtion« wurde eingeführt im Widerspruch zu einem Dekret des Konzils von Nikaia und begründet mit einem angeblichen päpstlichen »Privileg«, für das die Klöster alljährlich nach Rom einen »Zensus« zu entrichten hatten. Dies verschaffte dem Papsttum gewaltige Einkünfte und zugleich ein feinmaschiges Netz von zumeist sehr begüterten Stützpunkten über ganz Europa.

Aber *durchgesetzt* wurde die Reform des Papsttums *vom deutschen Königtum*: Es war König HEINRICH III., der auf den Synoden von Sutri und Rom 1046 drei rivalisierende Päpste absetzen ließ. Vom König nominiert und traditionsgemäß von Klerus und Volk Roms zum Papst gewählt wurde Bischof Suitger von Bamberg. So folgte auf die korrupten römischen Adelspäpste eine ganze Reihe guter kaiserlicher und zumeist deutscher Päpste. Aber gerade diese bauten, ohne es zu wollen, den größten Feind des Kaisers auf.

Fünfte Diagnose: Das Papsttum machte erschreckende Phasen der Dekadenz durch, die abgelöst wurden durch Phasen der Reform. Die Anstöße dazu kamen oft von außen. Theologisch behalf man sich zur Zeit unwürdiger Päpste mit der *Unterscheidung zwischen* »objektivem« *Amt und* »subjektivem« *Träger*. AUGUSTIN hatte diese Unterscheidung zur Abwehr der Donatisten eingeführt, welche die Auffassung vertraten, alle Taufen und Ordinationen, die von unwürdigen und besonders von in der Verfolgung »abgefallenen« Bischöfen und Priestern (»Lapsi«) vollzogen wurden, seien ungültig. Dagegen vertrat Augustin die Unterscheidung von Person und Amt: Auch unheilige Päpste können demnach heilige Riten gültig vollziehen. Also können auch, folgerte man, unwürdige Päpste die päpstliche Institution am Leben erhalten.

Letztlich freilich konnten nur *Reformen* das Papsttum retten. So folgte auf die Dekadenz des 10. Jahrhunderts die Gregorianische Reform des 11. Jahrhunderts, und später wieder auf die Dekadenz des Papsttums in der Renaissancezeit des 15. Jahrhunderts die Reformation des 16. Jahrhunderts, die allerdings wegen der römischen Reformverweigerung zur Spaltung der Kirche führte. Darauf folgte die Gegenreformation, die zwar in Politik, Barockkunst und Seelsorgereform beachtliche Leistungen vollbrachte, aber doch den mittelalterlichen Status quo in Papsttum, Liturgie, Theologie und Kirchendisziplin bestätigte.

6. Vom römischen Prinzip zum römischen System

Anamnese: Unter dem Lothringer Papst LEO IX. (1049–54), einem Verwandten Kaiser Heinrichs III., ging die Führung der Reformbewegung an den Papst selber über. In fünf hektischen Jahren reformierte Leo den römischen Stadtklerus und machte die »Kardinäle« (»Cardines«, »Türangeln«, Repräsentanten der römischen Stadtkirchen) zu einer Art päpstlichem Senat. In diesen berief er auch hochintelligente und hochmotivierte Vertreter der Reform von jenseits der Alpen: vor allem den Lothringer HUMBERT, als Kardinalbischof VON SILVA CANDIDA gelehrter und gewiefter Theoretiker einer absolutistischen Papstherrschaft, und, in zunächst untergeordneter Stellung, HILDEBRAND, den Archidiakon, der als reisender Legat öfters den Papst vertrat. Zum ersten Mal machte ein Papst durch Reisen in Italien, Frankreich und Deutschland den lebendigen Nachfolger Petri auf Klerusversammlungen und Synoden wirkungsvoll präsent.

Gerade Humbert von Silva Candida legte als engster Vertrauter des Papstes, als gewandter, oft ironisch-sarkastischer Stilist, Jurist und Theologe in mehreren Publikationen ein ganzes kirchenpolitisches Programm vor und vertrat es in zahllosen päpstlichen Schreiben und Bullen praktisch. Humbert war der scharfsinnige Vorkämpfer des *römischen Prinzips*: Das Papsttum sei Quelle und Norm allen Rechtes, sei oberste Instanz, die alle richten, aber selber von niemandem gerichtet werden könne. Der Papst sei für die Kirche, was die Angel für die Tür, das Fundament für das Haus, die Quelle für den Strom, die Mutter für die Familie ist. Und zum Staat verhalte sich diese Kirche wie die Sonne zum Mond oder die Seele zum Leib oder das Haupt zu den Gliedern.

Das römische Prinzip – das römische Papsttum also als Quelle, Norm allen Rechtes und oberste Instanz – bildet die ideologische Grundlage für das *römische System*. »System« (griech.: »Zusammenstellung«) bedeutet ein zusammenhängendes Ganzes. Ein *soziales* System meint eine wechselseitige Abhängigkeit der betroffenen Personen und Institutionen in einer inneren Ordnung oder Struktur und einer deutlichen

Abgrenzung nach außen. Das *römische* System ist ein *kirchliches Herrschaftssystem*, in welchem der römische Papst in der ganzen Kirche ein Macht- und Wahrheitsmonopol über Personen und Institutionen ausübt. So war es in den Großfälschungen des frühen Mittelalters vorgezeichnet und wurde im Hochmittelalter durchgesetzt.

Der Kampf um die absolute Macht des Papsttums wurde durchgefochten mit der Parole »Freiheit der Kirche«. Damit war nicht etwa die »Freiheit eines Christenmenschen« gemeint, sondern die *Freiheit der kirchlichen Institution* von weltlichen Mächten. Der von den Päpsten geführte Kampf für die »Libertas Ecclesiae« konzentrierte sich auf zwei neuralgische Punkte, auf Ämterverleihung durch Laien und Priesterehe:

– Die traditionelle *Ämterverleihung (Investitur) durch Laien*, praktisch durch den Kaiser und die Fürsten, wurde als »Simonie« diffamiert – nach dem Magier Simon (vgl. Apostelgeschichte 8, 9–24) benannter Verkauf oder Ankauf geistlicher Sachen, Pfründen, Ämter gegen Entgelt. Dieser Kampf führt zu einem bisher nie dagewesenen *Klerikalismus*, also einer innerkirchlichen Prädominanz und Vormachtposition des katholischen Klerus, die zahlreiche direkte oder indirekte Ansprüche oder Privilegien in der Gesellschaft beinhaltet.

– Die traditionelle *Priesterehe* wird als »Konkubinat« (lat.: illegales Zusammenleben zweier Personen verschiedenen Geschlechts in eheähnlicher Gemeinsamkeit) denunziert und verfolgt. Dies ist der Ausdruck eines *Panmonachismus*, in welchem die mönchische Lebensform dem gesamten Klerus aufoktroyiert wird, tiefer betrachtet aber Ausdruck einer breit institutionalisierten Sexual- und Frauenfeindlichkeit.

Päpstliches Macht- und Wahrheitsmonopol, Juridismus und Klerikalismus, institutionalisierte Sexual- und Frauenfeindlichkeit – alles wenn nötig mit Gewalt (Inquisition, Verbrennungen, Kriegen, Kreuzzügen) durchgesetzt: radikal und brutal wurde dieses neue System durchgekämpft von Papst GREGOR VII. (1073–1085). Als Mönch Hildebrand hatte er schon in all den Jahren zuvor als Archidiakon und päpstlicher Legat hinter den Kulissen und auf Synoden eine Schlüsselrolle gespielt. Von leidenschaftlicher Glaubensüberzeugung und diamantener Härte, scheute er als Papst keinen Widerstand, um das entwickelte römisch-katholische Paradigma (P III) in der Form des römischen Systems mit allen Mitteln in die politische Praxis umzusetzen. Mit Gregors Namen verbindet sich bis heute die schon vorher eingeleitete »Gregorianische Reform«, aber auch der welthistorische »Investiturstreit« zwischen Papsttum und Kaisertum und der Bußgang König Heinrichs IV. nach Canossa.

Sechste Diagnose: Die Gregorianische Reform ist faktisch eine gregorianische Revolution: eine *Revolution von oben*. Mit der neutestamentlichen Kirchenverfassung der Dienste und mit der föderativen Kirchenordnung des ersten Jahrtausends hat diese *absolute päpstliche Monarchie* nichts zu tun. Sie wurde mit römischer Politik, Ideologie und Propaganda als die alte Ordnung der Kirche hingestellt, beruhte aber auf gefälschten päpstlichen Dekretalen und wurde wo nötig ruchlos mit geistlich-ungeistlicher Gewalt durchgesetzt.

Rund 600 Jahre aber hatte es gedauert, bis das Papsttum nach zahllosen Rückschlägen und Verfallsperioden sich imstande zeigte, jenes von Augustin und den römischen Bischöfen im 5. Jahrhundert grundgelegte lateinisch-katholische Paradigma als im strengen Sinn römisches System auszuformen und so das bereits von Leo I. und Gelasius I. entwickelte Programm zu verwirklichen: eine angeblich vom Apostel Petrus, ja von Jesus Christus, begründete Alleinherrschaft des Papstes in Kirche und Welt.

Die Kirche wird im 11. Jahrhundert ganz und gar römisch. Soll die »römische Kirche« doch verstanden werden als »Mutter« (»mater«) und »Haupt« (»caput«) aller Kirchen, der Gehorsam gebührt. Eine in der katholischen Kirche sich zum Teil bis heute durchhaltende *römische Gehorsamsmystik* hat hier ihren Ursprung: Gehorsam gegenüber Gott muss Gehorsam gegenüber der Kirche sein, und Gehorsam gegenüber der Kirche Gehorsam gegenüber dem Papst – und umgekehrt. Aber die Folgen sind schwerwiegend:

7. Das römische System spaltet die eine Christenheit

Zur Vermeidung von Missverständnissen zunächst drei Präzisierungen:
– Das römische System hatte selbstverständlich manche positiven Seiten und Erfolge. Die Gregorianische Reform machte die Kirche als Institution eigenen Rechts, eigener Verfassung und einiger Zielsetzung sichtbar und hörbar.
– Große Kirchenspaltungen sind nie monokausal zu erklären, sondern haben meist auch politisch-wirtschaftliche und kulturell-psychologische Hintergründe.
– Die Konzentration auf die Rolle des Papsttums ergibt sich aus dessen zentraler Stellung im kirchlichen Gefüge. Es soll also nicht nach der exklusiven Schuld, wohl aber nach der *Hauptschuld* an der ersten großen Kirchenspaltung zu Beginn des 2. Jahrtausends gefragt werden.

Anamnese: Über die Jahrhunderte hat sich die Spaltung von Ost- und Westkirche abgezeichnet durch eine *wachsende gegenseitige Entfremdung*. Diese wurde immer mehr vorangetrieben durch die beschriebene immer weitere Entfaltung der päpstlichen Autorität, die für die östliche Christenheit im völligen Widerspruch stand zur altkirchlichen, zu ihrer eigenen Tradition. Natürlich spielten bei diesem Entfremdungsprozess kulturell-religiöse und sozial-psychologische Faktoren eine bedeutende Rolle: verschiedene Sprachen (Griechisch

– Latein), Kulturen (die Griechen galten als hochnäsig, spitzfindig und hinterlistig, die Lateiner als ungebildet und barbarisch) und Riten (unterschiedlich das liturgische Zeremoniell, ja die gesamte Lebens- und Glaubensform in Theologie, Frömmigkeit, Kirchenrecht und Organisation).

Doch diese kulturell-religiösen Unterschiede hätten keineswegs zur Spaltung führen müssen. Für diese sind vielmehr kirchenpolitische Faktoren letztverantwortlich, primär jenes *bedrohliche Anwachsen der päpstlichen Macht.* Bis heute ist für die Kirche der »sieben Konzilien« (Nikaia I 325 bis Nikaia II 787) der päpstliche Primatsanspruch das einzige ernsthafte Hindernis für die Wiederherstellung der Kirchengemeinschaft.

Siebte Diagnose: Eine solche papstzentrierte Einheitskirche ist bis heute für den ganzen Osten eine inakzeptable Neuerung. Nie hat man dort je päpstliche Decreta und Responsa erbeten. Auch nie für Klöster um die Verleihung einer päpstlichen »Exemtion« nachgefragt. Weiter nie sich vom Papst ernannte Bischöfe aufdrängen lassen. Und erst recht nie eine absolute und direkte Autorität des römischen Bischofs über alle Bischöfe und Gläubigen anerkannt … Aber unermüdlich versuchte Rom mit allen Mitteln seines kanonischen Rechts, seiner Politik und Theologie die alte Kirchenverfassung zu überspielen, den römischen Rechtsprimat über alle Kirchen auch im Osten zu etablieren und eine zentralistische, ganz auf Rom und Papst zugeschnittene Kirchenverfassung durchzusetzen.

Eine politische Zuspitzung des Konflikts erfolgte im 7./8. Jahrhundert. Papst STEPHAN II. war 753/54 hilfesuchend zum Frankenkönig gereist, um auf Kosten ehemals byzantinischer Gebiete einen Kirchenstaat garantiert zu bekommen. Dann hatte Papst LEO III. den bisher dem Kaiser von Byzanz vorbehaltenen Cäsarentitel eigenmächtig dem Frankenkönig Karl zugesprochen und krönte so im Jahr 800 neben dem einzig legitimen Kaiser einen neuen, westlichen, germanischen Parallelkaiser von Papstes Gnaden. Schließlich exkommunizierte im 9. Jahrhundert der arrogante Papst NIKOLAUS I. mutwillig den byzantinischen Patriarchen Photios, einen angesehenen Theologen und pastoral denkenden Bischof, im Osten seither als Heiliger verehrt. Er hatte die traditionelle patriarchale oströmische Autonomie verteidigt und sich auch gegen die Neueinführung eines »Filioque« in das traditionelle Credo der Konzilien zur Wehr gesetzt. Das Schisma im 9. Jahrhundert konnte wieder heilen, das im 11. Jahrhundert hingegen nicht. Bisher nicht.

8. Wie die offene Wunde heilen?

Der 16. Juli 1054, der Tag, an dem der päpstliche Legat, jener Kardinal Humbert von Silva Candida, die Bannbulle, die von falschen und unkorrekten Behauptungen strotzte, auf den Altar der Hagia Sophia legte, um den ökumenischen Patriarchen von Konstantinopel und seine Kirche zu exkommunizieren, schlug eine Wunde in den Leib der Kirche, die bis heute nicht geschlossen werden konnte. Doch verdankt es die Christenheit unserer Tage Papst Johannes XXIII. und dem Zweiten Vatikanischen Konzil, dann Papst Paul VI. und Patriarch Athenagoras von Konstantinopel, dass die leidvolle Geschichte der jahrhundertelangen Entfremdung und 900-jährigen Trennung wenigstens zum Teil aufgearbeitet und eine gewisse Verständigung und ein Modus vivendi erreicht wurden: Die gegenseitige Exkommunikation sollte »aus dem Gedächtnis der Kirche getilgt« werden.

Doch wäre es konsequent gewesen, der Aufhebung der Exkommunikationssentenzen die Herstellung der *Communio*, der vollen Abendmahlsgemeinschaft, folgen zu lassen. Dafür hatte das Konzil die Grundlagen gelegt:

– Dem Vatikanum II zufolge schwächt die Verschiedenheit der Kirchen die Einheit nicht, sondern stärkt sie. Die Kirchen des Ostens sind denen des Westens grundsätzlich gleichberechtigt. Sie haben das Recht und die Pflicht, ihre eigenständige Liturgie, Rechtsordnung und Spiritualität zu pflegen. Dies könnte eine prinzipielle Basis sein für eine neue Kirchengemeinschaft zwischen West und Ost.

– Dem Vatikanum II zufolge sind die alten Rechte und Privilegien der ostkirchlichen Patriarchen wieder herzustellen. Ihnen kommen insbesondere die Bischofsernennungen zu. Da wäre auch das zwischen West und Ost umstrittene Problem des römischen Primats endlich offen zu diskutieren und auf der Grundlage der von beiden Seiten akzeptierten sieben ökumenischen Konzilien und des Konsensus der alten Väter einer ökumenischen Lösung entgegenzuführen.

Nicht vergessen werden darf bei all diesen Zwistigkeiten ein Basiskonsens: Auch die Kirchen des Ostens anerkennen nach wie vor einen Primat der römischen Kirche und ihres Bischofs, der sich traditionsgemäß gründet auf die beiden Hauptapostel Petrus und Paulus. Es besteht also seit jeher die Möglichkeit eines *Pastoralprimats* des römischen Bischofs, vorausgesetzt, dieser würde ernsthaft versuchen, der katholischen Kirchengemeinschaft als ein Fels des Glaubens zu dienen (Mt 16,18), die Brüder (und Schwestern) zu stärken (Lk 22,32), als Pastor die Schafe seines Herrn wirklich zu hüten (Jo 21,15). Also ein pastoraler Petrusdienst an der Gesamtkirche – ohne das römische Herrschaftssystem!

Damit ist die erste Etappe meiner Diagnostik des römischen Systems abgeschlossen. Die sieben Anamnesen und Diagnosen haben deutlich gemacht, wo hinter allen Symptomen und aktuellen kritischen Entwicklungen die eigentlichen Ursachen der gegenwärtigen Kirchenkrise liegen. Doch die Krankheitsherde bedürfen einer Spezialuntersuchung, die keine erfreuliche Aufgabe ist.

III. Keime einer chronischen Krankheit

Untersuchungsbefunde und Therapien

Es dürfte Bewunderer des katholischen Mittelalters, seiner Kathedralen, Universitäten und Theologischen Summen, seiner Romanik und Gotik vielleicht schmerzlich berühren: Führt man die Diagnostik des römischen Systems weiter, so drängt sich die Einsicht auf: Genau die in der Gregorianischen Reform des 11. Jahrhunderts zutage getretenen besonderen Charakteristika zeigen sich auch als die Keime, welche die Kirche in den folgenden Jahrhunderten bis zur Reformation krank machen werden. Nicht erst in neuerer Zeit also, sondern schon im *Mittelalter*, dessen positive, schöne Seiten ich hier nicht darzustellen habe.

Dies spiegelt sich an der Wende vom 12. zum 13. Jahrhundert besonders deutlich beim glanzvollsten Papst der ganzen Kirchengeschichte, bei Innozenz III. (1198–1216): Mit 37 Jahren zum Papst gewählt, erweist er sich als scharfsinniger Jurist, fähiger Administrator und raffinierter Diplomat, aber auch als theologischer Schriftsteller, gewandter Redner und geborener Herrscher. Unbestritten stellt er den Höhepunkt des mittelalterlichen Papsttums dar, aber auch den Wendepunkt.

Unter Innozenz erreicht die *Romanisierung* der katholischen Kirche ihren Höhepunkt. Sieben ineinander greifende

Prozesse haben sich bis heute zu bleibenden Kennzeichen des römischen Systems entwickelt, unter dem die katholische Kirchengemeinschaft zunehmend leidet. In der Medizin würde man von Multimorbidität sprechen. Die Krankheitssymptome ließen schon unter Innozenz III. mehrere Krankheitsherde sichtbar werden, die nun auch innerhalb der Christenheit des Westens bald als offene Wunden empfunden wurden, die nach Heilung riefen, praktisch aber unbehandelt blieben, deshalb ständig weiterwucherten und sich zu pathogenen Strukturen entwickelten. Diese sieben Krankheitskeime sollen im Folgenden beschrieben werden. Dabei bin ich weder ein Rosarotfärber noch ein Schwarzmaler. Aber niemals werde ich glauben, auch wenn es mir in der dreizehnten Regel des »Fühlens in der Kirche« des Ignatius von Loyola empfohlen wird, niemals werde ich »glauben, dass das Weiße, das ich sehe, schwarz ist, wenn die hierarische Kirche es so definiert«. Und auch umgekehrt werde ich schwarz nie weiß sehen.

1. Römisches Macht- und Wahrheitsmonopol

Untersuchungsbefund: *Der Papst als absoluter Monarch, die Papstkirche als Mutter.* Im Gegensatz zur Ostkirche präsentiert sich die katholische Kirche des Westens seit Gregor VII. und Innozenz III. als eine glaubensmäßig, rechtlich und disziplinarisch-organisatorisch ganz auf den Papst ausgerichtete Kirche: Fixierung auf einen absoluten Monarchen, der als Alleinherrscher die Suprematie in der Kirche hat. Mit den Kirchenmodellen des Neuen Testaments und der Alten Kirche hat dies nichts mehr zu tun.

Innozenz III. bevorzugte gegenüber dem Titel »Stellvertreter Petri« den bis ins 12. Jahrhundert für jeden Bischof oder Priester gebrauchten Titel *»Stellvertreter Christi«* (»vicarius Christi«) und sah sich als Papst in die Mitte zwischen Gott und die Menschen gestellt. Für ihn ist der Apostel Petrus (der Papst) der Vater und die *römische Kirche die Mutter* (»mater«). »Mutter« wird jetzt ganz nach Bedarf sowohl für die allgemeine Kirche als die Mutter aller Glaubenden gebraucht als auch für die römische Kirche als die Mutter, das »Haupt« (»caput«) und die »Lehrmeisterin« (»magistra«) aller anderen Kirchen. Noch die Sozialenzyklika Johannes' XXIII. vom 15. Mai 1961 trägt als Einleitungswort »Mater et Magistra«. Ja, die universale Kirche wird mit der römischen Kirche geradezu identifiziert.

Berichtet habe ich schon, wie Jerusalem durch Rom ersetzt wurde und die päpstliche Lateranbasilika wider alle historische Evidenz bis heute durch eine Aufschrift in großen Lettern zu »Mutter (›mater‹) und Haupt (›caput‹) aller Kirchen der Stadt (›urbis‹) und des Erdkreises (›orbis‹)« erklärt wird. Aber noch nicht berichtet habe ich von der Tatsache, dass diese Mutter Kirche andererseits mit den lebenden Kindern *Israels* nichts zu tun haben wollte. Wie schon bei Gregor VII., so gehen auch bei Innozenz III. *Papalismus und Antijudaismus Hand in Hand.* Das von Innozenz III. einberufene Ökumenische Konzil 1215 – faktisch eine reine Papstsynode, die mit rund 2000 Teilnehmern die Macht des Papsttums ebenso demonstrierte wie die praktische Bedeutungslosigkeit des Episkopats –, gerade diese glanzvollste Synode des Mittelalters fasste Beschlüsse gegen die Juden, die in vielem spätere antisemitische Maßnahmen vorausnahmen: unterscheidende Kleidung, Verbot öffentlicher Ämter und des Ausgangs an den Kartagen, schließlich Zwangssteuer an die christlichen Ortsgeistlichen. Der nachfolgende Papst und Jurist Innozenz IV. bezeichnete sich sogar als »Vicarius Dei – Stellvertreter Gottes«, und er war es, der die Folter für Ketzerprozesse einführte.

Therapie: Anstelle eines absoluten Herrschaftsprimats ein pastoraler Dienstprimat! Lässt sich ein Primat Petri begründen? Muss der Primat Petri fortdauern? Ist der römische Bischof der Nachfolger im petrinischen Primat? Die exegetisch-historische Forschung hat gezeigt, dass diese drei Fragen allesamt nicht positiv beantwortet werden können. Auch katholische Exegeten und Historiker geben heute zu, dass die Grundlagen der Primatsdefinition des Vatikanum I obsolet sind. Aber gleichzeitig werden orthodoxe und evangelische Theologen zugeben, dass der Primat eines Einzelnen in der Kirche nicht gegen die Schrift ist. Wie immer es um seine Begründung stehen mag, es gibt nichts in der Schrift, was einen solchen *Dienstprimat* ausschlösse. Ja, orthodoxe wie evangelische Christen könnten vermutlich einen Primat in einer ökumenischen Kirche akzeptieren, wenn er schriftgemäß begründet und gehandhabt würde. So dachten schon die meisten Reformatoren vom jungen Luther über Melanchthon bis Calvin. Dies kann auch für die Frage der Therapie wegweisend sein.

Das Entscheidende ist nicht einfach der historische Aspekt einer aufweisbaren Sukzessionsreihe, so wertvoll dies sein kann. Das Entscheidende ist die *Nachfolge im Geist*: in der im Neuen Testament vorgezeichneten petrinischen Sendung und Aufgabe, im petrinischen Zeugnis und Dienst. Wäre da also ein Papst, der sich wider Erwarten einwandfrei darüber ausweisen könnte, dass sein Vorgänger und der Vorgänger seines Vorgängers und so fort schließlich der Nachfolger des historischen Petrus ist, ja könnte er sogar nachweisen, dass der Vorgänger seiner Vorgänger von diesem Petrus selbst mit allen Rechten und Pflichten zu seinem Nachfolger »eingesetzt« wurde, würde er selbst aber dieser petrinischen Sendung gar nicht nachkommen, würde er die ihm gestellte Aufgabe nicht erfüllen, würde er nicht Zeugnis geben und seinen Dienst nicht leisten – was nützte ihm, was nützte der Kirche dann die ganze »apostolische Sukzession«?

Umgekehrt: Wäre da ein Papst, dessen Sukzessionskette mindestens in der Frühzeit nur schwierig nachzuprüfen wäre, würde er aber der in der Schrift beschriebenen petrinischen Sendung nachleben, würde er Auftrag und Aufgabe erfüllen und der Kirche diesen Dienst leisten, da wäre es doch eine zwar noch immer wichtige, aber letztlich zweitrangige Frage, ob dieses echten Dieners der Kirche historischer »Stammbaum« in Ordnung ist. Er besäße dann vielleicht nicht die Berufung durch Handauflegung, aber er besäße das Charisma, das Charisma der »Kybernese«, der »Leitung«. Dies würde im Grunde ausreichen, nachdem das Papstamt ohnehin mit keiner eigenen Weihe verbunden ist, sondern aufgrund der Wahl mit einer »Einsetzung« (später »Inthronisierung«) angetreten wird.

2. Juridismus und Klerikalismus

Untersuchungsbefund: die Kirche als eine verrechtlichte und klerikalisierte Institution! Im altkirchlich-byzantinischen Paradigma war und blieb die Kirche rechtlich von Anfang an in das staatliche Kaiserreich eingeordnet. Dagegen entwickelte die katholische Reichskirche des Westens seit dem Mittelalter ein eigenes Kirchenrecht mit eigener Kirchenrechtswissenschaft, das an Komplexität und Differenziertheit dem staatlichen Recht gleichkam. Doch war es ganz und gar auf den Papst, den absoluten Herrscher, Gesetzgeber und Richter der Christenheit, ausgerichtet. Ihm sollte nach römischer Ideologie selbst der Kaiser untergeordnet sein.

In der Zeit der Gregorianischen Reform entstanden in Rom professionelle *Rechtssammlungen* in römischem Geist. Die Päpste des 12. Jahrhunderts erließen mehr gesamtkirchliche Rechtsentscheidungen als alle ihre Vorgänger zusammen. Angesichts der Unübersichtlichkeit, Unsicherheit und

Widersprüchlichkeit begrüßte man damals allgemein das zusammenfassende Lehrbuch (»Decretum Gratiani«), das der Legende nach von dem an der Universität Bologna lehrenden Kamaldulensermönch Gratian stammt, möglicherweise aber mehrere Verfasser hat. Doch 324 Passagen von Päpsten aus den ersten vier Jahrhunderten sind leider den Pseudo-Isidoren entnommen, und von diesen sind 313 erwiesenermaßen gefälscht. Kein Wunder, dass unter diesen Umständen die professionellen »Kanonisten«, »Kirchenrechtler«, faktisch »Papstrechtler«, welche die Geltung dieser »päpstlichen« Dekretalen einfach voraussetzten, zu einer unschätzbaren ideologischen Stütze des römischen Systems wurden – in Rom wie in zahllosen Kanzleien und Gerichten Europas.

Auf der Basis des »Decretum Gratiani« entstanden so mit der Zeit drei umfangreiche amtliche Dekretensammlungen, die zusammen mit einer nichtamtlichen das Corpus Iuris Canonici bilden. Auf diesem gründet der bis heute geltende Codex Iuris Canonici von 1917/18, beziehungsweise 1983. Erst mit der Rechtsgelehrsamkeit verfügte die Papstmonarchie, die ja keine große Armee besaß, über das Personal und das juristische Instrumentarium, um die römischen Ansprüche in die Alltagswirklichkeit sämtlicher Kirchen umzusetzen. Von Gewaltenteilung war in diesem Rechtssystem selbstverständlich keine Spur. War der Papst doch zugleich oberster Lenker, absoluter Gesetzgeber und höchster Richter der Kirche, an den man in allen Dingen appellieren konnte. Allerdings waren jene Appellationen schon unter Innozenz III. Ursache schlimmster Missstände: juristische Privilegienwirtschaft, Willkür, Parteilichkeit und Geldgier. Auch diese römische »Tradition« blieb der katholischen Kirche bis heute weitgehend erhalten.

Mehr als alles andere aber hat das im Folgenden genauer zu besprechende Zölibatsgesetz dazu beigetragen, dass »Klerus«, »Hierarchie«, »Geistlichkeit«, »Priesterstand« vom

»Volk« als den »Laien« abgehoben und ihm völlig übergeordnet wurde. Ja, die Klerikalisierung nahm ein solches Ausmaß an, dass »Kirche« und »Klerus« geradezu identifiziert wurden. Für die Machtverhältnisse bedeutete dies, dass die Laien aus der Kirche faktisch ausgeschaltet wurden. Der Klerus als Verwalter der Gnadenmittel bildet allein »die Kirche«. Eine Kleruskirche, die, hierarchisch-monarchisch organisiert, im Papst gipfelt. Unter Innozenz III. wurde auch der zweite Zweig des Klerus immer wichtiger: der Ordensklerus. Denn klug domestizierte dieser Papst die sich ausbreitende Armutsbewegung in der Kirche und approbierte jene neuartigen Orden, in denen besonders die Nachfolge des armen Jesus die Leitidee bildet: die Bettelorden (»mendicantes«) der Franziskaner und Dominikaner. Der Aufsicht der Bischöfe entzogen und allein dem Papst unterstellt, stärkten sie über die Maßen päpstliche Autorität und Einfluss weltweit.

Therapie: Anstelle der Hierarchie eine Gemeinschaft in Freiheit, Gleichheit und Brüderlichkeit/Schwesterlichkeit! Die hierarchisch-monarchische Kirche stellt eine völlige Verkehrung der neutestamentlichen Kirchenordnung dar, die um einer christlicheren Kirche willen wieder neu zur Geltung zu bringen ist. Nach dem Neuen Testament ist »Kirche« die *ganze* Glaubensgemeinschaft, die durch die Verkündigung des Evangeliums – oft mehr durch die »kleinen Leute« als durch die Hierarchen und Theologen, mehr durch Taten als durch Worte – den Glauben an Jesus Christus weckt, Engagement in seinem Geist herausfordert, im christlichen Zeugnis des Alltags die Kirche in der Welt präsent macht und so die Sache Jesu Christi weiterträgt. Es sind ja alle und nicht nur einige Auserwählte, denen in all den verschiedenen Formen von Gemeinde die Verkündigung der christlichen Botschaft aufgetragen ist. Allen Christen wird ein individuelles und soziales Leben aus dem Evangelium abgefordert. Allen sind die Taufe auf Jesu Namen, das Gedächtnis-, Dankes- und

Bundesmahl, der Zuspruch der Sündenvergebung anvertraut. Allen ist der alltägliche Dienst und die Verantwortung für den Mitmenschen, für die Gemeinde und für die Welt übertragen.

3. Sexual- und Frauenfeindlichkeit

Untersuchungsbefund: *Abwertung von Sexualität und Ehe!* Schon in den ersten Jahrhunderten waren die Frauen von allen kirchlichen Leitungspositionen zunehmend ferngehalten worden. Im 4./5. Jahrhundert aber hatte – im Kampf gegen die Pelagianer und deren Betonung des freien Willens – der zum Bischof gewordene AUGUSTIN seine Theologie von Sünde und Gnade verschärft. Die Sünde eines jeden Menschen versuchte er jetzt von der biblischen Erzählung des Falles Adams her zu erklären: Adam, »*in dem* (statt korrekt dem griechischen Urtext zufolge: *nach dessen Beispiel*) alle Menschen sündigen«, war jedoch eine glatte Fehlübersetzung von Röm 5,12. Auf diese Weise historisierte, psychologisierte, ja, sexualisierte Augustin Adams Ursünde. Sie wird für ihn, ganz anders als für Paulus, zur sexuell bestimmten *Erb-Sünde*. Und diese Erbsünde wird nach Augustin durch den Geschlechtsakt und die damit verbundene »fleischliche« = ichsüchtige Begierde (Konkupiszenz, sexuelle Libido) auf jedes neue Menschenwesen übertragen. Deshalb ist nach dieser Theologie schon jeder Säugling dem ewigen Tod verfallen – wenn er nicht getauft und so von der Erbsünde befreit wird.

Durch solche Schriftauslegung bescherte Augustin, der wie kein zweiter Autor der Antike über eine geniale Fähigkeit der analysierenden Selbstreflexion verfügte, der ganzen katholischen Kirche des Westens die Lehre von der Erbsünde, die in der Ostkirche bis heute unbekannt ist. Sie hat eine *fatale Abwertung der Sexualität*, der geschlechtlichen Libido, zur

Folge. Geschlechtslust um ihrer selbst willen sei sündhaft und zu unterdrücken, nur für die Zeugung von Kindern sei sie erlaubt. Dies bleibt bis in unsere Tage die verhängnisvolle Lehre der römischen Päpste (vgl. Pauls VI. Enzyklika »Humanae vitae« 1968, von den folgenden Päpsten mehrfach bestätigt).

Augustins Sündentheologie hat sich besonders in der mittelalterlichen *Bußmoral* durchgesetzt: Durch die Geschlechtslust des Ehevollzugs würde die Erbsünde übertragen. Ein sexualmoralischer Rigorismus bricht auf breiter Front durch: Vom Klerus fordert man sexuelle Enthaltsamkeit, von den Laien umgekehrt keine Berührung der »heiligen Gestalten« (Brot und Wein in der Eucharistie). Männlicher Samen, ebenso wie Menstruations- und Geburtsblut der Frau, verunreinigen rituell und schließen vom Sakramentenempfang aus. An allen Sonn- und hohen Festtagen samt ihren Vigilien (Vorabenden) und Oktaven (acht folgenden Tagen), auch an gewissen Wochentagen (Freitag) sowie in der Advent- und Fastenzeit sollen Eheleute den geschlechtlichen Verkehr unterlassen. Alles in allem eine rigorose Einschränkung des ehelichen Geschlechtsverkehrs, die zum Teil auf weit verbreitete archaische magische Vorstellungen zurückgeht.

Eine Kirchenleitung zölibatärer Männer setzte schließlich im 11. Jahrhundert das *Eheverbot* für alle Priester der westlichen Kirche durch. In den östlichen Kirchen bleibt der Klerus, von den Bischöfen abgesehen, verheiratet und ist deshalb viel volksnäher in das gesellschaftliche Gefüge eingepasst. Dagegen erscheint der zölibatäre Klerus des Westens vor allem durch seine Ehelosigkeit vom christlichen Volk total abgehoben: ein eigener dominierender sozialer Stand, der aufgrund höherer sittlicher »Vollkommenheit« dem Laienstand grundsätzlich übergeordnet und nur dem Papst völlig untergeordnet ist.

Unter dem Einfluss der Mönche Humbert und Hildebrand forderte Rom damals in einer Art von »*Panmonachismus*«

vom gesamten Klerus unbedingten Gehorsam, Ablehnung der Ehe und gemeinsames Leben. Wütende Massenproteste des Klerus gegen das Eheverbot, besonders in Oberitalien und in Deutschland, waren die Folge. Hildebrand inszenierte als Gregor VII. den Boykott des verheirateten Klerus durch die Laien. Es kam zu widerlichen Treibjagden auf Priesterfrauen in den Klerikerhäusern. Seit dem Zweiten Laterankonzil von 1139 gelten Priesterehen als von vornherein ungültig, alle Priesterfrauen als Konkubinen, ja, Priesterkinder sollen als unfreie Sklaven zum Kirchenvermögen geschlagen werden. Von da an also gibt es im Westen ein allgemein verpflichtendes Zölibatsgesetz, das jedoch in der Praxis bis zur Reformationszeit selbst in Rom nur bedingt eingehalten wird.

Therapie: Verzicht auf augustinische Erbsündenlehre, Abschaffung des Zölibatsgesetzes und Aufwertung der Frauen! Das Zölibatsgesetz ist keine Glaubenswahrheit. Als Kirchengesetz aus dem 11. Jahrhundert hätte es bereits auf den Einspruch der Reformatoren des 16. Jahrhunderts hin aufgehoben werden sollen. Erst recht hätte es auf dem Vatikanum II nicht tabuisiert, sondern zur Diskussion gestellt werden müssen. Dann wäre es schon damals abgeschafft worden. Heutzutage verlangt die übergroße Mehrheit in katholischem Klerus und Volk eine Abschaffung des Zölibatsgesetzes und eine Korrektur der im Mittelalter zugespitzten Zurückdrängung der Frauen aus den kirchlichen Ämtern. Die traditionellen Argumente gegen Frauenpredigt und Frauenordination sind nicht nur unzeitgemäß, sondern auch theologisch fragwürdig und kaum zu halten.

4. Gewaltbereitschaft und Kreuzzugsmentalität

Untersuchungsbefund: Theologische Rechtfertigung von Gewaltanwendung und Krieg. Auch die orthodoxen Kirchen des Ostens waren in die allermeisten politisch-militärischen Konflikte der weltlichen Macht mitverwickelt und haben Kriege vielfach theologisch legitimiert, manchmal geradezu inspiriert. Doch findet sich nur im westlichen Christentum jene Theorie rechtmäßiger Gewaltanwendung zur Erreichung geistlicher Zwecke, die schließlich den Einsatz von Gewalt auch zur Ausbreitung des Christentums erlaubte.

Auch in diesem Fall spielte AUGUSTIN eine zentrale Rolle. Er wollte zunächst die Scheidung von Spreu und Weizen dem letzten Richter überlassen. Später aber, konfrontiert mit immer neuen häretischen Gruppen und beeindruckt von einer rüden Polizeiaktion, meinte er, schließlich doch Gewalt gegen Häretiker und Schismatiker theologisch rechtfertigen zu können. Er berief sich auf das Jesuswort aus der Parabel vom Gastmahl, in der lateinischen Übersetzung verschärft: »Coge intrare«, »Zwinge (statt: nötige) sie hereinzukommen, die draußen sind …« (Lk 14,23). Augustin, der so überzeugend von Gottes und der Menschen Liebe zu reden wusste, ja der Gott als »die Liebe selbst« definierte, wird so in fataler Weise durch die Jahrhunderte zum Kronzeugen für die theologische Rechtfertigung von Zwangsbekehrungen, Inquisition und Heiligem Krieg gegen Abweichler aller Art – was im christlichen Osten in dieser Weise nicht vorkommt. Ein besonders drastisches Beispiel ist die Rückeroberung (»Reconquista«) Spaniens unter dem Patronat des Apostels Jakobus, des »Maurentöters« (»Matamoros«).

So kam es nun gegen alle altkirchliche Tradition zu Bekehrungskriegen, Heidenkriegen, Ketzerkriegen, ja, auch *Kreuzzügen*. Schon Gregor VII. beschäftigte sich intensiv mit dem Plan eines großen Feldzuges nach Osten, den er persönlich als Feldherr anführen wollte, um den römischen Primat auch in Byzanz durchzusetzen und das Schisma zu beenden. Und zehn Jahre nach Gregors Tod kam es aufgrund des Aufrufs Papst URBANS II. tatsächlich zum Ersten Kreuzzug. Ein heiliger Krieg gegen die Ungläubigen im Zeichen des siegreichen Kreuzes – leider ein typisches Phänomen im Rahmen des römisch-katholischen Paradigmas! Die Kreuzzüge galten als Angelegenheit der ganzen (westlichen) Christenheit. Und weil der Papst als Sprachrohr Christi persönlich dazu aufgerufen hatte, galten sie als von Christus selbst gebilligt. Da sie freilich ohne Versorgungsbasis über Tausende von Meilen und unter unbeschreiblichen Strapazen meist durch Feindesland führten, wären sie ohne echte religiöse Begeisterung, Leidenschaft, oft beinahe Massenpsychose, nicht möglich gewesen.

Innozenz III. aber wurde zum Papst der *Kreuzzüge auch gegen Mitchristen*. Er initiierte jenen Vierten Kreuzzug (1202–1204), der zur verhängnisvollen Eroberung und dreitägigen Plünderung Konstantinopels, zur Errichtung eines lateinischen Kaisertums mit lateinischer Kirchenorganisation und zur Knechtung der byzantinischen Kirche führte. Das päpstliche Ziel – Aufrichtung des römischen Primats auch in Konstantinopel – schien endlich erreicht. Doch das Gegenteil war der Fall: Das Schisma war damit faktisch besiegelt.

Aber sogar einen ersten großen *Kreuzzug gegen Christen im Westen* verkündete dieser Papst auf dem Vierten Laterankonzil (1215): gegen die Albigenser (»neomanichäische« Katharer) in Südfrankreich. Der grauenhafte zwanzigjährige *Albigenserkrieg*, von bestialischen Grausamkeiten auf beiden Seiten begleitet, führte zur Ausrottung ganzer Bevölkerungsteile und stellte eine Schmähung des Kreuzes und eine Pervertierung des Christlichen sondergleichen dar. Kein Wunder, dass sich schon seit Innozenz' Zeiten bei evangelisch gesinnten Protestgruppen der Gedanke festsetzte, der Papst sei der Antichrist …

Therapie: Statt Gewalt und Kreuzzüge – Kreuztragen im Alltag! Schon damals fragten sich viele Menschen, ob der

Jesus der Bergpredigt, Verkündiger der Gewaltlosigkeit und der Feindesliebe, je ein solches Kriegsunternehmen approbiert hätte. Ob das Kreuz des Nazareners nicht ins Gegenteil verkehrt werde, wenn es, statt das alltägliche reale Kreuztragen des Christen zu inspirieren, blutige Kriege der das Kreuz auf ihrem Kleid tragenden Kreuzritter legitimierte?

Doch schon zur Zeit von Innozenz zeigte sich eine *klare Alternative zum römischen System*, in der historischen Begegnung des Papstes mit FRANZ VON ASSISI 1209, sechs Jahre vor dem Vierten Laterankonzil. Dieser »Poverello«, dieser kleine Arme, zeigte durch seine ganze Lebensweise dem päpstlichen Alleinherrscher, um was es im Christentum, in der Nachfolge Christi, eigentlich geht:

– *Armut*: Innozenz III. steht für eine Kirche des Reichtums und Prunks, der Raffgier und Finanzskandale. Wäre aber nicht auch möglich eine Kirche der transparenten Finanzpolitik, der Großzügigkeit und Anspruchslosigkeit? Beispiel innerer Freiheit von Besitz und christlicher Großzügigkeit, die evangelisches Leben und apostolische Freiheit nicht unterdrückt, sondern fördert?

– *Demut*: Innozenz III. steht für eine Kirche der Macht und der Herrschaft, der Bürokratie und der Diskriminierung, der Repression und der Inquisition. Wäre aber nicht auch denkbar eine Kirche der Bescheidenheit, der Menschenfreundlichkeit, des Dialogs, der Geschwisterlichkeit und Gastlichkeit auch für Nonkonformisten? Des unprätentiösen Dienstes ihrer Leiter und der sozialen Solidargemeinschaft, die neue religiöse Kräfte und Ideen nicht aus der Kirche ausschließt, sondern fruchtbar macht?

– *Einfachheit*: Innozenz III. steht für eine Kirche dogmatischer Überkomplexheit, moralistischer Kasuistik und juristischer Absicherung, der alles regelnden Kanonistik, der alles wissenden Scholastik und der Angst des »Lehramts« vor dem Neuen. Wäre aber nicht auch möglich eine Kirche der Frohbotschaft und der Freude? Einer mehr am Evangelium orientierten Theologie, die auf die Menschen hört, statt nur von oben herab zu indoktrinieren? Eine nicht nur lehrende »Amtskirche«, sondern eine immer wieder neu lernende Kirche des Volkes? – Doch die Päpste lernten nichts von Franz von Assisi, und der Selbsterhöhung folgte die Erniedrigung.

5. Umschlag päpstlicher Weltmacht in päpstliche Ohnmacht

Untersuchungsbefund: *Zerfall der politischen Macht und Fiskalisierung des Systems*! Am Anfang des 13. Jahrhunderts, zur Zeit der Weltherrschaft Innozenz' III., hätte sich niemand die päpstliche Ohnmacht am Ende desselben Jahrhunderts vorstellen können. Freilich war das Ende sowohl von Gregor VII. wie von Innozenz III. ein schlimmes Vorzeichen: Der erste starb vereinsamt in der Verbannung; der zweite starb unerwartet, man fand ihn in der Kathedrale von Perugia, von allen verlassen, völlig nackt, von den eigenen Dienern ausgeraubt. Der dramatische Umschlag wurde verursacht von Bonifaz VIII. (1294–1303): Er erklärte in seiner ersten wichtigen Bulle »Clericis laicos infestos« (»Die Laien den Klerikern feindlich gesinnt«!) die Besteuerung des Klerus zum alleinigen Recht des Papstes, bedrohte Frankreich und England mit dem Kirchenbann, inszenierte im Jahr 1300 pompös das erste »Heilige Jahr« mit Jubiläumsablass und reichen Einnahmen für die immer mehr Geld verschlingende Kurie.

Im folgenden Jahr provozierte er einen Konflikt mit dem französischen König Philipp IV. dem Schönen und proklamierte dann in der Bulle »Unam Sanctam« die schroffste Formulierung der römischen Lehre von der übergeordneten geistlichen Gewalt und definierte den Gehorsam gegenüber dem Papst »für jegliche menschliche Kreatur als ganz und gar heilsnotwendig«. Dieser scharfsinnige Jurist und rücksichtslose Machtmensch, der an einer Art päpstlichem Cäsarenwahn litt, plante für den 8. September 1303 ganz nach der Weise Gregors VII. die Exkommunikation des französischen Königs und die Entbindung der Untertanen vom Treueeid. Aber die Zeiten hatten sich geändert: Auf seinem Schloss zu Anagni wird Bonifaz von bewaffneten Beauftragten des französischen Königs und der Familie Colonna schlicht und einfach verhaftet und eingesperrt! Wiewohl bald vom Volk von Anagni befreit, blieb er ein gebrochener Mann und starb einen Monat später in Rom. Schon sein übernächster Nachfolger, vorher Erzbischof von Bordeaux, wurde nicht mehr in Rom, sondern in Lyon inthronisiert und nahm schließlich seinen Sitz in Avignon.

Rund siebzig Jahre dauerte die »*babylonische Gefangenschaft*« *der Päpste in Avignon*. Alles in allem eine hochpolitische Gewichtsverlagerung: Das hierokratische Papsttum, aufgrund seiner größenwahnsinnigen Machtpolitik in seiner moralischen Glaubwürdigkeit erschüttert, erwies sich als »*absteigendes System*« (Walter Ullmann), dem gegenüber die sich bildenden Nationalstaaten als das »aufsteigende System« von Herrschaft und Recht erschienen.

Die Päpste jedoch lernten nichts aus der Geschichte: Ein riesiger Palast, päpstlicher Beamtenapparat, Finanzverwaltung und Zeremoniell wurden in Avignon kostspielig ausgebaut und der Nepotismus blühte. Wegen des erhöhten Finanzbedarfs wurde die *päpstliche Steuerschraube* für ganz Europa immer mehr angezogen: Ausbeutung der Gesamtkirche für römische Zwecke. So verlor das römische Papsttum im Spätmittelalter immer mehr die religiös-moralische Führung, wurde stattdessen freilich zur ersten großen Finanzmacht Europas. Die weltlichen Forderungen wurden von den Päpsten mit allen Mitteln ihrer Exekutoren, mit Exkommunikation und Interdikt eingetrieben. Ungeachtet des ungeheuren seelsorgerischen Schadens musste Deutschland fast zwei Jahrzehnte zur Strafe mit dem Interdikt leben, dem Verbot kirchlicher Amtshandlungen.

Kein Wunder, dass unter diesen Umständen die *antipäpstliche Opposition* im 14. Jahrhundert gewaltig zunahm: an Universitäten, Kollegien und Schulen, im aufstrebenden Bürgertum der Städte und unter einflussreichen Literaten und Publizisten: von DANTE ALIGHIERI, der in der »Divina Commedia« Bonifaz VIII. in die Hölle verdammte, bis zur einflussreichen Streitschrift »Defensor pacis« (1324), in welcher der frühere Pariser Universitätsrektor MARSILIUS VON PADUA eine Staatstheorie formulierte, welche die Unabhängigkeit der staatlichen Gewalt von der Kirche, der Bischöfe vom Papst, der Gemeinde von der Hierarchie forderte. Als Hauptursache des Unfriedens stellte er die päpstliche »Vollgewalt«, »plenitudo potestatis«, heraus, die jeder biblisch-theologischen Basis entbehre.

Therapie: Reform an Haupt und Gliedern. In dieser deprimierenden Situation wird »die Reform der Kirche an Haupt und Gliedern« gegen Ende des 14. Jahrhunderts das große Programmwort in ganz Europa. Nur ein allgemeines Konzil könne helfen, die Einheit der Kirche wiederherzustellen und die Reform durchzuführen. Dieses Konzil dürfe freilich nicht wie die mittelalterlichen Papstkonzilien als Ausfluss der päpstlichen »Vollgewalt« verstanden werden, sondern als eine Repräsentation der ganzen Christenheit. Diese konziliare Theorie – von den Kurialen später oft als »Konziliarismus« diskreditiert – hat ihre Wurzeln nicht bei Marsilius und Ockham, sondern in der ganz und gar orthodoxen offiziellen Kanonistik des 12. und 13. Jahrhunderts (Brian Tierney), ja, in der patristischen Überlieferung vom Ökumenischen Konzil als der Repräsentation der Kirche.

6. Die Verweigerung der Reform

Untersuchungsbefund: Alle Reformansätze versagen. Eine chaotische Situation auch in Italien führte schließlich zu zwei Päpsten in der Christenheit, die sich gegenseitig exkommunizierten: das *»Abendländische Schisma«*. Schließlich, als man einen Kompromisskandidaten wählte, drei Päpste. Das *Ökumenische Konzil von Konstanz* (1414–1418) sollte die Kircheneinheit wiederherstellen und die Reform der Kirche in Angriff nehmen. Außerhalb Roms herrschte fast allgemein die Überzeugung, dass nicht der Papst, sondern grundsätzlich das Konzil das höchste Organ der Kirche sei. Im berühmten Konzilsdekret »Haec sancta« wurde diese schon altkirchliche Auffassung in feierlicher Form vom Konzil definiert: *Das Konzil steht über dem Papst!* Als im Heiligen Geist legitim versammelte Repräsentation der Gesamtkirche habe es seine Gewalt unmittelbar von Christus. Ihm hätten deshalb alle, auch der Papst, zu gehorchen, und dies in Fragen des Glaubens, der Beseitigung des Schismas und der Kirchenreform.

Eine schwere Niederlage des römischen Systems, das die katholische Kirche des Westens an den Rand des Untergangs geführt hatte, schien besiegelt. Aber schon unter dem vom Konzil neu gewählten Papst MARTIN V. Colonna, einem italienischen Kurienkardinal, kam es zu einer erstaunlich raschen Restauration der päpstlichen Alleinherrschaft. Die dringend notwendige Reform der Kirche und ihrer Verfassung wurde mit allen Mitteln hintertrieben. Zwar gab es die Folgekonzilien von Pavia, Siena und Basel, aber die Reformen wurden von der römischen Kurie unterlaufen. Die tagtägliche Regierung der Kirche lag nun einmal in ihren Händen.

Und so erneuerten die Päpste unbekümmert um die Dekrete des Konzils ihre mittelalterlichen Ansprüche. Am Vorabend der Reformation, auf dem Fünften Laterankonzil 1516, ließ Leo X. Medici unverblümt erklären: »der zur Zeit existierende römische Pontifex, der die Autorität über alle Konzilien besitzt …«. Der extreme Papalismus ohne konziliare Kontrolle öffnete alle Tore zum Amtsmissbrauch der *Renaissance-Päpste*. Durch riesige Bautätigkeit und Kunstförderung wollten diese zum Ausdruck bringen, dass die Hauptstadt der Christenheit zumindest das Zentrum auch von Kunst und Kultur sei.

Doch diese außerordentlich kostspieligen Projekte wurden erkauft mit einer *Verweigerung der Kirchenreform*, die eine grundlegende Gesinnungsänderung der durch und durch verweltlichten Päpste samt ihres Hofes vorausgesetzt hätte. Dass die »Renaissance« keine »Wiedergeburt« der *Kirche* zur Folge hatte, war eindeutig die Schuld dieser Päpste, die sich als gewöhnliche italienische Renaissancefürsten zeigten, die in ungeheurem Luxus, hemmungsloser Genusssucht und ungenierter Lasterhaftigkeit lebten:

– Der korrupte Franziskaner della Rovere, Sixtus IV., Förderer der »unbefleckten Empfängnis« Marias, versorgte ganze Scharen von Neffen und Günstlingen auf Kosten der Kirche und erhob sechs Verwandte zu Kardinälen, darunter seinen Vetter Pietro Riario, einer der skandalösesten Wüstlinge der römischen Kurie, der schon mit 28 Jahren seinen Lastern erlag.

– Innozenz VIII. Cibo, der mit Sohn und Tochter im Vatikan einzog und der mit seiner Bulle den Hexenwahn gewaltig anstachelte, ließ seine unehelichen Kinder öffentlich anerkennen und feierte deren Hochzeit mit Glanz und Gloria im Vatikan.

– Der gerissene Politiker Alexander VI. Borgia, Vorbild Machiavellis, der sein Amt mit Simonie größten Stiles ergaunert hatte und mit seiner Geliebten vier (und noch als Kardinal mit anderen Frauen weitere) Kinder gezeugt hatte, exkommunizierte den großen Bußprediger Girolamo Savonarola und zeichnete für dessen Verbrennung in Florenz mitverantwortlich.

– LEO X. Medici, mit dreizehn Jahren Kardinal, liebte vor allem die Kunst, genoss das Leben und konzentrierte sich auf den Erwerb des Herzogtums Spoleto für seinen Neffen Lorenzo. Er nahm 1517 jenes epochemachende Ereignis gar nicht richtig wahr, das dem universalen Anspruch des Papstes nun auch im Westen ein Ende bereiten sollte: Ein unbekannter deutscher Augustinermönch, der einige Zeit zuvor ein paar Monate in Rom gewesen war und der sich als treuer Katholik verstand, veröffentlichte als Professor für Neues Testament zu Wittenberg 95 kritische Thesen gegen den Ablassgroßhandel für die im Bau befindliche sündhaft teure neue Peterskirche: MARTIN LUTHER. »Vergesst das nie, wenn ihr die prächtige Kuppel seht«, diese Mahnung des Spirituals meiner römischen Studienjahre klingt mir noch in den Ohren.

7. Die Reformation: radikale Antwort auf Reformunwilligkeit

Jahrhundertelang hatte Rom jegliche Reform blockiert und erhielt nun als Quittung die Reformation, die rasch eine gewaltige religiöse, politische und gesellschaftliche Dynamik entfaltete. Für Rom, das bereits den Osten verloren hatte, eine zweite Katastrophe, die es mehr oder weniger die nördliche Hälfte des bisherigen Imperium Romanum kostete: Das römische System *spaltet auch die westliche Christenheit!* Bald nannten auch Katholiken ihre Kirche die »römisch-katholische«, ohne zu merken, dass die Einschränkung »römisch« das »katholisch« im Grunde in Abrede stellt: ein »hölzernes Eisen« sozusagen, gut lateinisch ausgedrückt eine Contradictio in adiecto.

Luthers persönlicher reformatorischer Impetus wie seine ungeheure historica Sprengwirkung kamen aus dem einen: Er forderte die Rückkehr der Kirche zum Evangelium Jesu Christi, wie er es in der Heiligen Schrift und besonders bei Paulus lebendig erfahren hatte. Konkret bedeutet dies:

– Gegen all die im Laufe der Jahrhunderte hinzugewachsenen Traditionen, Gesetze und Autoritäten stellt Luther den *Primat der Schrift*: »allein die Schrift«.

– Gegen all die tausend Heiligen und abertausend amtlichen Mittler zwischen Gott und den Menschen besteht Luther auf dem *Primat Christi*: »allein Christus«, der die Mitte der Schrift und Orientierungspunkt aller Schriftauslegung ist.

– Gegen alle kirchlich verordneten frommen religiösen Vorleistungen und Anstrengungen des Menschen (»Werke«) zur Erlangung des Seelenheils kämpft Luther für den *Primat der Gnade und des Glaubens*: »allein die Gnade« des gnädigen Gottes – wie er sich in Kreuz und Auferweckung Jesu Christi gezeigt hat – und »allein der Glaube«, das unbedingte Vertrauen des Menschen auf diesen Gott.

Therapie: Luthers Reformforderungen ernstnehmen! Hätte man im Vatikan die »Zeichen der Zeit« zu erkennen vermocht, hätte man wohl in letzter Stunde die Spaltung verhindern können. Luther, die Reformatoren überhaupt, wollten ja katholisch bleiben, wollten die katholische Kirche nicht verlassen. Vermutlich hätte schon die rasche Erfüllung dreier populärer Reformforderungen eine Wende herbeiführen können;

– die Volkssprache in der Liturgie (im Vatikanum II durchgesetzt),

– die Kelchkommunion auch für die Laien (vom Vatikanum II grundsätzlich ermöglicht),

– die Priesterehe (Diskussion noch auf dem Vatikanum II von der Kurie verhindert).

Martin Luther war ja keineswegs von vornherein der unkatholische Rebell, als den ihn römische Polemik und Kirchengeschichtsschreibung jahrhundertelang hingestellt haben. Luthers Verständnis der Rechtfertigung des Sünders hätte man sehr wohl auch im Kontext katholischer Theologie verstehen können, wie ich das in meiner Dissertation »Rechtfertigung. Die Lehre Karl Barths und eine katholische Besinnung« im Jahre 1957 unter großer Zustimmung der Theologen beider Konfessionen dargelegt habe – schließlich bestätigt durch eine gemeinsame Erklärung des römischen Einheitssekretariats und des Lutherischen Weltbundes, die im Jahre 1999 in Augsburg feierlich proklamiert wurde.

Luthers Erfahrung der Rechtfertigung durch vertrauenden Glauben bildete die Basis für seinen öffentlichen Appell an die katholische Kirche zur Reform. Eine Reform im Geist des Evangeliums, die weniger auf eine Neuformulierung einer Lehre als auf die Erneuerung des christlichen Lebens in allen Bereichen zielte. In seiner Reformschrift »An den christlichen Adel Deutscher Nation von des christlichen Standes Besserung« greift er scharfsinnig drei Anmaßungen des römischen Systems (die drei »Mauern der Romanisten«) an, die eine Reform der Kirche verhindern:

1. die geistliche Gewalt stehe über der weltlichen;
2. der Papst allein sei der wahre Ausleger der Schrift;
3. der Papst allein könne ein Konzil einberufen.

Dieser letzte Rechtssatz, dass der Papst allein ein ökumenisches Konzil einberufen könne (und wenn er es nicht wolle, man eben nichts dagegen machen könne), beruhte wohlgemerkt nach dem bis zum Vatikanum II gültigen Codex Iuris Canonici auf sechs Belegstellen aus früheren Rechtsquellen, von denen drei aus den pseudo-isidorischen Fälschungen stammen und die anderen drei von diesen abgeleitet sind.

Doch das Verhängnis: Auf die Forderung der Reformatoren nach einer »*Rückkehr zum Evangelium Jesu Christi*«, die freilich einen Systemwechsel (Paradigmenwechsel) zur Folge gehabt hätte, antwortete Rom nicht mit der Überprüfung der eigenen Machtpositionen gemäß dem Evangelium. Vielmehr reagierte Rom, reformunwillig, mit der Forderung der unbedingten Unterwerfung Luthers und der Reformatoren unter Papst und geltendes Kirchenrecht und schon bald mit der Exkommunikation, dem Kirchenausschluss.

Aber wer diese ganze Geschichte studiert hat, kann darüber keinen Zweifel haben: Nicht der Reformator Luther, der auch Fehler gemacht hat, sondern das *reformfeindliche Rom* – und seine deutschen Handlanger – *trugen die Hauptverantwortung* dafür, dass es nach der Spaltung von West- und Ostkirche zu einer Spaltung zwischen (grob gesagt) der nördlichen und der südlichen Hälfte des Reiches kam, die sich durch die koloniale Expansion der europäischen Mächte auch in Nord- und Südamerika fortsetzen sollte.

Eine zweite große schwärende Wunde also, diesmal in der westlichen Christenheit. So ist nun auch die zweite Etappe meiner Diagnostik des römischen Systems abgeschlossen. Die genaue Untersuchung der Krankheitskeime hat die spezifischen Krankheitsherde aufgedeckt, die bis in die Kirche der Gegenwart virulent geblieben sind. Man fragt sich natürlich, ob sich auch diese Wunde je heilen lasse: Ob die an diesem Punkt sehr kranke Kirche überhaupt eine Rehabilitation erfahren könne? Einer solchen Rehabilitation stellen sich jedenfalls große Hindernisse entgegen.

IV. Rehabilitation mit Rückfällen

Triebkräfte und Gegenkräfte auf dem Weg in die Moderne

Die Patientin katholische Kirche bedarf einer Radikalkur – das war nach Luthers Reformation die weitverbreitete Überzeugung auch in den römisch-katholisch gebliebenen Ländern Italien und Spanien. Das Papsttum war seit der Reformation ja ohnehin welthistorisch in die Defensive geraten und hatte sich selber zur Reaktion verurteilt. Die geschichtlichen Gewichte hatten sich vom Mittelmeer nach Zentraleuropa verschoben. Die römische Renaissancekultur wurde in einer mehrtägigen Plünderung Roms durch marodierende kaiserliche Truppen (Sacco di Roma 1527) ruiniert. Die römische Kirche aber blieb zunächst unreformiert: scheinbar unheilbar krank – oder therapieresistent. Dabei waren auch in Rom mehr und mehr Menschen von der Notwendigkeit einer Veränderung überzeugt:

1. Rehabilitation erfordert

Rehabilitation (lat.: »Wiederherstellung«) ist, medizinisch gesehen, ein Teil der Prävention. Gemeint sind die Maßnahmen zur Vermeidung von Rückfällen, zur Wiedererlangung geschädigter Körperfunktionen und zur Früherkennung und

Verhütung neuer Krankheiten. Die katholische Kirche, die noch an den beiden alten schwärenden Wunden litt, wurde aber mit dem Heraufkommen einer neuen Zeit völlig neuen Kräften und Energien ausgesetzt, die leicht zerstörerisch wirken konnten: so kam es zu weiteren Infektionen statt zu einer Heilung.

Dabei wäre doch eine *Rehabilitation im umfassenden Sinn* erforderlich gewesen: eine den Gegebenheiten entsprechende Wiederherstellung der Lebenstüchtigkeit, wozu auch die Wiedereingliederung in das gesellschaftliche Leben gehört. Politisch gesehen meint Rehabilitation die Wiederherstellung des politischen und historischen Ansehens einer Personengruppe, die unter einem vorausgegangenen Regime zu leiden hatte und die bei einem Paradigmenwechsel mit ihren berechtigten Anliegen zum Zuge kommen müsste.

Das mindeste wäre diesbezüglich eine Aufhebung der kirchlichen und gesellschaftlichen Sanktionen gegen die in Ungnade gefallenen Personen und Personengruppen und, soweit möglich, die Wiedergutmachung des geschehenen Unrechts. Oft ist dies freilich nur möglich durch einen Wechsel der »Nomenklatura« (russ.: »Verzeichnis von Führungspositionen und Führungspersönlichkeiten«), der eine Verschiebung der Machtverhältnisse zur Folge hat. Aber gerade ein solcher Machtwechsel fand im päpstlichen Rom nicht statt, und insofern handelte es sich bei der allmählich eingeleiteten Rehabilitation nicht um eine tiefgehende, echte, sondern nur um eine oberflächliche Wiederherstellung der Gesundheit der Kirche, freilich geschönt und verbrämt durch eine großartige barocke Kunst und Kultur.

Erst Papst PAUL III. (1534–49), persönlich noch ganz Renaissancemensch mit Kindern und Enkeln als Kardinälen, führte eine gewisse Wende herbei: zuerst Berufung von fähigen und tief religiösen Führern der Reformparteien ins Kardinalskollegium, dann Bestätigung des neuartig weltlichen

Eliteordens »Compañía de Jesús« des Ignatius von Loyola, der Jesuiten, schließlich (fast drei Jahrzehnte nach Ausbruch der Reformation und nur zwei Jahre vor Luthers Tod!) Eröffnung des Konzils von Trient.

2. Eine Scheinrehabilitation: das Konzil der Gegenreformation

Die ernsthaften reformerischen Bemühungen dieses Konzils, vor allem die Abstellung der größten Missbräuche und eine neue Form der Priesterausbildung in Seminarien, sollten sich im Lauf der nächsten Jahrzehnte auswirken; davon ist hier nicht zu berichten. Aber zur echten Genesung der Kirche reichte dies nicht aus.

Über die so dringende Reform des Papsttums verlor das Konzil von Trient (1545–1563) – aus Angst vor den Konstanzer Dekreten über die Oberhoheit des Konzils über den Papst – kein Wort. Mit diesem Konzil begann *keine Rehabilitation, sondern eine Reaktion*: Auf die theologischen Anliegen der Reformation reagierte es mit Dutzenden von Verurteilungen (Anathemen) und Exkommunikationsforderungen. Von einer Aufhebung der Sanktionen gegen die Reformatoren und einer Versöhnung keine Spur.

Es ging schon im Trienter Konzil um Gegen-Reformation: *mittelalterlicher Geist in gegenreformatorischem Gewand!* Deutlich wurde dies in der Neuerweckung der scholastischen Theologie und noch mehr in der Restauration der mittelalterlichen Messe. Diese wurde zwar von den schlimmsten Wucherungen befreit, aber bis zum letzten Wort und zur Fingerhaltung des Priesters normiert. Alles jedoch zunehmend barock verfeierlicht, besonders in den Pontifikalmessen ein sakrales Theater großen Stils. Die grandiose Architektur, Plastik, Malerei und Musik des Barock sind dabei Ausdruck des wieder erstarkten Herrschaftsanspruchs einer »Ecclesia militans et triumphans«, einer kämpfenden und triumphierenden Kirche, und zugleich letzter einheitlicher Gesamtstil Alteuropas. In Rom symbolhaft der von Bernini gestaltete überwältigende Petersplatz mit seinen vierfachen Kolonnaden.

Dieses partikular-konfessionelle Konzil stand ganz im Dienst der Rekatholisierung Europas. Und diese wurde, wo immer möglich, politisch, und, wo immer nötig, auch militärisch durchgesetzt. Diplomatischer Druck und militärische Intervention: Diese konfessionelle Strategie führte in der zweiten Hälfte des 16. Jahrhunderts in Europa zu einer wahren Flut von Gewalttaten, »Glaubenskämpfen« und *Religionskriegen*.

Welch ein Missbrauch von Glauben und Religion! In Italien und Spanien Unterdrückung der kleinen protestantischen Gruppen. In Frankreich acht Bürgerkriege gegen die Hugenotten: in der Pariser Bartholomäusnacht 1572 Massenmord an 3 000 Protestanten und anschließend rund 10 000 Ermordete in der Provinz, was Gregor XIII., der Papst des verbesserten »Gregorianischen Kalenders«, mit »Tedeum« und Gedenkmünze feiern ließ. In den Niederlanden Freiheitskampf der calvinistischen Niederländer gegen die spanische Schreckensherrschaft und ein sich über achtzig Jahre erstreckender spanisch-niederländischer Krieg. In Deutschland schließlich der furchtbare *Dreißigjährige Krieg* (1618–1648), der Deutschland zum Schlacht- und Trümmerfeld nicht nur für deutsche Katholiken und Protestanten, sondern auch für Dänen, Schweden und Franzosen machte.

Der *Westfälische Friede* 1648 regelte die Verhältnisse in Deutschland nach dem Prinzip der Parität der beiden Konfessionen (Katholiken und Lutheraner) und der Anerkennung auch der Reformierten. Die damals abgegrenzten Besitzstände der Konfessionen blieben im Wesentlichen bis ins 20.

Jahrhundert bestehen. Ebenso die damals völkerrechtlich anerkannte staatliche Unabhängigkeit der Schweiz und der Niederlande vom Deutschen Reich.

Eine Epoche, von der Reformation geprägt, war damit zu Ende gegangen. Die maximal in Anspruch genommenen religiösen Kräfte waren weithin erschöpft. Nicht das Papsttum hat aus der Hölle des Krieges herausgeführt. Der vom Papsttum immer wieder angeheizte religiöse Streit um die alleinige Wahrheit war ein Hauptfaktor im Dreißigjährigen Krieg. Und nur indem man vom Glauben absah, ließ sich Frieden schließen. Das Papsttum hatte sich als friedensunfähig erwiesen. Und die fatale Folge: Das Christentum überhaupt hatte an Glaubwürdigkeit entscheidend verloren, so dass es fortan immer weniger die religiöse, kulturelle, politische und gesellschaftliche Klammer Europas bildete. Auf diese Weise hat das Christentum selber den Prozess der Loslösung von der Religion, der Säkularisierung, der Verweltlichung mitheraufgeführt, der die neue Zeit, die Moderne, entscheidend bestimmen sollte.

3. Römisch-katholische Gegenwelt zur Moderne

Um die Mitte des 17. Jahrhunderts zeigte sich eine neue weltpolitische Konstellation:

– Die römisch-katholische Vormacht *Spanien*, durch Eroberungen reich geworden, aber durch allzu viele Kriege erschöpft, schied am Ende des 17. Jahrhunderts aus dem Konzert der europäischen Großmächte aus.

– *Deutschland* (durch den Dreißigjährigen Krieg) und *Italien* (durch den Kampf der Stadtstaaten Einfallsgebiet für Großmächte) wurden weltpolitisch irrelevante Größen.

– Das *Papsttum*, durch den Westfälischen Frieden als völkerrechtliche Regulativinstanz ausgeschieden, wurde durch keine neue überstaatliche Institution ersetzt; doch auch die offensive Kraft des *Protestantismus* schien gebrochen.

– Das Zeitalter der Konfessionen wurde abgelöst durch das Zeitalter des *königlichen Absolutismus*: die neue Vormacht war das Frankreich Kardinal Richelieus und Ludwigs XIV. Dieses Zeitalter endete dann mit der Französischen Revolution 1789.

Auch eine neue kulturpolitische Konstellation zeichnete sich ab: Die epochalen paradigmatischen Neuerungen und »Modernisierungseffekte« in Gesellschaft, Kirche und Theologie traten zuallermeist nicht im unbestritten römischen Herrschaftsbereich auf. Das im Mittelalter zunächst so innovative römisch-katholische Paradigma erstarrte zunehmend im mittelalterlichen Korsett, auch wenn das römische System in katholischen Ländern immer wieder als effektives Herrschaftsinstrument fungierte. Der gegenreformatorische »Katholizismus« war bei aller Barockausstattung eindeutig eine konservativ-restaurative Religion, die aufs Ganze gesehen die Religion der (mit Ausnahme Frankreichs) wirtschaftlich-politisch und kulturell stagnierenden romanischen Völker blieb. Im Katholizismus befindet nun einmal der Papst über die Interpretation der Bibel und duldet keine Neuerung. Umgekehrt trägt die reformatorische »Freiheit eines Christenmenschen« zur neuzeitlichen Betonung von Selbstverantwortung, Mündigkeit, Autonomie entscheidend bei.

Die ungeheuer dynamischen Antriebskräfte der Modernisierung sind: Wissenschaft, technologischer Fortschritt, Demokratie und Industrialisierung. Die katholische Kirche stand diesem Modernisierungsprozess in einer grundsätzlichen Abwehrhaltung gegenüber. Ihr mittelalterlich-gegenreformatorisches Paradigma wurde als antimoderne Festung ausgebaut. Von Rom aus gesteuert, nutzte sie alle ihr zur Verfügung stehenden geistlich-ungeistlichen Mittel, um Ge-

genangriffe auf die sich bildende moderne Kultur zu starten und mit bestimmten »*Viren*« (lat.: Schleim, kleinste krankheitserregende Partikel) Massen von Menschen zu infizieren: mit Wissenschaftsfeindlichkeit, Fortschrittsfeindlichkeit, Demokratiefeindlichkeit, Restaurationswut. Die »Virusinfektionen« liegen weit zurück, schon am Beginn der europäischen Moderne, doch die Krankheiten hatten sich rasch ausgebreitet. Auf der Ebene von Wissenschaft und Bildung, für den modernen Menschen grundlegend, hatte dieser antimoderne Katholizismus wenig zu bieten, was das Bildungsniveau der katholischen Massen entsprechend gehoben hätte. Rezidive, *Rückfälle* in diese Krankheiten lassen sich bis in die Gegenwart beobachten.

4. Erster Virus: kirchliche Wissenschafts- feindlichkeit

Die Revolution der Moderne ist zunächst eine Revolution des Geistes. Die *Wissenschaft* ist *die erste Großmacht* der heraufkommenden neuen Zeit. Galilei, Descartes und Pascal, denen Spinoza, Leibniz und Locke, Newton, Huygens und Boyle folgten: Sie alle begründeten das neue *Überlegenheitsgefühl der Vernunft*, die eine quasi-mathematische Gewissheit versprach.

Das neue, revolutionäre Weltsystem, das der katholische Domherr Nikolaus Kopernikus rein theoretisch und nur als Hypothese vortrug, erschien für das biblische Weltbild erst dann bedrohlich, als der Italiener GALILEO GALILEI es mit Beobachtungen und Experimenten stützte und zu verteidigen wusste. Er wurde so zum Begründer der modernen Naturwissenschaft, welche die Naturgesetze aufzeigt und eine grenzenlose Erforschung von Natur und Universum ankündigt. Gleichzeitig mit Galilei begründete der Mathematiker und Naturwissenschaftler René Descartes die moderne Philosophie.

Ein epochaler Wandel: Im mittelalterlich-katholischen Paradigma war die oberste Autorität der Papst, im reformatorischen das Wort Gottes, im Paradigma der Moderne aber ist es die Ratio, die Raison, die menschliche Vernunft. Als erster Leitwert der Moderne wird sie zunehmend zur Schiedsrichterin über alle Fragen der Wahrheit. Nur das Vernünftige gilt als wahr, nützlich, verpflichtend. Die Philosophie erhält den Vorrang vor der Theologie, die Natur (Naturwissenschaft, -philosophie, -religion, -recht) vor der Gnade, das Humanum vor dem spezifisch Christlichen.

Wie reagierte die Kirche auf diese »kopernikanische Wende« in Naturwissenschaft und Philosophie? Sie stellte sich nicht positiv zu dieser neuen Wissenschaft. Gerade die katholische Kirche ließ sich anstecken vom Virus der Wissenschaftsfeindlichkeit. Auch Luther und Melanchthon hatten das Werk des Kopernikus verworfen, aber ohne disziplinarische Folgen. Doch 1616 – als der Fall Galilei akut wurde – wurde Kopernikus in Rom auf den Index der verbotenen Bücher gesetzt. Die katholische Kirche entwickelte sich mehr und mehr zu einer Institution, die sich weniger durch geistige Anstrengung, empirische Verarbeitung und kulturelle Kompetenz auszeichnete als durch Abwehr alles Neuen. Zensur, Index, Inquisition rief man rasch auf den Plan. Die berüchtigsten Fälle sind weltbekannt: Giordano Bruno, der das kopernikanische Weltmodell mit einer pantheisierenden neuplatonisch-mystischen Renaissancefrömmigkeit verband, wurde 1600 in Rom verbrannt. Ebenso 1619 in Toulouse der italienische Naturphilosoph Lucilio Vanini, der die Identität von Gott und Natur gelehrt haben soll. Dem antiaristotelischen Philosophen Tommaso Campanella gelang es, nach zwei Jahrzehnten dem Gefängnis der Inquisition zu entfliehen.

GALILEO GALILEI wurde in einen schon damals umstrittenen Inquisitionsprozess verwickelt, schwor 1633 als treuer Katholik schließlich doch seinen »Irrtümern« ab und verlebte die letzten acht Jahre seines Lebens im Hausarrest, noch als Erblindeter weiterarbeitend. Galileis Konflikt mit der Kirche ist ein symptomatischer Präzedenzfall, der das Verhältnis der jungen aufstrebenden Naturwissenschaft zu Kirche und Religion an der Wurzel vergiftet hat. Galileis Verurteilung, in den katholischen Ländern mit allen Mitteln der Denunziaturen und Inquisitoren durchgesetzt, verbreitete eine Atmosphäre der Furcht, so dass RENÉ DESCARTES die Veröffentlichung seiner Abhandlung »Über die Welt oder Traktat über das Licht« auf unbestimmte Zeit verschob; erst vierzehn Jahre nach seinem Tod wurde sie veröffentlicht. Es kam zu einer beinahe lautlosen Auswanderung der Naturwissenschaftler aus der Kirche. In den katholischen Ländern entwickelte sich in all den Jahrhunderten kaum naturwissenschaftlicher Nachwuchs.

Aber ist die katholische Kirche seither nicht von ihrer Wissenschaftsfeindlichkeit abgerückt? Nicht konsequent genug. Bis heute hat man in Rom aus dem Fall Galilei nur beschränkt gelernt. 350 Jahre nach Galileis Tod, 1979, hatte Papst JOHANNES PAUL II. endlich angekündigt, den Fall Galileo Galilei durch eine Untersuchungskommission überprüfen zu lassen. Dies führte zwar zur Rehabilitation Galileis, doch der Papst vermied es in seiner Rede vom 31. Oktober 1982, die Schuld seiner Vorgänger und der Sacra Congregatio Sanctissimae Inquisitionis (heute »Glaubenskongregation«) klar einzugestehen, und schob sie stattdessen einer nicht näher spezifizierten »Mehrheit der Theologen« von damals zu: »eine Rehabilitation, die nicht stattfand« (M. Segre).

5. Rückfälle: Charles Darwin

Zu einem zweiten Fall Galilei wurde der *Fall Darwin*. Noch 1941, beinahe ein Jahrhundert nach der Veröffentlichung von Darwins »Entstehung der Arten«, behauptete Papst Pius XII. in einer Ansprache an die Mitglieder der Päpstlichen Akademie der Wissenschaften, der Ursprung des Menschenlebens aus tierischen Vorfahren sei völlig unbewiesen, und weitere Untersuchungen müssten abgewartet werden. Erst 1950 in der (durch und durch reaktionären) Enzyklika »Humani generis« gegen die »Zeitirrtümer« gestand Pius XII., mit vielen Warnungen gespickt, widerstrebend gnädig zu, das noch immer völlig ungeklärte Problem einer Evolution des Menschenleibes dürfe naturwissenschaftlich und theologisch weiter untersucht werden – unter Bedingungen natürlich. Denn: Festzuhalten sei an der unmittelbaren Erschaffung der Menschenseele durch Gott und am Ursprung des gesamten Menschengeschlechts aus einem einzigen Menschenpaar (Monogenismus). Im übrigen sei in jedem Fall dem Urteil des kirchlichen Lehramtes zu folgen. Zahllose katholische Theologen quälten sich in der Folge damit ab, diesen für Naturwissenschaftler sinnlosen Aussagen einen Sinn abzugewinnen.

Wie weltfremd und unbelehrbar Pius XII. war, zeigte sich wenige Wochen später, am 1. November 1950: In einer Großkundgebung auf dem Petersplatz verkündete der Papst das nicht nur Naturwissenschaftlern unverständliche – weder in der Bibel noch in den ersten christlichen Jahrhunderten bezeugte – »unfehlbare« Dogma von der leiblichen Aufnahme Mariens in den Himmel! Welche unbarmherzige Theologen-Säuberung derselbe damals sehr bewunderte Pius XII. zur gleichen Zeit durchführte, habe ich in meinen Memoiren beschrieben.

6. Zweiter Virus: kirchliche Fortschritts-feindlichkeit

Die naturwissenschaftliche wie die philosophische Revolution führten zur *Kulturrevolution der Aufklärung,* die schließlich auch eine politische Revolution zur Folge hatte. Zum ersten Mal in der Geschichte des Christentums kamen die Anstöße zu einem neuen Paradigma von Welt, Gesellschaft, Kirche und Theologie nicht primär aus dem Innenraum von Theologie und Kirche, vom Papsttum oder Luthertum, sondern von außen.

Im 18. Jahrhundert erfolgte in einem allgemeinen kulturellen Wetterumschlag eine starke religiöse Abkühlung: Besonders im katholischen Frankreich wurden die traditionellen Werte, Ordnung, Autorität und Disziplin, Kirche, Hierarchie und Dogma weithin abgelehnt und lächerlich gemacht. Ein Säkularisations- und Emanzipationsprozess setzte ein, der später abgeschwächt auch nach Deutschland und anderen Ländern übergriff. Es kam zu einem folgenreichen Auseinanderdriften von Kultur und Religion, Gesellschaft und Kirche.

Der Glaube an die Allmacht der Vernunft und an die Beherrschbarkeit der Natur wirkte sich aus: Er bildete die Grundlage für das moderne *Fortschrittsdenken.* Die säkulare Fortschrittsidee wurde im 18. Jahrhundert auf sämtliche Lebensbereiche ausgedehnt. Der ganze Geschichtsprozess erscheint als vernünftig fortschreitend und fortschreitend vernünftig. Der Glaube an den Fortschritt wurde so zum zweiten Leitwert der Moderne – die Verwirklichung der »Glückseligkeit« schon in dieser Welt. Selbstbestimmung des Menschen und zugleich Weltbemächtigung – eine Ersatzreligion für immer mehr Menschen war geboren.

Religionskriege galten jetzt zunehmend als ebenso unmenschlich und unchristlich wie Hexenverbrennungen. In das fortschrittliche Zeitalter der Vernunft passten nicht mehr mittelalterlicher und reformatorischer Teufels-, Dämonen- und Zauberglaube. Die Hexenprozesse und Hexenverbrennungen wurden zuerst angegriffen vom flämischen Arzt JOHANN WEYER und vom Jesuiten FRIEDRICH VON SPEE und dann vom protestantischen Juristen CHRISTIAN THOMASIUS. Und wie das Ablass-, Wallfahrts-, Prozessions- und Klosterwesen, so standen auch Pflichtzölibat und lateinische Liturgiesprache im Feuer der Kritik, die auch von vielen in der Kirche mitgetragen wurde. Die Päpste waren – abgesehen vom aufgeklärten BENEDIKT XIV. – zur Bedeutungslosigkeit herabgesunken und reagierten auf die Herausforderung der Zeit nur mit Stereotypen, mit sterilen Protesten und undifferenzierten Verurteilungen. Die katholischen Fürsten blieben aus Eigeninteresse am Status quo oft die einzigen Stützen des Papsttums.

Die christliche Theologie, die Scholastik besonders, blieb von der Kulturrevolution namens Aufklärung nicht verschont. Eine Schlüsselrolle kam dabei der *Bibelwissenschaft* zu, die selbst die Heilige Schrift einer historisch-kritischen Analyse unterzog. Doch des Oratorianers RICHARD SIMON kritische Geschichte des Alten Testaments von 1678 wurde auf Initiative des berühmten Hofbischofs und Predigers BOSSUET sofort konfisziert. So war der Geist kritischer Bibelforschung innerhalb der katholischen Kirche bereits erloschen, bevor er aufblühen konnte. Die Emigration der kritischen Exegese und damit der intellektuellen Avantgarde der Theologie überhaupt aus der Kirche Roms war die Folge. Der ungeheuren Arbeit von Generationen zunächst nur protestantischer Exegeten ist es zu verdanken, dass die Bibel zu dem am besten untersuchten Buch der Weltliteratur wurde.

Die *religiöse Toleranz*, die auch den Reformatoren noch ganz und gar ferngelegen hatte, wurde geradezu ein Schlüsselwort der Moderne. Immer genauere Berichte von europäischen Entdeckern, Missionaren und Kaufleuten aus den fernen Kontinenten ließen die Einsicht wachsen: Die christliche Religion ist vielleicht doch nicht ein so einzigartiges Phänomen, wie man bisher geglaubt hat. Ja, je weiter sich durch Entdeckungen neuer Länder, Kulturen und Religionen die internationale Kommunikation intensivierte, umso mehr zeigte sich in der Tat die Relativität des eigenen europäisch geprägten Christentums.

Die zunächst erfolgreiche katholische *Chinamission* des 16./17. Jahrhunderts, initiiert vom italienischen Jesuiten Matteo Ricci, der sich in Kleidung, Sprache und Benehmen ganz der chinesisch-konfuzianischen Lebensart anpasste, wurde – nach einem von den mit den Jesuiten konkurrierenden Franziskanern und Dominikanern und der Inquisition angeheizten Streit um Riten und Gottesnamen – durch eine päpstliche Fehlentscheidung von historischem Ausmaß gestoppt: Wer in der Zukunft Christ bleiben oder werden will, muss aufhören, Chinese zu sein! Analog argumentierte man auch in Indien und gegenüber anderen Kulturen.

Trotzdem setzte sich der Toleranzgedanke gegen allen Konfessionalismus durch: Statt der Monopolstellung einer einzigen Religion und der Herrschaft zweier Konfessionen sollte fortan die gegenseitige Toleranz verschiedener christlicher Konfessionen und auch verschiedener Religionen gelten. *Freiheit des Gewissens und der Religionspraxis* standen ganz oben auf der Liste der zunehmend lauter geforderten Menschenrechte, die nach einer politischen Verwirklichung riefen. – Doch auch hier die Frage: Ist die römisch-katholische Fortschrittsfeindlichkeit nicht definitiv überwunden? Nicht definitiv. Es gab auch hier zahlreiche Rückfälle.

7. Rückfälle: die Pille

Der Kirchenstaat galt in Europa als programmatisch fort-
schrittsfeindlich. Die Monsignori-Wirtschaft machte ihn
zum sozial rückständigsten Staat Europas. Die Päpste wuss-
ten alles besser und lehnten im 19. Jahrhundert so gefähr-
liche technische Errungenschaften wie Eisenbahnen, Gas-
beleuchtung, Hängebrücken und vieles andere mehr ab; es
ginge doch schließlich auch ohne alle diese Erfindungen.

Aber im 20. Jahrhundert wurde zum Lackmustest für
Fortschrittlichkeit die Frage von Sexualität und Fortpflanzung. Zu den bedeutendsten Erfindungen des 20. Jahrhunderts gehört zweifellos die *Antibabypille*. Sie veränderte
auf der ganzen Welt in wenigen Jahren das Sexualverhalten
und das gesellschaftliche Zusammenleben von Mann und
Frau nachhaltig. Schon seit den 1920er-Jahren hatten sich
Forscher mit der Frage von Hormonen und Schwangerschaft
beschäftigt, und nicht zuletzt Frauen hatten die Forschungs-
arbeit zur Erfindung einer Pille zur Verhütung der Schwangerschaft finanziell unterstützt. Von Seiten der Kirche aber
kam nichts als Desinteresse und dann, als die Forschungen
immer erfolgreicher wurden, entschiedene Ablehnung.

Vor 50 Jahren, am 9. Mai 1960, wurde das erste Medikament zur Empfängnisverhütung von der amerikanischen
Food and Drug Administration zugelassen. Dies ermöglichte
eine sexuelle Revolution, die jedoch erst mit der Kulturrevolution 1968 einsetzte, die gegen die etablierten Herrschafts-
strukturen gerichtet war und auch die Frauen zur Selbstbestimmung in ihrem Sexualleben aufrief. Noch im selben Jahr
1968 veröffentlichte Papst PAUL VI. jene Enzyklika »Humanae Vitae«, die auf der Linie des Kirchenlehrers Augustin
die Sexualität nur in Verbindung mit der Fortpflanzung als
sittlich gerechtfertigt ansehen wollte. Gerade die Pille aber
ermöglichte den Frauen die Trennung von Sexualität und

Fortpflanzung. Der von Augustin verbotene Sex aus Freude an der Lust ohne Angst vor Konsequenzen war möglich geworden und gab der Frau die Freiheit, selber darüber zu entscheiden, ob und wann sie ein Kind empfangen wolle.

Wie von mir anderswo dargelegt, ging es Paul VI. weniger um die Frage der menschlichen Sexualität als um die Frage der päpstlichen Autorität und Infallibilität (Unfehlbarkeit). Papst PIUS XI. konnte doch keinem Irrtum aufgesessen sein, als er in den 1930er-Jahren in der Enzyklika »Casti connubii« gegen die Lehre der anglikanischen Lambeth-Conference jegliche Empfängnisverhütung (durch mechanische Mittel oder Coitus interruptus) als unsittlich verwarf. Paul VI. dehnte 1968 das Verbot auf die Pille aus und stieß damit in der eigenen Kirche auf den nachhaltigen Widerstand der übergroßen Mehrheit. Doch obwohl sich diese Lehre in keiner Weise durchsetzen konnte, bestätigten sie seine Nachfolger JOHANNES PAUL II. und BENEDIKT XVI. mehrfach. Und obwohl heutzutage weltweit bis zu 120 Millionen (auch katholische) Frauen mit hormonellen Mitteln Empfängnisverhütung praktizieren, wird diese von der katholischen Kirche noch 50 Jahre nach Erfindung der Pille total abgelehnt (zum neuesten Streit um das Kondom vgl. Kap. I,5).

Nach dem Fall Galilei und dem Fall Darwin ein dritter Fall eines epochalen Irrtums, der nun auch noch viele Frauen aus der katholischen Kirche hinaustrieb. Dafür können dank Familienplanung mehr Frauen als je zuvor ein Studium an der Universität wählen – oft sind es mehr als die Hälfte der Studierenden –, da sie sich selber für oder gegen ein Kind entscheiden können. Aber nach wie vor ist es nicht allen Frauen möglich, ein Kind zu empfangen. Es waren weitere Fehlentscheidungen des römischen Lehramtes, in widersprüchlicher Weise einerseits jede Form der Abtreibung, aber andererseits auch die Pille abzulehnen und sich dann auch noch gegen die künstliche Befruchtung und gegen die Stammzellenfor-

schung auszusprechen. Und die Verleihung des Nobelprei-
ses für Medizin 2010 an den Begründer der künstlichen Befruchtung, ROBERT EDWARDS, der vier Millionen Kindern
das Leben ermöglicht hat, führte prompt zu einem Aufschrei
in vatikanischen Kreisen – heutzutage freilich folgenlos, weil
sich um des Papstes Meinung in bioethischen Fragen nur
noch eine winzige Minderheit kümmert. Unfehlbare machen
auch unfehlbare, nicht korrigierbare Fehler! Aber – das hat
mit einer weiteren römischen Infektion zu tun:

8. Dritter Virus: kirchliche Demokratie-
   feindlichkeit

Aus der Kulturrevolution der Aufklärung folgte die Revolution in Politik, Staat und Gesellschaft. Und die Revolution schlechthin war die *Französische Revolution.* Vorbei die
mittelalterliche im Papst verkörperte Theokratie, vorbei auch
die Obrigkeit eines protestantischen Fürsten oder Stadtrates,
vorbei schließlich der frühmoderne aufgeklärte Absolutismus eines FRIEDRICH II. (Preußen) oder JOSEPH II. (Österreich). Jetzt schlug die Stunde der *Demokratie.* Das Volk
(»demos«) selber, verkörpert in der Nationalversammlung,
ist der Souverän. Und die Nation wird der dritte Leitwert
der Moderne.

Nach dem Sturm auf die Bastille am 14. Juli 1789 war in
Frankreich der Weg frei für die Erklärung der *Menschen-
und Bürgerrechte* am 26. August 1789 – nach amerikani-
schem Vorbild (1776). Sie ist die große Charta der modernen Demokratie, eines der großen Dokumente der Mensch-
heitsgeschichte überhaupt. Auch bei dieser Proklamation
der Menschen- und Bürgerrechte waren fortschrittliche
katholische Kleriker entscheidend beteiligt. Im Revolu-
tionsparlament forderten indes nicht nur sie, sondern fast

die Hälfte der Abgeordneten, mit der Erklärung der Rechte (»droits«) auch eine Erklärung der *Pflichten* (»devoirs«) der Menschen zu verabschieden – ein bis heute anstehendes Desiderat.

Und Rom? Pius VI., selber ein Aristokrat, erklärte die französische »Zivilkonstitution des Klerus« 1791 für ungültig und verwarf mit Berufung auf die göttliche Offenbarung »die verabscheuungswürdige Philosophie der Menschenrechte«, besonders die Religions-, Gewissens- und Pressefreiheit sowie die Gleichheit aller Menschen. Eine für die katholische Kirche fatale, wenngleich von Rom im 19., ja bis ins 20. Jahrhundert immer wieder bestätigte Entscheidung. Die Kirche Frankreichs zahlte einen hohen Preis für ihre strikte Ablehnung der Revolution. Sie wurde zu ihrer Hauptverliererin.

Die von der Französischen Revolution eingeführte neue Zeitrechnung (1792 = Jahr I) mit zehn Wochentagen sowie der Ersatz des christlichen Kultes durch den Kult der »Vernunft« (als Göttin) konnten sich nicht dauerhaft durchsetzen. Der Guillotinen-Terror unter Robespierre erregte in ganz Europa Abscheu. Aber manche fundamentalen gesellschaftlichen Veränderungen haben sich durchgehalten und prägen die Mentalität vieler Menschen zumindest in Frankreich bis heute. Das Programm der »Laïcité«, der »Weltlichkeit« von Staat und Gesellschaft, ist nach wie vor die herrschende Ideologie:

– Statt des christlichen Glaubensbekenntnisses die Tafel der Menschenrechte. Statt des Kirchenrechts die Staatsverfassung.

– Statt des Kreuzes die Trikolore. Statt kirchlicher Taufe, Eheschließung und Bestattung das staatliche Zivilstandsregister. Statt der Priesterschaft die Lehrerschaft.

– Statt des Altares und des Messopfers der Altar des Vaterlandes, auf dem der Patriot sein Leben hinzugeben hat. Statt der religiös gefärbten Namen von Orten und Straßen patriotische Namen.

– Statt der Heiligenverehrung die Verehrung heroisierter Märtyrer der Revolution. Statt des »Te Deum« die »Marseillaise«.

– Statt der christlichen Ethik die aufgeklärte Ethik der bürgerlichen Tugenden und der sozialen Harmonie.

Das Resultat in Frankreich war die *Spaltung zwischen Laizisten und Klerikalen,* ja die Herausbildung zweier verfeindeter Kulturen. Einerseits die neue militante republikanisch-laizistische Leitkultur des herrschenden liberalen Bürgertums. Andererseits die eingewurzelte katholisch-konservative, klerikale und royalistische, später papalistische Gegen- oder Subkultur der Kirche. Der Marsch der offiziellen katholischen Kirche in ein kulturelles Ghetto hatte begonnen.

Gab es eine *Alternative*? Für eine Versöhnung von Kirche und Demokratie im Geist urchristlicher Ideale wirkte von Anfang an Abbé HENRI-BAPTISTE GRÉGOIRE, als Bischof geistiger Führer der konstitutionellen, das heißt revolutionsfreundlichen Kirche. Aber diese Alternative hatte angesichts des kurialen Widerstandes keine Chance. Vielen von Grégoires Anliegen half erst das Zweite Vatikanische Konzil zum Durchbruch. Seither darf auch offen ausgesprochen werden, dass »Freiheit, Gleichheit und Brüderlichkeit« – lange von Rom verteufelt – ein urchristliches Fundament besitzen, wenngleich dieses, wie wir sahen, in der Kirche schon früh von hierarchischen Machtstrukturen überlagert wurde. Dabei blieb die Frage, ob die Kirche weiterhin als Bollwerk der antidemokratischen Reaktion oder im Sinne ihres Gründers als eine Gemeinschaft von Freien, grundsätzlich Gleichen, von Brüdern und Schwestern wirken sollte (vgl. Galaterbrief 3,26–28).

Das moderne Prinzip des Nationalstaats bescherte Europa freilich auch die höchst verhängnisvolle Ideologie des Natio-

nalismus und später des Imperialismus mit den Eroberungs-
kriegen von NAPOLEON BONAPARTE, die Hunderttausende
das Leben kosteten. Frankreich blieb jedenfalls im 19. Jahrhundert nicht mehr die bestimmende politische Macht. Vielmehr wurde für das ganze 19. Jahrhundert Großbritannien
die führende Weltmacht.

Dies hing freilich mit einer anderen Revolution zusammen, die ein modernes Weltwirtschaftssystem, ja die neue
Weltzivilisation einläutete. Aber auch hier die Frage: Hatte
damit nicht auch die römisch-katholische Demokratiefeindlichkeit ihr verdientes Ende gefunden? »Pensiamo in secoli
– wir denken in Jahrhunderten«: dieses im Vatikan häufig
zitierte Wort verrät sowohl stolzes Selbstbewusstsein wie
häufiges Zuspätkommen.

9. Rückfälle: Vorliebe für autoritäre Regime

Wann immer in der Kirche der Ruf nach Reformen laut
wurde, war eine beliebte Abwehrreaktion der Reformverhinderer die Behauptung, die Kirche sei keine Demokratie.
In der Tat waren die Päpste des 19. und der ersten Hälfte
des 20. Jahrhunderts alles andere als »lupenreine Demo-
kraten«, sie zeigten sich vielmehr als offene oder verdeck-
te Feinde der Demokratie. Noch PIUS XII. konnte sich gegen Ende des Zweiten Weltkriegs angesichts des Sieges der
westlichen Demokratien nur zu einer positiven Erwähnung
einer »gesunden Demokratie« entschließen, die aber nicht
auf der Volkssouveränität gründet, sondern »auf den unver-
änderlichen Grundsätzen des Naturrechts und der geoffen-
barten Wahrheit« (natürlich im kurialen Sinn verstanden,
Weihnachtsansprache 1944). Mit den Diktaturen in Italien,
Spanien, Portugal und Südamerika, welche »die Rechte der
Kirche« schützten, arbeitete der Papst bestens zusammen.

Für Italien wünschte er sogar nach dem Zweiten Weltkrieg die Beibehaltung der kompromittierten Monarchie und wurde in der Volksabstimmung desavouiert. Der römische Bürgersohn Pacelli machte als Pontifex maximus seine Neffen zu »Principi« und praktizierte Nepotismus im alten Stil. Er war im Prinzip für einen »katholischen Staat« und ließ Toleranz nur aus pragmatischen Gründen gelten, da er andernfalls negative Auswirkungen für Katholiken in den protestantischen Staaten fürchtete.

Erst JOHANNES XXIII. und mit ihm das Zweite Vatikanische Konzil sprachen sich eindeutig für Demokratie und Menschenrechte aus, und auch Papst PAUL VI. war aufgrund seiner Familientradition ein überzeugter Demokrat. Doch der polnische wie der deutsche Restaurationspapst brachten gerne ihre Kritik an der westlichen Demokratie (»Konsumismus«, »die Diktatur des Relativismus«, neuerdings »negative Toleranz«) zum Ausdruck, ohne zu merken, dass sie ihrerseits eine Diktatur des Absolutismus und oft gar keine Toleranz praktizierten. Das kam zum Ausdruck etwa in der Frage der Abtreibung, bei der die Päpste den Volkswillen nicht akzeptierten. JOSEPH RATZINGER versuchte als Kardinal, den Deutschen Bundestag bezüglich der Schwangerschaftskonfliktberatung unter Druck zu setzen und vergrämte damit sogar die bayerisch-katholische Partei CSU. In Polen, wo ohnehin schon eine stark einschränkende Gesetzgebung bezüglich der Pille herrschte, versuchte Papst WOJTYLA, das Parlament mit drohender öffentlicher Rede von der Verabschiedung eines liberaleren Abtreibungsgesetzes abzuhalten. Beide Versuche scheiterten. Ein Zeichen dafür, dass sich die römische Kirchenleitung auf einem Kurs ohne Zukunft befand. Das hing mit einer weiteren Infektion zusammen:

10. Vierter Virus: römisch-katholische Restaurationsbegeisterung

Auf dem Wiener Kongress 1814/15 wurde unter der Vorherrschaft der »Heiligen Allianz« der konservativen Staaten Österreich (Staatskanzler Metternich), Russland und Preußen die politische Neuordnung Europas nach den napoleonischen Kriegen organisiert. Dabei schien es der römischen Kurie selbstverständlich, dass sie den von Napoleon aufgehobenen mittelalterlichen Kirchenstaat zurückerhielt. Sofort wurde dort wieder die traditionelle Monsignori-Wirtschaft eingeführt: Abschaffung des säkularen Rechtssystems (Code Napoléon) und Wiedereinführung der vormodernen päpstlichen Gesetzgebung: 700 Fälle von »Häresie« wurden in der Glaubenskongregation (Sanctum Officium) untersucht.

Gesellschaftstheoretiker der *Restauration* wie der Engländer Edmund Burke und der Franzose Joseph de Maistre, der ein vielgelesenes Buch »Über den Papst« schrieb, unterstützten solche Prozesse. Ohnehin war es die Zeit der Romantik, welche, zuerst fortschrittlich, dann zunehmend reaktionär, überall in Europa die mittelalterliche Sozialstruktur verklärte und die Aufklärung zurückdrängte. Doch Restauration und Romantik erwiesen sich schon seit der Revolutionswelle von 1848, in der die Reaktion noch einmal siegte, als gegenrevolutionäres Zwischenspiel. Nur in der katholischen Kirche hielten sie an. Dies war die Blütezeit der Neu-Gotik, Neu-Romanik, Neu-Scholastik, Neu-Gregorianik.

Die Demokratie aber setzte ihren Siegeszug fort. Eine epochale Veränderung der ökonomischen und sozialen Lebensbedingungen begann zu greifen, die man die *industrielle Revolution* nennt: eine Umwälzung im Bereich der Technik, der Produktionsverfahren, der Energieerzeugung, des Transportwesens, der Landwirtschaft, der Märkte, aber auch im Bereich der Gesellschaftsstrukturen und der Mentalität, verbunden mit Bevölkerungsexplosion, Agrarrevolution und rasanter Verstädterung.

Von Wissenschaft und Technologie ermöglicht, entwickelte sich von England aus im Verlauf des 19. Jahrhunderts zusammen mit der Demokratie die *Industrie*. Sie wird zum vierten Leitwert der Moderne. Man redete jetzt von »Industriellen« und von einer bürgerlich-kapitalistischen »Industriegesellschaft«, welche die agrarisch bestimmte träge Adelsgesellschaft ablöste und für welche die Tugend der »industria« (»Fleiß«) charakteristisch ist. Freilich entstanden aus dem industriell-kapitalistischen Produktionsprozess neue schauderhafte Klassengegensätze. Reaktionen des Proletariats auf seine Verelendung blieben nicht aus. In der zweiten Hälfte des 19. Jahrhunderts entwickelten sich gegen die schrankenlose Herrschaft des Privatkapitals der *Sozialismus* und eine allerdings heterogene sozialistische Arbeiterbewegung (»Kommunistisches Manifest« 1848).

Für die Kirchen katholischer, protestantischer wie anglikanischer Konfession bedeutete der durch Demokratisierung und Industrialisierung bewirkte Traditionsbruch einen Schock, aber auch die Forderung, durch eine ganze Reihe neuer Formen kirchlichen Handelns die verlorengegangene Arbeiterschaft zurückzugewinnen. Es gab im 19. Jahrhundert zweifellos ein neues Erwachen der religiösen Kräfte in Klerus und Laienschaft, in den Ordensgemeinschaften, in der Missionsbewegung, in Caritas, Erziehung und besonders auch Volksfrömmigkeit. Typisch für dieses Jahrhundert besonders in Deutschland wurden die kirchlichen Vereine mit einer Fülle von religiösen, sozialen und indirekt politischen Initiativen, vor allem der Katholische Volksverein, faktisch der größte katholische Verein der Welt. So entwickelte sich im deutschen Katholizismus eine bedeutsame soziale Bewegung; besonders Bischof Wilhelm Emmanuel von Ketteler (Mainz) machte die Kirche zum Anwalt der armen und notleidenden Unterschichten. Doch auch diese innerkirchlichen sozialen Aktivitäten verloren schließlich an Glaubwürdigkeit durch die Auseinandersetzungen über die Definition der päpstlichen Unfehlbarkeit auf dem 1. Vatikanischen Konzil 1871, die vor allem die Gebildeten in Klerus und Laienschaft herausforderte.

11. Rückfälle: Index der Volksverdummung

Doch was braucht ein Katholik nach römischer Vorstellung für seine religiöse Bildung? Sicher nicht die Bibel, die der individuelle Leser ohnehin leicht missversteht. Vielmehr in erster Linie den *römischen Katechismus,* der alles Wesentliche der katholischen Lehre bezüglich Glauben und Sitten enthält. Der bisher offensichtlich zu wenig erfolgreiche von Ratzinger/Schönborn redigierte und von Johannes Paul II. 1997 promulgierte allzu traditionelle »Katechismus der katholischen Kirche« soll nun durch den 2010 von Benedikt XVI. gegründeten »Päpstlichen Rat für Neuevangelisierung« weiter verbreitet werden.

Und dabei soll auch eine starke Papst- und Marienverehrung helfen: Marianismus, eine seit dem Mittelalter entwickelte emotionale Marienverehrung, und Papalismus, jene in Mittelalter und Reformation unbekannte emotionale Papstverehrung, bildeten die beiden Hauptinstrumente, um das Volk beim katholischen Glauben zu halten. Im 19. Jahrhundert nahmen nicht nur die Pilgerreisen zum »Heiligen Vater« »jenseits der Berge« (»Ultramontanismus«) zu, sondern auch die Marienerscheinungen mit ihren Bußbotschaften, und natürlich Wundergeschichten en masse. Gewiss, auch kritische Katholiken haben in der Regel wenig Einwände gegen eine im biblischen Rahmen gehaltene Verehrung der Mutter Jesu. Sie wenden sich aber – wie das Vatikanum II mit seiner

Diskussion um das Marienkapitel der Kirchenkonstitution – gegen folkloristische und fundamentalistische Exzesse in der Marienverehrung.

Aber nun zum Index: was dürfen Katholiken, die sich an das römische Lehramt halten, alles nicht lesen? Sie sollen, weil leicht verführbar, möglichst uninformiert gehalten werden, »dummes Volk« bleiben. Deshalb Bücherverbot um Bücherverbot. Das offizielle Verzeichnis der für Katholiken verbotenen Bücher, der »*Index librorum prohibitorum*«, in der Gegenreformation eingeführt, war in all den Jahrhunderten mächtig angewachsen. Er enthielt faktisch einen Großteil der repräsentativen Geister der europäischen Moderne mit einem, mehreren oder sogar allen ihrer Bücher (»Opera omnia«). Neben zahllosen Theologen und Kirchenkritikern und den Begründern der modernen Naturwissenschaft Kopernikus und Galilei die Väter der modernen Philosophie: Descartes und Pascal, Bayle, Malebranche und Spinoza ebenso wie die britischen Empiristen Hobbes, Locke und Hume, aber auch Kants »Kritik der reinen Vernunft«, selbstverständlich Rousseau und Voltaire, später Cousin, John Stuart Mill, Comte, aber auch die großen Historiker Gibbon, Condorcet, Ranke, Taine und Gregorovius. Dazu kamen Diderot und d'Alembert mit ihrer Enzyklopädie und der Dictionnaire Larousse, die Staats- und Völkerrechtler Grotius, von Pufendorf und Montesquieu, schließlich eine Elite moderner Literatur: Heine und Lenau, Hugo, Lamartine, Dumas Père et Fils, Balzac, Flaubert, Zola, Leopardi und d'Annunzio – in unseren Tagen Sartre und Simone de Beauvoir, Malaparte, Gide und Kazantzakis … Auf eine kritisch-konstruktive Auseinandersetzung mit dem modernen Atheismus und Säkularismus ließ sich dieses »Lehramt« und der »gute Katholik« nicht ernsthaft ein; zur Abwehr bediente man sich apologetischer Klischees, Verzerrungen und Verurteilungen.

Das Sanctum Offizium, das immer besser organisierte Sicherheitshauptamt des katholischen Glaubens, war zwar in der Kurienreform Papst Pauls VI. von 1965 zu einer normalen Kongregation (»für die Glaubenslehre«) herabgestuft worden. Sie sollte nicht mehr (wie im Kanon 247 § 4 CIC 1917 festgelegt) Bücher »verbieten« (»prohibere«), sondern nur »missbilligen« (»reprobare«). Damit war so ganz nebenbei, zunächst gar nicht bemerkt, der Index der verbotenen Bücher faktisch abgeschafft worden, was der damalige gefürchtete Chef der Glaubenskongregation, Kardinal Alfredo Ottaviani, erst vier Monate später in einem Interview zugab: Der Index sei nur noch ein »historisches Dokument«. Aber mit dem Index war noch keineswegs die Inquisition abgeschafft.

12. Römisches System im Frontalangriff auf die Moderne

Das Vorhaben einer Definition der päpstlichen Unfehlbarkeit wurde wie von Bischof Ketteler vom Großteil des deutschen und französischen Episkopats und von vielen Theologen ebenso heftig wie erfolglos bekämpft. Diese Diskussion zeigte: Die *moderne Demokratie*, die das absolutistische System abgeschafft hatte, und jenes im 11. Jahrhundert herausgebildete *römische System*, das den Absolutismus religiös verbrämte, verhalten sich zueinander wie Feuer und Wasser. Denn man bedenke:

In einer Demokratie sind die Stände verschwunden, im römischen System behält der Klerikerstand die Oberhand. Dort der Kampf für Menschen- und Bürgerrechte, hier die Verurteilung der Menschenrechte und der Christenrechte in der Kirche. Dort Volkssouveränität in repräsentativer Demokratie, hier Ausschluss von Volk und Klerus von der Pfarrer-,

Bischofs- und Papstwahl. Dort Gewaltenteilung (Legislative, Exekutive und Judikative), hier alle Gewalt in der Hand der Bischöfe und des Papstes (Primat und Unfehlbarkeit). Dort Gleichheit vor dem Gesetz, hier Zwei-Klassen-System von Klerikern und Laien. Dort freie Wahl der Verantwortlichen auf allen Ebenen, hier Ernennung durch die übergeordnete Instanz (Bischöfe, Papst). Dort Gleichstellung der Juden und Andersgläubigen, hier katholische Staatsreligion, wo immer durchsetzbar.

Die kurzsichtige römische Strategie lautete: Festigung nach innen und Isolierung nach außen! Unter der emotionalen Inspiration Pius' IX. wird die mittelalterlich-gegenreformatorische katholische Festung mit allen Kräften antimodern ausgebaut. Draußen in der modernen Welt mag die Kälte religiöser Gleichgültigkeit, Kirchenfeindlichkeit und Glaubenslosigkeit herrschen. Drinnen verbreiten Papalismus und Marianismus heimatliche Wärme: emotionale Geborgenheit durch Volksfrömmigkeit aller Art, von Wallfahrten über Devotionalien für die Massen bis zu den Maiandachten.

Der Katholik der zweiten Hälfte des 19. und der ersten Hälfte des 20. Jahrhunderts erscheint eingebunden in eine *spezifisch katholische Sozialform* (Karl Gabriel): ein geschlossenes konfessionelles Gruppenmilieu mit eigener Welt-Anschauung. Er merkt kaum, wie bürokratisiert und zentralisiert die kirchliche Amtsstruktur funktioniert. Sind doch die kirchlichen Organisationsformen zugleich modernisiert und sakralisiert, und der Klerus, weil von der »Welt« möglichst getrennt, ist diszipliniert wie noch nie. Alles zusammen bildet ein weltanschaulich geschlossenes römisch-katholisches System, das einerseits die Distanz zur modernen Welt und andererseits den Anspruch auf ein *Monopol letztgültiger Weltdeutungen und Morallehren* legitimiert.

Die Ungleichzeitigkeit der Entwicklung in Kirche und moderner Gesellschaft ist frappant: Schon sechs Jahre vor dem

Ersten Vatikanischen Konzil hatte Pius IX. eine durch und durch reaktionäre Enzyklika (»Quanta cura«) veröffentlicht, begleitet von einem »Syllabus errorum modernorum«, einer »Sammlung der modernen Irrtümer« – achtzig an der Zahl. Aufs Ganze gesehen war dies eine kompromisslose Verteidigung des mittelalterlich-gegenreformatorischen Lehr- und Machtgefüges und zugleich eine allgemeine Kampfansage an die Moderne. Sie gipfelte in der Verurteilung des Satzes, der römische Pontifex könne und müsse »mit dem Fortschritt, mit dem Liberalismus und mit der neuen Zivilisation sich versöhnen und einigen«. Nach der Emigration der Reformatoren und dann der modernen Naturwissenschaftler und Philosophen war nun eine Emigration auch vieler Intellektueller und Arbeiter aus der katholischen Kirche weithin unvermeidlich geworden.

Doch der Gang der Geschichte ließ sich nicht aufhalten. Unbeeindruckt vom Syllabus und von der Definition der päpstlichen Vollgewalt und Unfehlbarkeit marschierten zwei Monate später, am 20. September 1870, die italienischen Truppen ungehindert in Rom ein. Und eine römische Volksabstimmung sprach sich in überwältigender Mehrheit gegen den Papst aus. Das wegen des deutsch-französischen Krieges abgebrochene Konzil fand keine Fortsetzung. Im Episkopat und in den Theologischen Fakultäten aber brach der Widerstand gegen das Unfehlbarkeitsdogma bald zusammen. Als letzter beugte sich auch der Tübinger Konzilienhistoriker und Bischof von Rottenburg, Carl Joseph Hefele. Der sich jetzt bildenden Alt- oder Christkatholischen Kirche wollte er sich nicht anschließen.

Hatte die römisch-katholische Kirche also definitiv gegen die Moderne optiert? Von Rom kaum beachtet, hatte sich Europas Geschichte schon längst zur Welt-Geschichte ausgeweitet.

13. Rückfälle: Rom und das kommunistische China

Von der katholischen Chinamission des 16./17. Jahrhunderts und ihrem Pionier Matteo Ricci SJ habe ich bereits berichtet, auch von der damaligen päpstlichen Fehlentscheidung. Eine erneute weltpolitische Fehleinschätzung des römischen Lehramtes in Bezug auf China im 20. Jahrhundert zeitigt bis heute gravierende Folgen: die Reaktion auf die chinesische Revolution. Die *Proklamation der Volksrepublik China* am 21. September 1949 durch Mao Zedong – zu einem guten Teil eine Reaktion auf den europäischen Nationalismus, Kolonialismus und Imperialismus und die damit verbundene christliche Missionierung – war für die katholische Kirche eine Katastrophe: Ausweisung tausender ausländischer Missionare, Konfiszierung sämtlichen Kircheneigentums, von den Kirchengebäuden abgesehen.

Da der totalitäre kommunistische Staat jeglichen ausländischen (etwa vatikanischen) Einfluss auf die Kirchen unterbinden wollte, hatten die chinesischen Christen nur die Möglichkeit, sich der staatskonformen Drei-Selbst-Bewegung anzuschließen: *Selbstunterhaltung, Selbstverwaltung, Selbstverbreitung* der Kirchen – oder in den Untergrund zu gehen. Die protestantischen Kirchen schlossen sich der Bewegung an und konnten sich vergleichsweise gut entwickeln. Pius XII. lehnte die »drei Selbst« radikal ab und – was er gegen Hitler und Genossen füglich unterlassen hat! – exkommunizierte wie alle italienischen so auch alle chinesischen Kommunisten. Die Spaltung der katholischen Kirche Chinas in eine offizielle »patriotische« und eine romtreue »Untergrundkirche« war die Folge. Pius XII. exkommunizierte auch rund fünfzig von der patriotischen Kirche gültig gewählte Bischöfe und wandte sich ganz und gar Taiwan zu. Die Beziehungen zwischen China und dem Vatikan waren blockiert.

Seit dem Tod Maos 1976 vertreten Regierung und Partei der Volksrepublik eine mehr pragmatische Religionspolitik. Viele chinesische Katholiken möchten sich nicht entscheiden müssen zwischen Peking und Rom. Sie wünschen die Verbindung mit Papst und katholischer Gesamtkirche, sind aber zugleich verwurzelt in ihrer lokalen chinesischen Kirche. Sie finden die Polemiken von beiden Seiten unnötig; der Vatikan sei allzu sehr auf die Untergrundkirche fixiert und würde übersehen, wie pluralistisch die chinesische Gesellschaft geworden sei. Seit 2004 haben sich offiziellen Angaben zufolge circa 100 000 Chinesen jährlich der katholischen Kirche angeschlossen und sind 300 neue Kirchen gebaut worden, so dass deren Gesamtzahl auf 6 300 gestiegen ist. 25 Bischöfe wurden ordiniert. Und es gibt in der Volksrepublik offiziell sechs Millionen Katholiken; wenn man die Untergrundkirche noch hinzunimmt, natürlich noch sehr viel mehr.

Aber eine definitive Normalisierung zwischen der Volksrepublik und Rom wäre nur möglich, wenn der Vatikan die gültig geweihten Bischöfe der offiziellen Kirche als legitim ansehen würde. Das in diesem Buch vorgestellte Modell der schweizerischen Bischofswahl könnte auch, wie mir erst jüngst der chinesische Religionsminister in Peking bestätigte, Anregung sein für eine Lösung in China: Wahl der Bischöfe im eigenen Lande, Approbation der Wahl durch Rom.

So verschieden die Lage der Kirche in China von der in Europa ist, so verschieden auch die in Lateinamerika, Indien, Indonesien oder Afrika. Das wirft die grundsätzliche Frage auf, ob unsere bisherigen Analysen nicht doch nur für das europäisch-amerikanische Christentum, nicht aber für andere Länder und Kulturen gelten.

14. Analyse der Krankheitsgeschichte nur gültig für die westliche Welt?

Richtig ist, dass die mittelalterliche und auch noch reformatorische Geschichte der Kirche für die außereuropäischen Länder nicht dieselbe Relevanz hat wie für Europäer und Nordamerikaner. Lateinamerika, Asien, Afrika und Ozeanien waren zunächst nur Objekte einer von Europa ausgehenden Kolonisierung und Missionierung, nicht Subjekte originärer christlicher Spiritualität, Theologie und Lebenspraxis.

In der europäischen Neuzeit haben religiöse und wirtschaftliche Expansion, von militärischen Interessen unterstützt, im Namen Jesu Christi andere Religionen und Kulturen vor allem in Lateinamerika mutwillig und planmäßig zerstört. Das wird heute von zahlreichen Christen beklagt, von Seiten der katholischen Hierarchie aber nur selten als Schuld der Kirche eingestanden. Statt eines klaren Bekenntnisses zur monströsen kirchlichen Schuldgeschichte und zur Mitverantwortung für die miserablen sozialen Verhältnisse in den betreffenden Ländern abzulegen, hat Johannes Paul II. in jedem dieser Länder den Boden geküsst. Und sich im übrigen keine Fragen stellen lassen. Benedikt XVI. aber hat sich auf seiner ersten Südamerikareise zur wahrheitswidrigen und beinahe zynischen Behauptung verstiegen, die Indio-Bevölkerung hätte sich im 16. Jahrhundert gesehnt nach der Missionierung durch die portugiesischen und spanischen Eroberer. Auf viele soziale und kulturelle Missstände hat die lateinamerikanische Befreiungstheologie hingewiesen und wurde dafür vom Präfekten der Glaubenskongregation, Kardinal Ratzinger, abgestraft. Ihre Sympathisanten unter den Bischöfen wurden durch Opus-Dei-Leute und andere Reaktionäre ersetzt.

Aufgeschlossene Europäer und Amerikaner aller Konfessionen aber tolerieren es heute nicht mehr, dass alteingesessene und junge christliche Kirchen in anderen Kontinenten gegängelt werden. Sie lehnen einen römischen Imperialismus ab, der alle Kirchen auf ein von der Zeit überholtes mittelalterliches Rechts- und Frömmigkeitssystem verpflichten möchte. Im 20. Jahrhundert, besonders nach dem Zweiten Weltkrieg, sind die Nationen der Südhalbkugel zu autonomen weltpolitischen Akteuren geworden, die den westlichen Mächten durchaus in Politik wie Wirtschaft Konkurrenz machen. Kurz: das eurozentrische Paradigma ist durch ein polyzentrisches abgelöst worden.

Umso wichtiger ist es, dass die westliche Theologie durch ihre Analysen zeigt, dass die urchristliche Verfassung der Kirche und die der großen katholischen Tradition des ersten Jahrtausends dem heutigen zeitgenössischen Demokratieverständnis besser entspricht. Nur so wird es möglich, von den anderen Religionen zu lernen und die anderen Kulturen in einer wahrhaft universalen Kirche zur Geltung zu bringen. In Respekt vor der Geschichte der anderen Religionen können die oft verdrängten Reichtümer der anderen Kulturen zur Vertiefung der eigenen Praxis aufgenommen werden. Ohne synkretistische Vermischung kann die Kirche dann unterschiedliche ästhetische, meditative und liturgische Traditionen der anderen integrieren: Inkulturation des Christentums in verschiedene Kontexte.

Rom müsste also einsehen, dass es den verschiedenen *National-, Regional- und Lokalkirchen* eine *angemessene Autonomie* lassen muss. Kirchen müssen in anderen Kulturen in eigener Verantwortung ihren Lebens- und Organisationsstil gestalten können. Das ist Voraussetzung für ihren Beitrag zur Lösung der immensen gesellschaftlichen Probleme in diesen Kontinenten, wie zum Beispiel der Überbevölkerung.

Im Jahr 2011 überschreitet die Weltbevölkerung nach Angaben der Deutschen Stiftung Weltbevölkerung die Sieben-Milliarden-Grenze. Rund 80 Millionen Menschen mehr als im Jahr zuvor. Wachstum besonders in den Entwicklungsländern, wo 82 % der Weltbevölkerung leben. Höchster Bevölkerungsanstieg in Afrika. Was für eine Hilfe zur Bekämpfung der riesigen Armut an ihren Wurzeln wäre es doch, wenn Papst und Bischöfe angesichts etwa der 75 Millionen Frauen, die in Entwicklungsländern ungewollt schwanger werden, Zugang zu Aufklärung und Verhütung fördern und auch die Erlaubtheit von Kondomen zur Bekämpfung der AIDS-Seuche verkünden würden! Es sage also niemand, es gehe in Fragen der Sexualmoral oder auch des Zölibats (angesichts des Priestermangels auch in den Entwicklungsländern) oder der Ehescheidung (angesichts vieler polygamer Traditionen usw.) nur um Probleme der westlichen Welt.

Allzu lange hat man in Rom viele große gesellschaftliche Probleme gar nicht zur Kenntnis nehmen wollen. Man war fixiert auf römischen Machterhalt und Machterweiterung. Seit dem Ersten Vatikanischen Konzil spitzte sich die Auseinandersetzung um den künftigen Kurs der katholischen Kirche zu. Das 1870 jäh abgebrochene Konzil rief förmlich nach einer Fortsetzung – oder einem zweiten Konzil. Es sollte aber fast 90 Jahre dauern, bis in einer völlig veränderten Weltsituation ein den modernen Weltproblemen und der Ökumene aufgeschlossener Papst das Zweite Vatikanische Konzil einberief.

V. Große Rettungsaktion

Reformation und Moderne nur halb eingeholt

1. Wie die Kirche retten? Zwischen Modernismus und Antimodernismus

Die Geschichte des Christentums ist unendlich viel reicher als die katholische Kirchengeschichte, und diese wiederum unendlich viel reicher als die Papstgeschichte. Aber gerade im 19./20. Jahrhundert ist katholische Kirchengeschichte zu einem wesentlichen Teil Papstgeschichte. Die Päpste spielten zunächst jahrzehntelang die Rolle des vielbemitleideten »Gefangenen im Vatikan«, wiewohl sie nur ihr eigenes Dogma »non possumus – wir können es nicht« – am Verlassen des Vatikans und der Akzeptanz der neuen Lage von Staat und Kirche in Italien hinderte. Bei all ihren positiven Leistungen blieb ihre Einstellung auch zu innerkirchlichen Reformen zwiespältig.

LEO XIII. (1878–1903), der aufgeschlossenere Nachfolger des Unfehlbarkeitspapstes Pius' IX., nahm die Unfehlbarkeit nicht in Anspruch. Er beendete den »Kulturkampf« mit dem Deutschen Reich und anderen Ländern und korrigierte Roms negative Haltung zur Moderne, zu Demokratie und liberalen Freiheiten. Jetzt nicht mehr für den sozial rückständigen Kirchenstaat verantwortlich, veröffentlichte er – fast ein halbes

Jahrhundert nach dem Kommunistischen Manifest – die längst überfällige Sozialenzyklika »Rerum novarum« (1891), Grundlage für die sich nun entwickelnde Katholische Soziallehre. Aber gegen Ende seines Pontifikats wurden rückschrittliche Tendenzen sichtbar, vor allem in Maßnahmen gegen die moderne Exegese.

PIUS X. (1903–1914), pastoral eingestellt, sorgte für bessere Seminarerziehung und regelmäßigeren Kommunionempfang der Gläubigen. Aber zugleich unterdrückte er jegliche Versöhnung der katholischen Lehre mit der modernen Wissenschaft und leitete eine antimoderne Säuberungsaktion großen Stils ein, eine förmliche Hetzjagd auf alle, mit dem diffamierenden Etikett des »Modernismus« belegten, Reformtheologen, besonders auf Exegeten und Historiker. Ein neuer Syllabus der modernen Irrtümer und eine antimoderne Enzyklika (1907), ja, ein dem gesamten katholischen Klerus aufoktroyierter seitenlanger »Antimodernisteneid« (1910) sollte die »Modernisten« ein für allemal ausrotten. Bei der Bespitzelung und Denunzierung von Bischöfen, Theologen und Politikern half ihm eine dem heutigen Opus Dei vergleichbare kuriale Geheimorganisation (»Sodalitium Pianum«). Bezeichnend die Heiligsprechung gerade dieses wahrhaftig in vieler Hinsicht »unheiligen Vaters« durch Pius XII. im Jahr 1954.

BENEDIKT XV. (1914–1922), ein gemäßigter Mann, beseitigte jene alles vergiftende antimoderne kuriale Geheimorganisation. Er bemühte sich intensiv, aber erfolglos um Vermittlung im Ersten Weltkrieg. Aber er approbierte auch – ohne jegliche Zustimmung des Weltepiskopats – den unter seinem Vorgänger vorbereiteten neuen Codex Iuris Canonici (1917). Das zentralistische römische System erscheint damit auch rechtlich abgesegnet und abgesichert.

PIUS XI. (1922–1939), Gelehrter und Realist, löste die seit 1870 anstehende »Römische Frage«, indem er mit dem

Faschisten-Duce Benito Mussolini die Lateranverträge (1929) abschloss, in welchen der Papst auf den großen Kirchenstaat verzichtete und sich mit dem Zwergstaat Vatikan zufrieden gab. Dabei wurden alle früheren Rechte mit einer riesigen Geldsumme abgegolten, Grundstock des heutigen vatikanischen Vermögens. Pius XI. förderte einerseits den einheimischen Klerus in den Missionsgebieten, andererseits die »Katholische Aktion« der Laien, die aber verlängerter Arm der Hierarchie bleiben sollten. Zugleich veröffentlichte er eine antiökumenische Enzyklika (»Mortalium animos«, 1928), die begründete, warum den Katholiken die Teilnahme an der großen ökumenischen Konferenz in Lausanne verboten wurde. Verhängnisvoller war die als Reaktion auf die Stellungnahme der anglikanischen Lambeth-Konferenz veröffentlichte Enzyklika gegen die Geburtenkontrolle (»Casti connubii«, 1930), später ein Hauptargument für den »unfehlbaren« Konsens von Papst und Bischöfen in dieser Lehre. Das »Reichskonkordat« mit Hitler-Deutschland, unmittelbar nach Hitlers Machtantritt 1933, verschaffte diesem eine beispiellose Aufwertung in der internationalen Öffentlichkeit. Aber die deutschsprachige Enzyklika »Mit brennender Sorge« (1937) verurteilte die nationalsozialistische Lehre, ihre Politik und die damit einhergehenden Konkordatsverletzungen. Beides fiel schon in die Mitverantwortung des damaligen Nuntius in Deutschland und späteren Kardinalstaatssekretärs EUGENIO PACELLI. Am Vorabend des Zweiten Weltkrieges 1939 trat er als Papst PIUS XII. sein Amt an.

2. Pius XII. – ein heiliger Papst?

PIUS XII. (1939–1958) war der letzte unangefochtene Vertreter des mittelalterlichen gegenreformatorisch-antimodernen Paradigmas. Auf der Linie Pius' IX. ging er trotz vieler Einwände höchst forsch vor bei der Definition eines zweiten völlig unnötigen »unfehlbaren« Mariendogmas (Marias leibliche Aufnahme in den Himmel, 1950). Zur gleichen Zeit verbot er die französischen Arbeiterpriester und erteilte den bedeutendsten, vor allem französischen, Theologen seiner Zeit Lehrverbot, darunter Teilhard de Chardin, Yves Congar und Henri de Lubac. Von Anfang an vermied er aber eine öffentliche Verurteilung von Nationalsozialismus und Antisemitismus und eine Exkommunikation der katholischen Naziverbrecher.

Dieser ausgesprochen germanophile, vor allem juristisch-diplomatisch und nicht theologisch-evangelisch denkende Kirchendiplomat, dem Seelsorgeerfahrung fehlte, agierte nicht pastoral-menschenbezogen, sondern stets kurial-institutionenfixiert. Seit seinem Schockerlebnis als Nuntius in München (»Räterepublik« 1918) von körperlicher Berührungsangst und Kommunismusfurcht besessen, war er zutiefst autoritär und antidemokratisch eingestellt (»Führer-Katholizismus«). So war er geradezu prädisponiert für eine pragmatisch-antikommunistische Allianz mit dem totalitären Nazismus, aber auch mit den faschistischen Regimen in Italien, Spanien und Portugal. Dem Berufsdiplomaten Pacelli, dem man gute Intentionen nicht absprechen sollte, ging es stets um Freiheit und Macht der Institution Kirche (Kurie, Hierarchie, Körperschaften, Schulen, Vereine, freie Religionsausübung). Doch Menschenrechte und Demokratie blieben ihm sein ganzes Leben lang zutiefst fremd.

Für Pacelli, den Römer, war Rom und immer wieder Rom das neue Zion, Zentrum von Kirche und Welt. Nie zeigte er für Juden irgendwelche persönliche Sympathie, vielmehr sah er in ihnen das Gottesmörder-Volk. Als triumphalistischer Vertreter einer Rom-Ideologie betrachtete er Christus als einen Römer und sah Jerusalem als von Rom abgelöst. Von Anfang an war er daher wie die gesamte römische Kurie gegen die Gründung eines jüdischen Staates in Palästina.

Pacelli war sich der Affinität bewusst zwischen seinem eigenen autoritären (antiprotestantischen, antiliberalen, antisozialistischen und antimodernen) Kirchenverständnis und einem autoritären, das heißt faschistisch-nazistischen Staatsverständnis: »Einheit«, »Ordnung«, »Disziplin« und »Führerprinzip« wie auf der übernatürlich-kirchlichen so auch auf der natürlich-staatlichen Ebene! Pius XII., der als Papst auch sein eigener Staatssekretär war, überschätzte maßlos Diplomatie und Konkordate. Er kannte im Grunde genommen nur zwei politische Ziele: Kampf gegen den Kommunismus und Kampf für die Erhaltung der Institution Kirche. Die leidige Judenfrage war für ihn eine quantité négligeable. Gewiss hat er sich mit diplomatischen Demarchen und caritativen Hilfen besonders gegen Kriegsende für die Rettung einzelner Juden oder Gruppen von Juden, vor allem in Italien und Rom, eingesetzt. In zwei Ansprachen 1942/43 hat er kurz, allgemein und abstrakt das Schicksal der »unglücklichen Leute« beklagt, die um ihrer Rasse willen verfolgt würden. Aber nie nahm dieser Papst das Wort »Jude« öffentlich in den Mund. Und wie Pacelli nicht gegen die Nürnberger Rassengesetze (1935) und das Reichspogrom der sogenannten »Kristallnacht« (1938) protestierte, so auch nicht gegen den italienischen Überfall auf Äthiopien (1936) und Albanien (am Karfreitag 1939) und so schließlich auch nicht gegen die Auslösung des Zweiten Weltkriegs durch die nazistischen Verbrecher im Überfall auf Polen am 1. September 1939.

Dass ein Protest nicht nutzlos gewesen wäre, hat der spätere Bundeskanzler Konrad Adenauer klar gesagt und zeigte auch der öffentliche Protest des Bischofs von Münster, Clemens August von Galen, gegen Hitlers monströses »Euthanasieprogramm« (1941), ebenso das Eintreten der lutherischen Bischöfe Dänemarks für die Juden. Pius XII. aber vermied jeden öffentlichen Protest gegen den Antisemitismus. Wiewohl bestens orientiert, *schwieg* er zu den notorischen deutschen Kriegsverbrechen überall in Europa, schließlich auch *zum Holocaust*, dem größten Massenmord aller Zeiten. Eine bereits unter seinem Vorgänger ausgearbeitete Enzyklika gegen Rassismus und Antisemitismus hat er nicht veröffentlicht.

Wie auch immer die persönliche Schuld von Pius XII. und seine sonstigen Leistungen zu beurteilen sind: darf dieser Papst heilig gesprochen werden, wie dies die Päpste Johannes Paul II. und Benedikt XVI. befürworten? Seine Heiligsprechung wäre wie die Pius' IX. – des Feindes von Juden, Protestanten, Menschenrechten, Religionsfreiheit, Demokratie, moderner Kultur! – eine vatikanische Farce und eine Desavouierung neuerer päpstlicher Schuldbekenntnisse. »Nein, ein Heiliger ist er nicht«, sagte uns im Collegium Germanicum selbst sein treuer Privatsekretär P. Robert Leiber SJ, und zwar noch zu des Papstes Lebzeiten, »nein, ein Heiliger ist er nicht, aber ein großer Mann der Kirche«. Mit fragwürdigen medizinischen Praktiken wollte Pius XII. sein Leben verlängern. Aber die letzten Jahre bis zu seinem Tod 1958 waren für die Kirche Jahre der Lethargie und bedrückten Stimmung. Der nächste Papst aber war eine allgemeine Überraschung.

3. Neubelebung der Kirche: Johannes XXIII.

JOHANNES XXIII., der am 28. Oktober 1958 gewählte Nachfolger Pius XII., Angelo Giuseppe Roncalli, galt mit seinen 77 Jahren als ein »Übergangspapst« und wurde in ganz anderem Sinn zum Papst eines epochalen Übergangs (»Paradigmenwechsels«). Er löste die katholische Kirche aus ihrer inneren Erstarrung und hauchte ihr neues Leben ein. Er ist (nicht nur für mich) der bedeutendste Papst des 20. Jahrhunderts, und sein kaum fünfjähriger Pontifikat hat sich als echter Petrusdienst in biblischem Sinn erwiesen. Er wollte die Fenster der Kirche öffnen. Der im mittelalterlichen gegenreformatorisch-antimodernen Paradigma befangenen und erkrankten Kirche hat er gegen massiven kurialen Widerstand den Weg zur *Erneuerung* (»aggiornamento«) gewiesen: zur zeitgerechten Verkündigung des Evangeliums, zur Verständigung mit den anderen christlichen Kirchen, zur Offenheit gegenüber dem Judentum und den anderen Weltreligionen. Aber auch zu Kontakten mit den östlichen Staaten, zur internationalen sozialen Gerechtigkeit (Enzyklika »Mater et magistra«, 1961), zur Offenheit gegenüber der modernen Welt überhaupt und zur Bejahung der *Menschenrechte* (Enzyklika »Pacem in terris«, 1963). Durch sein kollegiales Verhalten stärkte er die Rolle der Bischöfe. In all dem manifestierte Papst Johannes ein *neues pastorales Verständnis des Papstamtes*.

Historisch bedeutsam war besonders Roncallis neue Einstellung zum *Judentum*, die in scharfem Kontrast zu der Pacellis stand. Als Apostolischer Delegat in der Türkei hatte er Tausenden von Juden aus Rumänien und Bulgarien das Leben gerettet. 1958 zum Papst gewählt, ließ er schon im Jahr darauf, was sein Vorgänger immer abgelehnt hatte, in den Fürbitten der Karfreitagsliturgie das Gebet gegen die »treulosen Juden« (»oremus pro perfidis Judaeis«) zu Gunsten von judenfreundlichen Fürbitten entfernen. Zum ersten Mal empfing er eine Gruppe von über hundert amerikanischen Juden und begrüßte sie mit Worten des biblischen Joseph in Ägypten: »Ich bin Joseph, Euer Bruder!«. Und eines Tages ließ er sein Auto bei der römischen Synagoge spontan anhalten, um die gerade herausströmenden Juden zu segnen. Auch Roms Oberrabbiner ging in der Nacht vor dem Tod dieses

Papstes mit zahlreichen jüdischen Gläubigen zum Petersplatz, um zusammen mit den Katholiken für ihn zu beten.

Die historisch folgenreichste Tat von Johannes XXIII. aber
war die am 25. Januar 1959 alle Welt überraschende Ankündigung des *Zweiten Vatikanischen Konzils* (1962–1965). Dieses korrigierte Pius XII. in fast allen entscheidenden Punkten: Liturgiereform, Ökumenismus, Antikommunismus,
Religionsfreiheit, »moderne Welt« und vor allem in der
Einstellung zum Judentum. Von Papst Johannes ermutigt,
zeigten die Bischöfe endlich wieder Selbstbewusstsein und
fühlten sich als Kollegium mit eigenständiger apostolischer
Autorität.

Gegen vehemente Opposition der traditionell antijüdi-
schen Kurie wurde gegen Ende des Konzils schließlich doch
die Erklärung »Nostra aetate« über die *Weltreligionen* verabschiedet. Zum ersten Mal wird von einem Konzil eine
»Kollektivschuld« des damaligen oder gar des heutigen jüdischen Volkes aufgrund des Todes Jesu strikt in Abrede gestellt.
Es wird Stellung genommen gegen eine Verwerfung oder
Verfluchung des alten Gottesvolkes. Ja, »alle Hassausbrüche,
Verfolgungen und Manifestationen des Antisemitismus, die
sich zu irgendeiner Zeit und von irgendjemandem gegen die
Juden gerichtet haben«, werden beklagt und zugleich »gegen-
seitige Kenntnis und Achtung« versprochen. Damit ist das
Konzil der Intention Johannes' XXIII. schließlich nachge-
kommen. Es hat ohnehin Beträchtliches erreicht.

4. Zwei erfolgreiche Paradigmenwechsel:
das Vatikanum II

Das Konzil hat – trotz immenser Schwierigkeiten und
Hemmnisse von Seiten des römischen Systems – zwei Paradigmenwechsel auf einmal nachzuvollziehen versucht:

– *Integration des reformatorischen Paradigmas*: Anerkannt werden die katholische Mitschuld an der Kirchenspaltung und die Notwendigkeit der steten Reform. Zugleich werden eine Reihe zentraler evangelischer Anliegen zumindest grundsätzlich, aber vielfach auch ganz praktisch aufgenommen: Neue Hochschätzung der Bibel in Gottesdienst, Theologie und kirchlichem Leben wie im Leben der einzelnen Gläubigen überhaupt. Echter Volksgottesdienst in der Volkssprache und eine reformierte gemeinschaftsbezogene Eucharistiefeier. Aufwertung der Laienschaft durch Pfarrei- und Diözesanräte sowie durch neue Berufsbilder für theologisch voll ausgebildete Männer und Frauen (Pastoralreferenten). Anpassung der Kirche an die nationalen und lokalen Gegebenheiten durch Betonung der Ortskirche und der nationalen Bischofskonferenzen. Schließlich Reform der Volksfrömmigkeit und Zurückdrängung vieler spezieller Frömmigkeitsformen aus Mittelalter, Barock und 19. Jahrhundert.

– *Integration des modernen Paradigmas*: Viele Anliegen der Aufklärung wurden aufgenommen. Klare Bejahung der so lange und von Pius XII. 1953 erneut verurteilten Religions- und Gewissensfreiheit und der Menschenrechte überhaupt. Grundsätzliche Anerkennung der Mitschuld am Antisemitismus und eine positive Kehrtwendung zum Judentum, der Wurzel des Christentums. Eine neue konstruktive Einstellung aber auch zum Islam und zu den übrigen Weltreligionen. Anerkennung der prinzipiellen Heilsmöglichkeit sogar außerhalb des Christentums, selbst für Atheisten und Agnostiker, wenn sie ihrem Gewissen entsprechend handeln. Eine neue grundsätzlich positive Einstellung zum lange verfemten modernen Fortschritt und zu säkularer Welt, zu Wissenschaft und Demokratie.

Die kuriale Maschinerie versuchte freilich von Anfang an alles, um das Konzil unter Kontrolle zu halten. Ein ständiges Gerangel zwischen Konzil und Kurie war die Folge. Johannes XXIII., Gott sei's geklagt, starb schon nach der ersten Konzilssession, 82jährig, aber allzu früh. Roncalli wurde abgelöst vom ernsthaften, aber schwankenden (»Hamlet«) und letztlich doch aufgrund seiner ganzen Karriere kurial und nicht konziliar denkenden Montini-Papst PAUL VI. (1963–1978).

Damit war klar: Jenes *römische System*, das im 11. Jahrhundert mit der Gregorianischen Reform durchbrach und das dem Papst und seiner Kurie eine Alleinherrschaft in der Kirche zuschrieb, wurde wie schon einmal durch das Konzil von Konstanz so auch wieder durch das Zweite Vatikanum *erschüttert, aber nicht beseitigt*. Stillschweigend wurde in Kauf genommen, dass das absolutistische römische Regierungssystem von den orthodoxen Kirchen des Ostens ebenso wie von den Kirchen der Reformation und vielen nachdenklichen Katholiken strikt abgelehnt wurde.

Verhängnisvoll für die Zeit nach dem Konzil waren die *konziliaren Tabuisierungen*. So durfte über die Priesterehe nicht einmal diskutiert werden. Ebensowenig wurde diskutiert über Ehescheidung und eine Neuordnung der Bischofsernennungen, über Kurienreform und vor allem das Papsttum selbst. Zu Gunsten einer verständnisvolleren Lehre über Geburtenregelung (Empfängnisverhütung) erfolgten an ein und demselben Tag drei Interventionen gewichtiger Kardinäle. Doch sofort wurde die Diskussion vom Papst unterbunden – die Angelegenheit (wie auch die Frage der konfessionell gemischten Ehen) an eine päpstliche Kommission verwiesen. Diese entschied später gegen die traditionelle römische Lehre, wurde aber vom Papst selber überspielt: 1968 mit der Enzyklika »Humanae vitae«. Ohne viel Erfolg: Seit der Einführung der Pille vor einem halben Jahrhundert haben weltweit wie bekannt über 200 Millionen Frauen diese Methode der Verhütung angewandt, die ausgerechnet von

zwei guten Katholiken (John Rock und Pasquale DeFelice)
auf den Weg gebracht worden war.

5. Statt Erneuerung Restauration: Paul VI.

Die von Johannes XXIII. und dem Konzil gewollte Neube-
lebung und Gesundung der katholischen Kirche und ökumenische Verständigung mit den anderen christlichen Kirchen war trotz Zugeständnissen in der Liturgiereform ins
Stocken geraten. Zugleich setzte jener Glaubwürdigkeitsver-
lust der kirchlichen Hierarchie ein, der bis 2010 dramatische Ausmaße erreichen sollte. Im Jahr 1967 zeichnete sich
bereits jene typisch römische Widersprüchlichkeit zwischen
»Außenpolitik« und »Innenpolitik« ab: Nach außen (wo es
die Kirche nichts kostet) war man fortschrittlich, so in der
Enzyklika »Populorum progressio«. Aber nach innen (wo die
Kirche selbst betroffen ist) war man reaktionär, wie dies im
selben Jahr die *Zölibatsenzyklika* (»Sacerdotalis coelibatus«)
beispielhaft zeigte: Eine nach dem Evangelium völlig freie
Berufung zur Ehelosigkeit wird von Papst Paul VI. erneut
abgelehnt und unter Berufung auf dasselbe Evangelium ein
die Freiheit unterdrückendes Gesetz verteidigt.

Zum ersten Mal nach dem Konzil hatte so ein Papst wieder in vorkonziliar-autoritärer Weise unter völliger Missach-
tung der vom Konzil feierlich beschlossenen Kollegialität der
Bischöfe allein eine Entscheidung getroffen – und zwar in einer gerade auch für die Kirche der priesterarmen Kontinente
Lateinamerika, Afrika und Asien hochwichtigen Frage, deren Diskussion er auf dem Konzil selber verboten hatte. Ein
Sturm des Protestes von dem hier zum ersten Mal nach dem
Konzil offen brüskierten Episkopat blieb erneut aus; nur ver-
schwindend wenige Bischöfe in Belgien und Kanada erhoben
ihre Stimme zugunsten der Kollegialität.

Es ist offenkundig: Trotz der Impulse des Konzils war es in dieser nachkonziliaren Zeit nicht gelungen, die autoritäre institutionell-personelle Machtstruktur der Kirchenleitung im Geist der christlichen Botschaft entscheidend zu verändern: Papst, Kurie und die meisten Bischöfe verhielten sich bei allen unumgänglichen Wandlungen weithin vorkonziliar-autoritär; aus dem Konzilsprozess schien man wenig gelernt zu haben. In Rom wie in anderen Kirchengebieten blieben Persönlichkeiten an den Schalthebeln geistlicher Macht, die sich mehr am Machterhalt und dem bequemen Status quo als an ernsthafter Erneuerung im Geist des Evangeliums und an der Kollegialität interessiert zeigen.

Nach wie vor berief man sich in allen möglichen kleinen und großen Entscheidungen auf den Heiligen Geist und angeblich von Christus gegebene apostolische Vollmachten. Wie sehr, wurde allen klar, als Paul VI. 1968 die Kirche mit einer weiteren verhängnisvollen Enzyklika in jene Glaubwürdigkeitskrise stürzte, die seither anhält: eben jene Enzyklika »Humanae vitae« gegen empfängnisverhütende Mittel. Diese Enzyklika stellt den ersten Fall in der Kirchengeschichte des 20. Jahrhunderts dar, bei dem die breite Mehrheit von Volk und Klerus dem Papst in wichtiger Sache den Gehorsam verweigerte. Dabei handelte es sich doch nach römischer Auffassung faktisch um eine »unfehlbare« Lehre des »ordentlichen« (alltäglichen) Lehramtes von Papst und Bischöfen (gemäß Art. 25 der Kirchenkonstitution des Konzils). Ähnlich geschah es später bei der von Johannes Paul II. ebenfalls ausdrücklich als »unfehlbar« erklärten fatalen Verwerfung der Frauenordination für Zeit und Ewigkeit.

Nach dem in manchen Punkten durchaus toleranten Paul VI. und nach dem unter unaufgeklärten Umständen verstorbenen 33-Tage-Papst Johannes Paul I. kam am 16.10.1978 ein ganz anderer Papst an die Macht: der erste nichtitalienische Papst seit Hadrian VI. (16. Jh.), ein Papst aus Polen.

6. Rückfall in die vorkonziliare Konstellation: Johannes Paul II.

JOHANNES PAUL II. zeigte sich der Weltöffentlichkeit von Anfang an als ein Mann von Charakter, tief verwurzelt im christlichen Glauben, ein eindrucksvoller Vorkämpfer des Friedens, der Menschenrechte, der sozialen Gerechtigkeit, später auch des interreligiösen Dialogs, zugleich aber auch einer starken Kirche. Ein Mann mit Charisma, keine Frage, der die Sehnsucht der Massen nach dem – in der heutigen Welt so selten gewordenen – moralisch vertrauenswürdigen Vorbild in imponierender und medial höchst gewandter Weise zu befriedigen wusste. Erstaunlich rasch war er ein Superstar der Medien und in der katholischen Kirche für viele zunächst eine Art lebendiger Kultfigur geworden.

Doch darf man sich durch wohlorganisierte Massenveranstaltungen und von Spezialisten inszenierte sakrale Medienspektakel nicht täuschen lassen. Im Vergleich zu den sieben fetten Jahren der katholischen Kirche, deckungsgleich mit dem Pontifikat Johannes' XXIII. und dem Zweiten Vatikanum (1958–1965), nahmen sich die viermal sieben Jahre des Wojtyla-Pontifikats in der Substanz eher mager aus: trotz einer Unzahl von Reden und kostspieligen »Pilgerreisen« (mit Millionenschulden für manche Ortskirchen) gab es wenig ernstzunehmende Fortschritte in katholischer Kirche und Ökumene.

Obwohl Nicht-Italiener, aber aus einem Land, wo sich aufgrund des Drucks der ausländischen Großmächte (Habsburg, Preußen und Russland) weder die Reformation noch die Aufklärung durchsetzen konnte, war Johannes Paul II. ganz nach dem Geschmack der Kurie. Als Kardinal fiel er in der heiklen päpstlichen Geburtenregelungskommission durch ständige Abwesenheit auf, intrigierte aber mit Briefen im Hintergrund. Als Papst schenkte er mit seiner charismatischen Ausstrahlung und dem aus seiner Jugend bewahrten Schauspieltalent dem Vatikan das, was bald auch das Weiße Haus mit Ronald Reagan besaß: den mediengerechten »großen Kommunikator«, der mit Charme, Sportlichkeit und symbolischen Gesten auch die konservativste Doktrin oder Praxis als annehmbar hinzustellen verstand.

Den mit diesem Papst verbundenen Klimawechsel bekamen zuerst die (jetzt meist vergeblich) Laisierung beantragenden Priester, dann die Theologen, bald aber auch die Bischöfe und schließlich die Frauen zu spüren. Immer deutlicher wurde nun auch für die Bewunderer, was von Anfang an, allen verbalen Beteuerungen zum Trotz, die realen Intentionen dieses Papstes waren: Die konziliare Bewegung sollte gebremst, die innerkirchliche Reform gestoppt, die ehrliche Verständigung mit Ostkirchen, Protestanten und Anglikanern durch die alte Rückkehrstrategie ersetzt werden und der Dialog mit der modernen Welt wieder mehr durch einseitiges Belehren und Dekretieren. Auf seiner »Pilgerreise« nach Santiago de Compostela 1982 kündigte er eine Art Reconquista Europas für das Christentum an. Doch seine »Reevangelisierung« meinte genauer besehen »Re-katholisierung«, ja »Re-romanisierung«, und sein wortreicher, aber folgenloser »Ökumenismus« zielte unterschwellig auf eine »Rückkehr« in die katholische Kirche.

Mit Recht sprachen viele von einem *Verrat am Konzil*, der zahllose Katholiken in aller Welt der Kirche entfremdete: Statt der konziliaren Programmworte wieder die Parolen eines erneut konservativ-autoritären Lehramtes:

– statt des »Aggiornamento« im Geist des Evangeliums wieder die traditionelle integrale »katholische Lehre« (rigorose Moralenzykliken, traditionalistischer »Weltkatechismus«);

– statt der »Kollegialität« des Papstes mit den Bischöfen wieder ein straffer römischer Zentralismus, der sich bei Bischofsernennungen und bei der Besetzung theologischer

Lehrstühle über die Interessen der Ortskirchen hinweg-setzt;

– statt der »Apertura« zur modernen Welt wieder zuneh-mend ein Anklagen, Beklagen und Verteufeln einer angeb-lichen »Anpassung« und eine Förderung traditioneller Fröm-migkeitsformen (Marianismus);

– statt des »Dialogs« wieder verstärkt Inquisition und Ver-weigerung der Gewissens- und Lehrfreiheit in der Kirche.

– statt des »Ökumenismus« wieder das Akzentuieren alles eng Römisch-Katholischen: keine Rede mehr wie im Kon-zil von der Unterscheidung zwischen Kirche Christi und römisch-katholischer Kirche, zwischen der Substanz der Glaubenslehre und ihrer sprachlich-geschichtlichen Einklei-dung, von einer »Rangordnung der Wahrheiten«, die nicht alle gleich wichtig sind.

Auch die bescheidensten innerkatholischen wie ökume-nischen Desiderate etwa der deutschen, österreichischen und schweizerischen Synoden – mit viel Idealismus und hohem Zeit-, Papier- und Finanzaufwand hatten sie nach dem Konzil jahrelang gearbeitet! – wurden von einer selbst-herrlichen Kurie ohne jegliche Begründung negativ oder überhaupt nicht beschieden; man nahm es, zunehmend re-signiert, selbst in den deutschsprachigen Ländern hin. Erst recht blieben die mit 1,5 Millionen Unterschriften in Rom vorgebrachten Reformpostulate der KirchenVolksBewe-gung ohne die geringste Antwort. Im Vatikan gilt das Volk offenbar nichts, ein Pfarrer auch nicht viel mehr, selbst ein Bischof nur wenig, nur ein Kardinal, solange er beim Papst »persona grata« ist.

Was seine eigene polnische Heimat angeht, so geriet Papst Wojtyla nach dem Zusammenbruch des kommunistischen Systems in eine geradezu tragische Situation: Er, der das an-geblich intakte antimoderne polnisch-katholische Kirchen-modell der angeblich dekadenten westlichen Welt nahebringen wollte, musste ohnmächtig zusehen, wie der Prozess in die umgekehrte Richtung verlief. Das Paradigma der Moderne ergriff von Polen genauso Besitz wie vom katholischen Spanien oder Irland. Statt einer erfolgreichen (auf Reisen und in zahllosen Verlautbarungen propagierten) Rekatholisierungskampagne erfolgte auch in Polen ein faktischer Entkatholisierungsprozess. Allenthalben breitete sich – Papst hin oder her – westliche Säkularisierung, Individualisierung und Pluralisierung aus. Was freilich nicht nur negativ zu bewerten, nicht nur kulturkritisch zu bejammern ist.

7. »Santo subito«? Maciel, Wunder, Heiligeninflation

Wir blicken zurück auf den Anfang dieses Pontifikats: Vor dreißig Jahren, 1980, besuchte JOHANNES PAUL II. Deutschland. Bei einer Großveranstaltung in München am 26. November richtete Barbara Engl als Vertreterin des Bundes der deutschen katholischen Jugend, gegen das Protokoll, das keine Frage an den Papst gestattete, einige Fragen an den Papst: »Heiliger Vater, Sie haben in Ihrer Predigt schon viel von den Dingen gesprochen, die uns bewegen. Für Jugendliche ist aber die Kirche in der Bundesrepublik Deutschland oft schwer zu verstehen. Sie haben den Eindruck, dass sie ängstlich an den bestehenden Verhältnissen festhält, dass sie wieder mehr die Unterschiede zwischen den beiden großen Konfessionen betont, statt die Gemeinsamkeit herauszustellen, dass sie zu den Fragen der Jugendlichen zu Freundschaft, Sexualität und Partnerschaft zu sehr mit Verboten reagiert, dass ihr Suchen nach Verständnis und Gesprächsbereitschaft zu wenig Antwort findet. Viele können nicht verstehen, warum die Kirche trotz des Priestermangels so unumstößlich am Zölibat festhält. Eine Menge Jugendseelsorger fehlen uns heute, viele fragen, ob nicht eine stärkere Beteiligung der Frauen am kirchlichen Amt möglich ist« (dpa-Meldung vom 21. November 1980).

Diese junge Frau, die anschließend innerkirchlich sehr zu leiden hatte wegen ihrer mutigen Aktion, brachte zum Ausdruck, was die katholische deutsche Jugend denkt: »Diese Probleme haben wir in der Hauptversammlung des Bundes der deutschen katholischen Jugend erörtert. Erst kürzlich ging es da um Freundschaft, Sex und Partnerschaft.« Doch meinte sie weiter: »Mit einem Teil der Geistlichkeit ist es sehr schwierig, solche Dinge überhaupt zu besprechen. Aber es gibt Jugendseelsorger, die da ganz auf unserer Linie liegen.«

Und der Papst? Er schwieg verlegen. Auf solche Grundfragen katholischer Religiosität, wie sie vor allem die junge Generation umtreiben, hatte er damals wie später keine Antwort. Doch noch mehr sorgte in Zukunft die offizielle Regie dafür, dass der Papst nirgendwo mehr mit unbequemen Fragen konfrontiert wurde. Aber alle Auftritte, Reisen und Lehrdokumente vermochten nicht, die Großzahl der Katholiken in den kontroversen Fragen im Sinn der römischen Doktrin umzustimmen.

Als nun JOSEPH RATZINGER am 6. April 2005 auf dem Petersplatz für den verstorbenen Papst aus Polen den Totengottesdienst zelebrierte, entrollten Anhänger des Papstes aus den »Movimenti« wohlvorbereitete riesige »Transparente« mit einer Parole, die von Sprechchören begleitet wurden: »Santo subito!« – »Sofort heilig!«. Als neugewählter Papst unterstützte Joseph Ratzinger die organisierte Heiligsprechungskampagne, indem er den Massen auf dem Petersplatz erklärte, was er als Theologieprofessor sicher nie zu sagen gewagt hätte: er sehe Johannes Paul II. aus dem Himmelsfenster auf sie herunterschauen. Schon zwei Monate später leitete Papst Benedikt – entgegen der kirchenrechtlich vorgeschriebenen Frist von fünf Jahren – das Verfahren für die

Seligsprechung ein. Und schon im Dezember 2005 bescheinigte er seinem Vorgänger den für die Seligsprechung notwendigen »heroischen Tugendgrad«. Nach dem Plan wäre er am 16. Oktober 2010, dem 32. Jahrestag seiner Wahl zum Papst, selig gesprochen worden.

Aber fünf Jahre nach seinem Tod waren im Vatikan dann doch *Zweifel* aufgetaucht, die im Zusammenhang mit der Missbrauchskrise stehen: Erstens erinnern sich noch allzu viele daran, dass der pädophile Wiener Kardinal HANS HERMANN GROER, Nachfolger des großen Kardinals König, von Papst Wojtyla lange Zeit gedeckt wurde, obwohl sogar die Österreichische Bischofskonferenz Groërs Schuld als erwiesen angesehen hatte (vgl. Kap. I,5). Der Papst hielt auch allzu lange seine Hand über einen anderen österreichischen Freund, den Bischof von St. Pölten, KURT KRENN, der erst zurücktrat, als er aufgrund von Berichten über homosexuelle Handlungen von Seminaristen und Vorgesetzten im Priesterseminar unter allzu großen öffentlichen Druck geraten war. Auch ernannte der Papst zum Ärger vieler amerikanischer Katholiken den Kardinal BERNARD LAW, der wegen der Missbrauchsskandale in seiner Erzdiözese Boston/Massachusetts zurücktreten musste, zum leitenden Erzpriester der Basilika Santa Maria Maggiore, einer der vier römischen Hauptkirchen. Vasallentreue schien bei diesem Papst alles Versagen und Vergehen zu entschuldigen.

In erschreckender Weise wird dies deutlich bei den Skandalen um den Gründer und jahrzehntelangen Leiter der Legionäre Christi (LC, gegründet 1941), den Mexikaner P. MARCIAL MACIEL DEGOLLADO, ein besonderer Schützling von Johannes Paul II. Der strenggläubige Katholik und Verteidiger des Zölibats führte ein gut getarntes Doppelleben. Mit den beiden wohlhabenden Frauen Blanca Gutierrez Lara und Norma Hilda Banos hatte er intime Beziehungen, aus denen drei Kinder hervorgingen. Aber mit ihrer und anderer Hilfe konnte der polnische Papst bei seinen Mexiko-Reisen rechnen. So erklärt sich, warum Karol Wojtyla die erste Auslandsreise Anfang 1979 nach Mexiko unternahm und noch vier weitere Mexiko-Reisen folgten, immer von Maciel begleitet und in diesem offiziell streng laizistischen Land geschickt als Jubelreisen organisiert.

Doch es sind nun bereits 30 Jahre her, dass die ersten Anschuldigungen gegen Maciel nach Rom drangen:

– 1976 gingen die ersten Klagen an Papst Paul VI.

– 1978 wurde Karol Wojtyla zum Papst gewählt, der schon bald die von seinem Vorgänger ermöglichte erleichterte Dispens vom Zölibat wieder aufhob.

– 1989 schickten die amerikanischen Bischöfe Kirchenrechtler nach Rom, um die Erlaubnis zu bekommen, pädophile Priester ohne eigenes Verfahren in Rom laisieren zu können, was Johannes Paul II. ablehnte.

– 1990 verschwieg der Johannes Paul II. nahestehende Papst-Biograph George Weigel vom konservativen Institute on Religion and Public Life in Washington im ersten Band seiner Biographie völlig die bereits ruchbar gewordenen Sex-Skandale. Als dann in den 1990er-Jahren ohnehin alle Welt davon sprach, hat sich schließlich auch Weigel kritisch zu den Missbrauchsskandalen geäußert, sie aber auf das »Mysterium iniquitatis«, das »Geheimnis des Bösen« zurückgeführt.

– 2002 wurde Johannes Paul II. durch den immer größeres Ausmaß annehmenden Missbrauchsskandal in der Erzdiözese Boston gezwungen, sich persönlich mit dem sexuellen Missbrauch zu beschäftigen. Aber seine Zusammenkunft mit amerikanischen Kardinälen im April 2002 führte zu keiner klaren Feststellung der Verantwortlichkeiten von Papst und Bischöfen.

– Am 7. Januar 2011 schrieb Jason Berry, der in der Zwischenzeit mehrere Artikel über die Entwicklung der Skandale verfasst hatte, im National Catholic Reporter einen großen Aufsatz gegen George Weigel über »Whitewashing John Paul's culpability – Wie die Schuld Johannes Pauls II. weißgewaschen wird«. Michael Walsh, der Verfasser des Oxford Dictionary of Popes, schloss seinen kritischen Artikel zur geplanten Seligsprechung in The Tablet vom 22. Januar 2011 mit der Anmerkung: »Die Päpste haben die Tradition der alten römischen Kaiser übernommen, die ihre Vorgänger zu vergöttlichen pflegten.«

In seinem Interview-Buch von 2010 »Licht der Welt« räumt der damalige Chef der Glaubensbehörde, jetzt Papst Benedikt XVI., ein, dass die zuständigen vatikanischen Kongregationen »sehr langsam und spät« auf den Missbrauchsskandal reagiert hätten. Kein Wunder, zumal Fotos zeigen, wie der schon greise Johannes Paul II. Maciel öffentlich auf der Stirn segnet. Und bereits todkrank begrüßte der Papst noch am 15. März 2005 vom Fenster aus ausdrücklich die Legionäre Christi auf dem Petersplatz (im Vatikan wegen ihrer Finanzkraft als »Millionäre Christi« apostrophiert). Erst in den letzten Tagen des Papstes leitete Kardinal Ratzinger eine neue Untersuchung gegen Maciel ein, und schon am 26. Mai 2005, fünf Wochen nach seiner Wahl, ordnete er als Papst den Rückzug Maciels aus der Öffentlichkeit an und entließ ihn aus der Leitung des Ordens. Aber ein Jahr später verzichtete die Glaubenskongregation ausdrücklich auf ein kirchenrechtliches Verfahren gegen den Schurken – aus gesundheitlichen Gründen. Maciel starb zwei Jahre später. Aber eine aus fünf Bischöfen bestehende »apostolische Visitation« des Ordens (mit seinen etwa 800 Priestern und 2 500 Seminaristen in 22 Ländern) bestätigte die Vorwürfe eines »objektiv unmoralischen Verhaltens«. Doch soll die Ordensgemeinschaft der Legionäre Christi nicht aufgelöst, sondern lediglich »reformiert« werden.

Das höchst zögerliche Vorgehen gegen den sexuellen Missbrauch und besonders das Versagen im Fall Maciel gilt unter Kennern als der eigentliche Grund, warum im Vatikan am »Santo subito« Zweifel aufkamen. Unter Johannes Paul II. »stiegen die rustikal kämpferischen Legionäre Christi neben dem elitären Opus Dei zu einer der mächtigsten Seilschaften im Kurienapparat auf. Beide sind reich und halfen dem Pontifex gerne. Johannes Paul II. wurde nie müde, sie und ihresgleichen als ›Frühling‹ und ›Hoffnung der Kirche‹ zu rühmen – obwohl er um den konkreten sexuellen Kindesmissbrauch durch Maciel wusste. Wojtyla verschwieg und verhinderte« (Hanspeter Oschwald, Der Freund und Kinderschänder, in: Publik-Forum, Nr. 19/2010).

Dennoch soll Karol Wojtyla am 1. Mai 2011 selig gesprochen werden, obwohl das für die Seligsprechung notwendige beglaubigte Heilungswunder, das auf die Fürsprache des polnischen Papstes erfolgt sein soll, höchst umstritten ist. Mediziner bezweifeln nämlich, dass eine französische Ordensfrau, die kurz nach dem Tod Johannes Pauls II. auf unerklärliche Weise von ihrer Parkinson-Krankheit geheilt worden sein soll, jemals an dieser Krankheit gelitten hat.

In merkwürdigem Kontrast zu diesem Wundermangel für seinen eigenen Seligsprechungsprozess stehen die massenhaften Seligsprechungsprozesse, die der offensichtlich sehr wundergläubige Papst selbst durchgeführt hat: nicht weniger als 1 338 Seligsprechungen und 482 Heiligsprechungen, mehr als doppelt so viele wie all seine Vorgänger in den vergangenen vier Jahrhunderten zusammen. Johannes Paul II. vernachlässigte gerne das Aktenstudium, liebte aber über die Maßen öffentliche Auftritte. Er war überzeugt, mit diesen Zeremonien die Volksfrömmigkeit zu stärken, auch wenn es sehr oft um Heilige einzelner Orden oder religiöser Gemeinschaften ging. Und sicher wusste er auch um das einträgliche Geschäft, das Selig- und Heiligsprechungsprozesse für den Vatikan darstellen, auch wenn darüber öffentlich wenig verlautete: Einträglich nicht nur wegen vieler zusätzlicher

Pilgerscharen, sondern auch wegen der hohen Verfahrens-kosten, so dass eine bestimmte religiöse Gemeinschaft, wie mir einer ihrer Oberen berichtete, auf eine Seligsprechung verzichtete, um die dafür fälligen vielen hunderttausend Euro für andere Aufgaben verwenden zu können.

Papst Benedikt XVI. aber trat sofort sämtliche Seligspre-chungsprozesse ab an den Präfekten der Kongregation für die Selig- und Heiligsprechungen. Er behielt sich die Heilig-sprechungen vor, verzichtete aber auf jede Reform dieses höchst problematischen Verfahrens. Denn es ist wohlbe-kannt, dass sich bei diesem aus dem Mittelalter stammen-den Brauch – der machtbewusste Innozenz III. hatte im Jahr 1200 alle Heiligsprechungen dem Papst reserviert – schwer-wiegende Missbräuche eingeschlichen haben. Ob sich gera-de so die kranke Kirche beleben lässt? Immer mehr wurden diese Veranstaltungen zur päpstlichen Selbstdarstellung und für ordenspolitische Ziele und kirchenpolitische Zwecke ge-braucht. Umstritten waren die Heiligsprechungen des Un-fehlbarkeitspapstes Pius IX. und des Antimodernistenpapstes Pius X., skandalös erschien manchen die Heiligsprechung des wegen Manipulationen an seinen angeblichen »Wund-malen Christi« ins Zwielicht geratenen Padre Pio und des in seiner Heiligkeit umstrittenen Gründers des Opus Dei, Josemaría Escrivá. – Aber was immer da geschah, aus dem Episkopat kam nie eine warnende oder mahnende Stimme.

8. Warum Bischöfe schweigen

Glücklicherweise ging trotz der Restaurationspolitik Johan-nes Pauls II. die konziliare und ökumenische Bewegung, wiewohl von oben ständig behindert und verhindert, an der Basis, in vielen Gemeinden in aller Welt weiter. Wachsende Entfremdung der »Kirche von unten« und der »Kirche von oben«, die bis zur Gleichgültigkeit geht, ist freilich die Folge. Mehr denn je hängt es heute am einzelnen Pfarrer und an einzelnen führenden Laien, Männern und Frauen, inwieweit eine Gemeinde pastoral lebendig, liturgisch aktiv, ökumenisch sensibel und gesellschaftlich engagiert ist.

Zwischen Rom und den Gemeinden aber stehen die *Bischöfe*, und ihnen kommt in dieser Krise eine große Bedeutung zu. Die Bischöfe – in vielen Ländern aller Kontinente erheblich aufgeschlossener für die Nöte und Hoffnungen der Menschen als viele Kuriale im Hauptquartier – standen seit dem Konzil unter einem doppelten Druck: dem der Erwartungen der Basis und dem der öffentlichen oder geheimen Weisungen Roms.

Oft aber fragen sich die Menschen: Warum schweigen die Bischöfe gerade in den umstrittenen Reformfragen? Warum geben sie, wenn überhaupt, immer nur die Stimme der römischen Zentrale und nicht die der Mehrheit ihrer Gläubigen wieder? Warum wagt kein einziger, dem Papst öffentlich wie Paulus dem Petrus zu widersprechen? Warum vertreten einige von ihnen oft gerade die entgegengesetzte Meinung zu dem, was sie vor ihrer Bischofszeit vertreten haben? Um dies alles zu verstehen, muss man die Interna der römischen Personalpolitik kennen.

Ein Bischof fällt auch in Rom nicht vom Himmel, sondern wird auf dem Weg über die römischen Büros kreiert. Jedes Domkapitel und verschiedene römisch gesinnte Persönlichkeiten müssen in regelmäßigen Abständen Listen mit möglichen Bischofskandidaten nach Rom, beziehungsweise an die päpstlichen Nuntiaturen senden. Vertritt nun einer dieser Kandidaten in den umstrittenen Fragen eine Position, die der römischen widerspricht, wird er sofort als ungeeignet von der Liste gestrichen. Oder er wird, falls die Wahl ansteht, gezwungen, sich schriftlich und öffentlich von dieser nichtkonformen Position zu distanzieren. So ist bei drei Kardinälen offensichtlich, dass sie recht unvermittelt und geraume Zeit vor ihrer Ernennung ihre Haltung geändert haben, was für mich ein sicheres Zeichen war, dass sie »Ad maiora – zu Höherem« in Aussicht genommen waren: Der eine gab eine öffentliche Erklärung ab, er habe sich nie von der Pillenenzyklika »Humanae Vitae« distanziert. Der andere erklärte sich plötzlich bereit, feierlich das Predigen von Laientheologen zu verbieten, obwohl in seiner Diözese großer Priestermangel herrschte. Der dritte lobte plötzlich den reaktionären Geheimbund »Opus Dei«, den er zuvor verabscheut hatte.

Das alles heißt: Einem kommenden Bischof wird schon längst vor der Weihe das Rückgrat verbogen und ihm der unbedingte Gehorsam gegenüber Rom eingeimpft. Zugleich wird er vor seiner Ernennung von der betreffenden Nuntiatur mit Hilfe eines Fragebogens auf seine römische Rechtgläubigkeit überprüft. Aus diesem mir bekannten Fragebogen wird deutlich, dass der Kandidat in jedem Fall zur Enzyklika »Humanae Vitae« positiv stehen, das Zölibatsgesetz bejahen und die Frauenordination ablehnen muss. Wenn er auf eine dieser Fragen nicht »romtreu« antwortet, kommt er für das Bischofsamt nicht in Frage.

Bei der feierlichen Bischofsweihe muss jeder Bischof ein öffentliches Gehorsamsversprechen auf den Papst ablegen, das ohne jegliche Einschränkung formuliert ist: »Bist du bereit, dem Nachfolger des Apostels Petrus treuen Gehorsam zu erweisen?« – »Ich bin bereit.« Was dieses Treueversprechen meint, wird völlig klar aus dem Treueeid, den jeder Bischof vor der Amtsübernahme in seinem Bistum ablegen muss: »Ich verspreche, dass ich der katholischen Kirche und dem Papst als oberstem Hirten, Stellvertreter Christi, Nachfolger des heiligen Apostels Petrus im Primat und Haupt des Bischofskollegiums, immer treu sein werde. Ich werde der freien Ausübung der primatialen Gewalt des Papstes in der Gesamtkirche Gehorsam leisten und seine Rechte und Autorität sorgsam stützen und verteidigen.« Kein Wunder, dass ein derart uneingeschränkter Treueeid manchmal verglichen wird mit dem damaligen Treueeid deutscher Soldaten auf den »Führer«, dem »unbedingter Gehorsam zu leisten« war. Damit soll natürlich nicht der Papst mit dem »Führer« verglichen werden, sondern der vorbehaltlose Charakter dieses Eids und dessen psychologische Wirkung.

So hat denn auch ein katholischer Bischof größte Hemmungen, seinen Eid durch eine gegensätzliche Meinung zu verletzen. Da möchte man gern das Wort gegen das Schwören aus der Bergpredigt zitieren: »Ich aber sage euch, überhaupt nicht zu schwören … Es sei dein Wort: Ja, ja, Nein, nein« (Mt 5,34.37). Jesus zufolge macht die Forderung absoluter Wahrhaftigkeit jeden Eid überflüssig. Darüber hinaus geben Ethiker zu bedenken, dass auch der feierlichste Eid nie zu einem Verstoß gegen ein sittliches Gebot verpflichten kann. Wenn er die Billigung eines Unrechts beinhaltet, ist er zu verweigern. Kein Mensch sollte jedenfalls zu einem uneingeschränkten Eid auf einen Menschen, und sei er in einer noch so hohen staatlichen oder kirchlichen Stellung, genötigt werden. Nach den historischen Erfahrungen jedenfalls legen Soldaten in der deutschen Bundeswehr statt eines Eids auf eine Person einen Diensteid (Berufs- oder Zeitsoldaten) oder ein Gelöbnis (Rekruten) ab, »der Bundesrepublik Deutschland treu zu dienen und das Recht und die Freiheit des deutschen Volkes tapfer zu verteidigen«.

9. Gleichschaltung des Episkopats

Im Blick auf längerfristige Veränderungen ist für den Vatikan wie für jedes andere politische System die *Personalpolitik* seit jeher von entscheidender Bedeutung. Und für die gegenwärtige römische Wende rückwärts war das (im Lauf der

Geschichte immer mehr von der Kurie angemaßte) Privileg der Bischofsernennungen zweifellos das Hauptinstrument. Dazu kommen die dem Papst allein zustehende Ernennung der Kardinäle, die ja, sofern unter der Altersgrenze, den nächsten Papst wählen, sowie die Förderung systemkonformer Theologen für Lehrstühle und Kommissionen.

Das »System Wojtyla« bestand darin, unbekümmert um die Wünsche des Klerus und ohne Konsultation oder Beteiligung der betroffenen Gläubigen, romhörige und oft auch dem Papst persönlich ergebene (besonders »marianisch« gesinnte) Priester zu Bischöfen zu machen; hervorragende Ernennungen waren eher die Ausnahme. In zahllosen Diözesen wurden hochqualifizierte Priester – oft auch unter Paul VI. ernannte gute Weihbischöfe – als zu wenig systemkonform übergangen. Wer durch eine abweichende Meinung auffiel, hatte von vornherein keine Chance. Schon vor der Weihe auf die römische Linie eingeschworen, was sie in der Weihe durch ihr feierliches Gehorsamsversprechen gegenüber dem Papst bestätigen, fühlen sich die Bischöfe in erster Linie nicht den Gläubigen, sondern dem Papst verantwortlich, sie müssen ja auch zur Rechenschaftslegung in regelmäßigen Abständen »ad limina Apostolorum« nach Rom reisen. Der Vatikan war so über die Zustände und Missstände in den verschiedenen Ländern bestens unterrichtet, hat sich aber für sein Versagen nie entschuldigt.

Aufgrund von systemkonformen Bischofsernennungen und weitgehender Entmündigung der Ortskirchen präsentieren sich Episkopat und Kardinalskollegium seit Johannes Paul II. in einer bisher kaum dagewesenen *Uniformität*, die in kontroversen Fragen abweichende Stimmen kaum zulässt, geschweige denn ernst nimmt. Forderungen von nationalen und diözesanen Synoden und von KirchenVolksBegehren mit Millionen Unterschriften sowie zahllosen Sympathisanten nach Aufhebung des Pflichtzölibats, Aufwertung der Frauen,

Gewährung von Abendmahlsgemeinschaft und Praktizierung einer »geschwisterlichen Kirche« werden bis heute einfach ignoriert. Entsprechend hat umgekehrt der Einfluss des Episkopats auf die öffentliche Meinung abgenommen.

Die Kirchen besonders Irlands, Polens, Österreichs, Deutschlands und der USA werden seit einigen Jahren von Sexual- und Politskandalen auf Priester- und Bischofsebene erschüttert, die der Vatikan und die Hierarchie zunächst unter den Teppich zu kehren versuchten, die sie aber unter dem Druck der Öffentlichkeit schließlich eingestehen mussten – nur ein Beispiel, welche Probleme das gegenwärtige System römischer Kirchenregierung und Bischofsernennungen mit sich bringt. Ob Geheimdienstaffären, sexueller Missbrauch, Kinderpornographie, Korruption: Verschweigen und Vertuschen der Skandale, Wegsehen oder, wenn es nicht anders geht, halbherzige Zugeständnisse und schließlich Gegenmaßnahmen gehören zu diesem System.

10. Wie man »modo Romano« Karriere machen kann

Dies zeigte in eindrücklicher Weise der Schweizer Theologe KURT KOCH, der fünfte unter den demokratisch durch das Domkapitel gewählten Bischöfen meiner Heimatdiözese Basel, den ich erlebte und der es im Juli 2010 als Nachfolger von Kardinal Walter Kasper zum Chef des vatikanischen Sekretariats für die Einheit der Christen und im November 2010 zum Kardinal brachte. Als junger Theologe hatte er in forschen Publikationen manche Reformforderungen aufgegriffen, so dass sich die römische Genehmigung für die Erteilung seiner kirchlichen Lehrbefugnis an der Theologischen Fakultät Luzern mehr als üblich verzögerte. Bischof Otto Wüst hat ihm schließlich diese »Missio canonica« im Alleingang ohne römische Genehmigung erteilt. Und dafür natürlich römischen Tadel erhalten. Anlässlich der Verleihung des Kulturpreises der Innerschweiz 1991 hielt Koch eine beeindruckende Laudatio auf mich, die in der Forderung kulminierte: »… die katholische Rehabilitation des Christenmenschen Hans Küng und seines theologischen Werkes noch zu seinen Lebzeiten … Denn wer Hans Küng wirklich kennt und seine Werke auch studiert hat, der kann bei aller Streitbarkeit, die seine Zunge und seine Feder gewiss nicht vermeiden, an seiner katholischen Grundüberzeugung nicht zweifeln, die er mit bestem Recht auf der Basis des Evangeliums in der römisch-katholischen Kirche zu leben versucht.«

Insofern konnte man sich freuen, dass dieser Mann vier Jahre später vom Domkapitel der Diözese Basel 1995 zum Bischof gewählt wurde. Die Wahl wurde leider nicht – eine unkluge Konzession von Schweizer Seite an die römische Kurie – in der bisher üblichen demokratischen Transparenz sofort verkündet. Ein halbes Jahr verstrich zwischen Wahl und römischer Bestätigung. Das Opus Dei hatte Einspruch erhoben, und dieses halbe Jahr reichte aus, um aus dem fortschrittlichen Theologen Kurt Koch (durch welche Methoden auch immer) einen römisch linientreuen Bischof zu machen. Seine Bischofsweihe im Petersdom durch Johannes Paul II. selber – zum Ärger des katholischen Volkes und Klerus nicht in der Heimatkathedrale in Solothurn durch die Mitbischöfe – war ein Fanal. Von da an war er ein Bischof, der konsequent römische Positionen vertrat, ja sogar gegen seine bisherigen öffentlichen Äußerungen das Opus Dei lobte und schon bald meinte, einen hochverehrten Exegeten wie Professor Herbert Haag und auch mich öffentlich als unglaubwürdig abkanzeln zu dürfen.

Besonders peinlich war es, wie Koch sich schon früh an Kardinal Ratzinger anpasste, und wie er 2009 sogar die Aussöhnung Benedikts XVI. mit den traditionalistischen

Bischöfen der Pius-Bruderschaft verteidigte, darunter Holocaust-Leugner Williamson. Auf derselben Linie lag auch Kochs Verteidigung der revidierten Karfreitagsfürbitte, in der Benedikt wieder für die Bekehrung der Juden zu Christus beten lässt. Kochs spitzfindiger theologischer Rechtfertigungsversuch gegenüber dem verständlicherweise skandalisierten Schweizerischen Israelitischen Gemeindebund konnte diesen natürlich nicht überzeugen. Dasselbe gilt von einem langen vertrackten Schreiben an den Präsidenten des Schweizerischen Evangelischen Kirchenbundes, Dr. Thomas Wipf, in dem Koch in Verteidigung des römischen Exklusivismus den Protestanten die Schuld an der Abkühlung des ökumenischen Klimas zuschob.

Delikat ist auch die Wende Kurt Kochs in seinem Verhältnis zur Homosexualität. Noch ein halbes Jahr vor seiner Priesterweihe (1982) veröffentlichte er die kleine Schrift »Lebensspiel der Freundschaft. Meditativer Brief an meinen Freund«. Es handelt sich um eine Hymne auf die körperliche Zärtlichkeit zu seinem Freund, den er in bizarrer Sprache als »die zweite, die soziale Gebärmutter meines Lebens« bezeichnet. Auffallenderweise erscheint diese Schrift in der offiziellen Bibliographie Bischof Kochs nicht mehr.

Aber MICHAEL MEIER, der Experte für kirchliche und religiöse Themen beim Zürcher »Tages-Anzeiger«, hat in seinem sorgfältig recherchierten Artikel »Der Nächstenlieber« (Das Magazin Nr. 43/2010) dieses Buch in den Kontext der Lebensbeziehungen Kochs gestellt. In der Tat hatte Koch sich als junger Professor immer wieder überzeugend gegen die Diskriminierung von Homosexuellen in der Kirche eingesetzt. Doch änderte sich dies sofort mit Kochs Bischofsweihe. Von da an verbannte er bekennende homosexuelle Priester und Laientheologen aus dem kirchlichen Amt und ließ auch gute Freunde fallen, sobald deren Homosexualität nicht mehr vertuscht werden konnte.

Trotz all dieser auffälligen Wendungen erhebt Koch entschieden Einspruch gegen die Behauptung, er sei ein »kirchlicher Wendehals«. Am liebsten hätte er freilich seine Diözese wie ein deutscher Bischof regiert, dem alle Kirchensteuergelder und damit viel Macht zufließen, und nicht nach dem Schweizer System, in dem die einzelnen Kirchengemeinden und kantonalen Synoden finanziell das Sagen haben. In kräftigem römischem Amtsdünkel polemisierte er gegen das eidgenössische bipolare System, in welchem die Pfarreien und ihre Seelsorger volle Freiheit genießen, aber ihre finanzielle Verwaltung von einem gewählten Gremium aus Laien vorgenommen wird. Kochs Pastoraler Entwicklungsplan für die Diözese konnte den katastrophalen Seelsorgenotstand in den zunehmend pfarrerlosen Pfarreien nicht beheben, sondern nur mit Fusionen von Pfarreien verschleiern.

Bischof Koch desavouierte sich schließlich völlig durch die versuchte Absetzung des aufmüpfigen Pfarrers von Röschenz (Kanton Basel-Land), bei der er gegen die Gesetze des Staates auf die eigene kirchliche Gerichtsbarkeit rekurrieren wollte. Natürlich vergebens. Denn das Kantonsgericht Basel-Land entschied im September 2007, dass der Bischof beim Entzug der Missio Canonica rechtliches Gehör des Pfarrers verletzt habe. Deshalb müsse die Kirchgemeinde ihrem Pfarrer auch nicht – wie Koch es verlangte – kündigen. Ein harter Schlag für den Bischof, der sich daraufhin – als Präsident der Schweizer Bischofskonferenz! – dazu verstieg, das bewährte staatskirchenrechtliche System der Schweiz in Frage zu stellen und sogar laut über eine generelle Trennung von Staat und Kirche nachdachte. Doch bald darauf versöhnte sich Koch urplötzlich zum Erstaunen der ganzen Schweiz mit dem Pfarrer. In dessen Gemeinde war man schon damals überzeugt, dass Rom Koch einen römischen Posten angeboten hatte – vorausgesetzt, er würde den jahrelangen Konflikt bereinigen.

Schon nach zehn Jahren im Bischofsamt (2006) war selbst Kochs eigene Bilanz wie die der gesamten Presse mehrheitlich negativ gewesen: »Eine Kluft zwischen Bischof und Volk«. Drei Monate lang war er später aus gesundheitlichen Gründen im Ausstand. Viele Pfarrer und Laien waren deshalb froh, dass er schließlich im Juli 2010 (überraschenderweise bereits von Rom aus!) seinen Rücktritt als Bischof von Basel ankündigte und einen Posten in der römischen Kurie übernahm.

Voraussetzung dafür war natürlich, dass er sich konstant zum Ärger vieler ganz mit den Auffassungen von Kardinal Ratzinger, später Papst Benedikt, identifiziert hatte. Insofern sind in der Schweiz mit der Wahl dieses neuen Ökumene-kardinals keine großen Hoffnungen verbunden. Ob der in der eigenen Diözese gescheiterte ehemalige Hoffnungsträger in der großen Ökumene den schon längst fälligen Durchbruch erzielen kann, der über alle Höflichkeitsökumene und Hofpublizistik hinaus eine Abschaffung der Exkommunikationen zwischen den Kirchen und Wiederherstellung der eucharistischen Communio herbeiführen wird? Ich wäre jedenfalls der Erste, der jeden ernsthaften Fortschritt der Ökumene von Herzen begrüßen würde.

Ein Gegenbeispiel – freilich mit derselben Symptomatik – bietet der Werdegang des Theologen DAVID BERGER. Als Shootingstar rechtskatholischer Kreise brachte er es zum korrespondierenden Professor der Päpstlichen Akademie des Hl. Thomas von Aquin und zum Chefredakteur und Herausgeber der Zeitschrift »Theologisches«, des offenbar wichtigsten Forums traditionalistischer Katholiken. In seinem erschütternden Buch »Der heilige Schein – Als schwuler Theologe in der katholischen Kirche« (Berlin, 2010) schildert der heute bekennende Homosexuelle, wie er nach seiner papstkritischen Wende von seinen konservativen Glaubensbrüdern wegen seiner Homosexualität erpresst wurde, weshalb er schließlich mit ihnen brach. Seither ist er Ziel aggressivster und diffamierender Anfeindungen aus diesen Kreisen.

11. Eine Fassadenkirche

Zwar kommen zu Papstkundgebungen, auf denen die Probleme der Kirche verschwiegen und kritische Fragen kaum gestattet werden, immer Hunderttausende. Aber es sind, abgesehen von den zahllosen Neugierigen und allgemein Sinnsuchenden, zumeist Jugendliche aus den vor allem im Süden Europas und in Polen beheimateten katholischen »Movimenti«, Bewegungen, die in keiner Weise repräsentativ sind für »die Jugend« unserer Länder. Diese geht in Fragen der Moral zumeist andere Wege und versteht die sprachliche Terminologie kirchlicher Glaubensbekenntnisse und Dogmen kaum noch. Für die Masse der Jugendlichen wie der Erwachsenen steht die katholische Kirche für das Gestern, für Rückständigkeit, autoritäre Strukturen und lebensfremde Moral. So hatten die großen Papstmanifestationen auf das Leben der Gemeinden kaum eine verlebendigende Wirkung; auch manche Katholiken fühlten sich vom medial geschickt inszenierten pomphaften Personenkult, der keine Kosten scheut, eher abgestoßen, und die Teilnahme am Pfarrgottesdienst hat deswegen auch nirgendwo zugenommen.

Ein typisches Bild brachte die katholische Wochenzeitung »The Tablet« vom 16. Oktober 2010 unmittelbar nach dem groß inszenierten Englandbesuch von Papst Benedikt farbig auf der Titelseite: der Papst sitzend im Kreis lachender Priesteramtskandidaten. Aber mit dem zukunftsfrohen Foto auf derselben Seite die Trauerbotschaft: Das letzte Priesterseminar in Nordengland (Ushaw) wird geschlossen. Zuletzt studierten dort noch 26 Kandidaten; auf dem Höhepunkt in den 1950er-Jahren waren es im sogenannten Kleinen und im

Großen Seminar 400. Deshalb ist das Foto im »Tablet« als Puzzle gestaltet, von dem ein großes Teil gerade wegbricht. Am gleichen Tag las ich von der Aufhebung des tausendjährigen Benediktinerklosters Weingarten in Oberschwaben; zur Verdrängung der Trauer feierte Bischof Gebhard Fürst einen Festgottesdienst mit den letzten drei Mönchen. Nur zwei Beispiele für die Schließung ungezählter Priesterseminarien und Klöster in aller Welt.

Was sich in den großen kirchlichen Manifestationen zeigt, ist deshalb über weite Strecken eine *Fassadenkirche*, deren Inneres dringend der Renovation bedarf. Natürlich gibt es noch viele Pfarreien, die lebendig sind, weil da ein guter Seelsorger mit einem guten Laienteam zusammenarbeitet und weil es Katholiken gibt, die aktiv am Gemeindeleben teilnehmen. Und die Seelsorger setzen sich weniger wegen des Papstes ein, der ihnen kaum Inspiration für ein christliches Leben in der heutigen Welt gibt, als vielmehr trotz des Papstes, um dessen Morallehre, hohe Dogmatik und autoritäre Amtsausübung sie sich besser nicht kümmern. Diese Kirche lebt nicht aus Proklamationen »von oben«, sondern aus Impulsen »von unten«.

Selbst die katholische *Kirche Deutschlands*, bestens organisiert und aufgrund der vom Staat automatisch eingezogenen Kirchensteuer die vielleicht reichste Kirche der Welt, ein Sozialkonzern mit Caritasverbänden, Krankenhäusern und anderen Sozialeinrichtungen, ein Bildungsgigant mit Kindergärten, Schulen und theologischen Fakultäten, lokal verwurzelt in Jugend- und Frauenverbänden, Ministranten und gewählten Pfarrgemeinderäten, eine Kirche, die immer noch erhebliche politische Macht durch ihre Lobbyisten in verschiedenen Parlamenten ausübt: selbst sie ist schon seit Jahren »eine Kirche in der Krise« (Matthias Drobinski, Oh Gott, die Kirche. Versuch über das katholische Deutschland, Düsseldorf 2006).

Eine vielschichtige Krise, bei der jede monokausale Erklärung versagt. Gewiss geht es auch um eine allgemeine Modernisierungs- und Säkularisierungskrise, die alle Bereiche des menschlichen Lebens umfasst. Aber vieles ist eben doch kirchlich-hausgemacht: im Zentrum die Krise des zölibatären Priesteramts mit dem drohenden Zusammenbruch einer geordneten Seelsorge, aber auch eine Mitglieder- und Finanzkrise; tiefer betrachtet ist es eine *Autoritäts-, Glaubwürdigkeits- und Kommunikationskrise.* Da sei nichts mehr zu retten, meinen heute manche, deshalb haben Reformbewegungen an Strahlkraft verloren. Eine Großzahl von Katholiken gibt nach all den Frustrationen selbst einer konstruktiven, argumentativ und organisatorisch starken Opposition nur noch geringe Chancen.

Wo immer es sich um von der Hierarchie Abhängige handelt, wird jede Opposition unterdrückt. Beispiel aus dem Jahr 2010: Der verdiente Rundfunkpfarrer MICHAEL BROCH, Geistlicher Direktor der Katholischen Journalistenschule, hatte angesichts der alarmierenden Missgriffe der Kirchenleitung die Aufrechterhaltung des Zölibats, die antiquierte Sexualmoral und die Bunkermentalität in der Bischofshierarchie kritisiert und seinem gerechten Zorn Luft gemacht: »Wenn das so weitergeht, fährt Papst Benedikt die Kirche an die Wand.« Dafür musste er sich umgehend öffentlich entschuldigen. Aber die von Rom gestützte konservative Minderheit der Deutschen Bischofskonferenz setzte dann gegen den zuständigen Diözesan- und Medienbischof (!) Gebhard Fürst sogar die Absetzung seines Diözesanen Michael Broch durch.

Mit der Krise der Kirche und ihrer Gottesdiener geht der *Niedergang der wissenschaftlichen Theologie* Hand in Hand. Selbstverständlich finden sich weiterhin zahlreiche seriös arbeitende Theologen und erfreulicherweise auch immer mehr Theologinnen. Aber jüngere Theologen mit eigenen

Ideen vom Format der Konzilstheologen gibt es nur noch ausnahmsweise. Wie sollen sie sich auch entwickeln in einem Klima des Verdachts, in welchem unabhängiges Denken und geistige Kreativität unwillkommen sind! Kritische Themen werden kaum behandelt und unbequeme Autoren verschwiegen. Dies gilt auch für die Zeitschrift der Europäischen Gesellschaft für Katholische Theologie, wie zum Beispiel ein Blick in die erste Nummer der ET Studies (2010) zeigt. Viele theologische Fakultäten leiden unter intellektueller und personeller Auszehrung. Kein Wunder, dass jetzt auch klarer sehende Bischöfe von einer Verdunstung des Glaubens und einer Erosion der Kirchlichkeit reden.

Wie schon am Anfang des Buches frage ich mich: Wie soll es denn weitergehen mit einer Kirche, die zwar über eine einzigartige Tradition verfügt, aber immer nur ihr traditionelles Äußeres auffrischt und im Inneren einen *Traditionsabbruch* von epochalem Ausmaß zulässt: Immer weniger Priester und Priesteramtskandidaten, Taufen und Trauungen, Gottesdienstbesucher und Familiengebet. Immer mehr Gemeinden mit leeren Kirchen und Pfarrhäusern, Pfarreien gegen den Willen der Gläubigen mit bürokratischer Gewalt zu anonymen »Seelsorgeeinheiten« fusioniert, Kirchen verkauft und umgewidmet und Sozialeinrichtungen geschlossen. Millionen, nicht nur in Lateinamerika, sind zu lebendigeren Pfingstkirchen und Sekten abgewandert. Was in Jahrhunderten an Seelsorge aufgebaut wurde, wird von dieser Generation Bischöfe in einer Mischung aus Blindheit, Hilflosigkeit und Sprachunfähigkeit aufs Spiel gesetzt. Das gilt selbst für die Kirche Polens (darüber in Kap VI,3). Man ist manchmal an die Päpste und Bischöfe zur Zeit der Reformation erinnert.

Mit diesem Prozess geht ein gewaltiger *Vertrauensverlust* und Imageverlust der kirchlichen Institution einher; die einzelnen katholischen Priester (und evangelischen Pfarrer) als

Personen schneiden erheblich besser ab. Bei Meinungsumfragen rangieren die Kirchen am unteren Ende der Vertrauensskala, oft noch hinter den politischen Parteien. Bedeutende katholische Intellektuelle gibt es heute kaum mehr, auch viele Katholiken, gerade junge, halten ihre Kirche nicht mehr für veränderungsfähig. Vielerorts fragen sich engagierte Katholiken: Wie kann sich die Kirche aus dieser Krise befreien? Woher neue Kraft und neue Zuversicht finden? Die grundsätzliche Antwort lautet: Wir müssen uns entschieden auf die christlichen Ursprünge der Kirche besinnen, wie sie uns im Neuen Testament bezeugt sind.

12. Neutestamentliches Leitbild zur Sanierung der Kirchenleitung

Die frühesten Dokumente des Christentums verdanken wir dem Apostel Paulus. Doch der steht in Rom ganz im Schatten des anderen Hauptapostels, des Petrus. Aber von der persönlichen Kirchenleitung des Petrus ist uns im Neuen Testament kaum Historisches überliefert, von der des Paulus wissen wir aus dessen Briefen bestens Bescheid. Paulus verfügte über eine erstaunliche Autorität: Er sieht sehr wohl, dass seine Gemeinden in vielen Dingen unreif sind und Fehler machen. Und trotzdem benimmt er sich ihnen gegenüber nie so, als ob er sie als vorsichtiger Pädagoge erst zur Freiheit zu erziehen hätte. Er setzt diese Freiheit vielmehr als gegeben voraus, respektiert sie, ringt um sie, damit seine Gemeinden ihm nicht gezwungen, sondern in Freiheit folgen.

Gewiss, wo Christus und sein Evangelium zugunsten eines anderen Evangeliums preisgegeben werden sollen, da muss er Fluch und Ausschluss androhen. Aber was er einem Einzelnen gegenüber auch vollzogen hat, nämlich den vorübergehenden Ausschluss zur Besserung, das hat er einer Gemeinde gegenüber auch bei schwerwiegenden Abweichungen nie getan. Er hält mit seiner apostolischen Vollmacht überall so weit wie möglich zurück: statt Befehl die Anrede, statt Verbot der Appell an eigenes Urteil und Selbstverantwortung, statt Zwang die Werbung, statt des Imperativs der Hortativ (Ermahnung), statt der Ihr-Form die Wir-Form, statt Strafe das Wort der Vergebung, statt Unterdrückung der Freiheit die Herausforderung zur Freiheit.

Und so missbrauchte Paulus seine Macht nie, indem er eine Herrschaft von Menschen über Menschen aufrichtete. Er verzichtete im Gegenteil in Sachen der Kirchendisziplin auf autoritativen Entscheid, wo er ihn durchaus hätte fällen können. Er will auch in moralischen Fragen, wo es nicht um den Herrn und sein Wort geht, seinen Gemeinden die Freiheit lassen und ihnen keine Schlinge um den Hals legen. Auch wo für ihn die Entscheidung ganz selbstverständlich ist, vermeidet er die einseitige Maßnahme und schaltet die Gemeinde ein. Auch noch da, wo er durchaus die Vollmacht zum scharfen Einschreiten empfangen hatte, hält er sich zurück, da bekniet er seine Gemeinde förmlich, diese Vollmacht nicht gebrauchen zu müssen. Auch wo er ein Recht hat, will er es nicht ausnützen.

So stellt sich Paulus seinen Gemeinden nie als Herr, auch nicht als Priester gegenüber. Nicht der Apostel ist der Herr. Jesus ist der Herr, und dieser Herr setzt die Norm für seine Kirchen und für ihn selbst. Er kann seine Christen nie einfach nur als Kinder, sondern immer nur als »Brüder« (und Schwestern) behandeln, deren Diener er ist in Geduld, Freimut und Liebe. Dass er dem Herrn im Dienste treu sein will – und nicht etwa nur gute Umgangsformen oder menschliche Zuvorkommenheit –, ist der Grund, weswegen er immer bereit ist, auf Anwendung seiner Vollmacht zu verzichten. Gerade so gebraucht er sie nicht zum Zerstören, sondern zum Aufbauen.

Im Zentrum dieses Kirchenverständnisses steht nicht ein Papst, sondern Jesus Christus und sein Evangelium, nach welchem sich auch die Ämter in der Kirche unbedingt zu richten haben. Das mehr »demokratische« Kirchenbild des Paulus und des Neuen Testaments überhaupt, wie es noch weithin in der Kirche des 1. Jahrtausends herrschte, verlangte eine *Einheit in der Vielfalt* der einzelnen Sprachen, Liturgien, Theologien, Leitungsformen, wie sie sich auch heute auf weltkirchlicher Ebene beobachten lässt. Die realistische katholische Vision der Kirche – von der römischen Einheitsillusion zu unterscheiden – nimmt mit der räumlich-geographischen auch die zeitlich-historische Dimension der Katholizität ernst: das frühe Judenchristentum ebenso wie das spätere reformatorische und das durch die Aufklärung gegangene moderne Christentum.

Selbstverständlich soll die Kirche auch heute ihre *Identität* bewahren und ein Ort religiöser Beheimatung bleiben. Sie soll sich keineswegs dem Diktat einer radikalisierten Aufklärung unterwerfen und gar in einem säkularistischen Umschmelzungsprozess ihr Wesen verlieren. Noch soll sie sich mit Hilfe raffinierter Kommunikationsinitiativen, Marketing- und Imagekampagnen und rein ökonomischer Strategien völlig der modernen Gesellschaft anbiedern und anpassen. Andererseits soll sie aber ihre Identität auch nicht zu bewahren versuchen durch Festhalten an überholten und problematischen Traditionen, Formulierungen und Gestaltungen. Vielmehr soll sie ihre katholische Identität immer wieder neu begründen im Glauben an Jesus Christus, den einen Herrn der Kirche, und diesen Glauben in der praktischen Nachfolge leben. Um diese Nachfolge musste es damals auch Petrus gehen, und heute dem Papst, wenn er Nachfolger Petri zu sein beansprucht.

13. Drei petrinische Verheißungen – drei päpstliche Versuchungen

Der wirkliche Petrus würde sich kaum in dem Bild wiedererkennen, das man von ihm gemacht hatte. Nicht nur weil er kein Apostel-Fürst war, vielmehr bis zum Ende seines Lebens der bescheidene Fischer, jetzt Menschenfischer, der in der Nachfolge seines Herrn dienen wollte. Sondern darüber hinaus, weil er nach allen Evangelien übereinstimmend eine zweite Seite hatte, die immer wieder den Irrenden, Fehlenden, Versagenden, eben den so recht menschlichen Petrus zeigt.

Man darf also ruhig für ein Petrusamt in der Kirche die drei biblischen Verheißungen eines Vorrangs Petri zitieren: »Du bist Petrus der Fels, und auf diesen Felsen will ich meine Kirche bauen« (Mt 16,18); »Du, wenn du dann umkehrst, stärke deine Brüder« (Lk 22,32); »Weide meine Schafe« (Jo 21,15).

Aber jeder dieser drei Stellen ist in beinahe skandalöser Weise ein scharfer Kontrapunkt beigegeben, dessen dunkler, harter Klang den hellen Oberton beinahe übertönt, jedenfalls im Gleichgewicht hält. Den drei hohen Verheißungen entsprechen drei tiefe Verfehlungen. Und wer als Papst die petrinischen Verheißungen in Anspruch nimmt, dem sollten auch die drei petrinischen Verfehlungen, die für ihn jedenfalls drei päpstliche Versuchungen sind, zu denken geben. Und wenn die Verheißungen in großen schwarzen Buchstaben auf goldenem Grund das Innere der Peterskirche als zwei Meter hoher Fries umziehen, dann müssten ihnen eigentlich, um nicht missverstanden zu werden, die Gegen-Sätze in goldenen Lettern auf schwarzem Grund beigegeben sein.

Die *erste Versuchung* (nach Mt 16,18f folgt Mt 16,22f): Als Jesus seinen Jüngern ankündigte, dass er leiden und getötet werden müsse, nahm Petrus ihn »beiseite«. Er wollte besser wissen als Jesus, wie es weitergehen solle: ein triumphalistischer Weg, der am Kreuz vorbeiführen soll! Und gerade diese besserwisserischen Einfälle einer päpstlichen Machtstrategie sind eben Menschengedanken, die in scharfem Gegensatz stehen zu dem, was Gott denkt und will: eine fromme Ideologia satanae, Ideologie des Satans, des Versuchers schlechthin. Wenn immer ein Papst ganz selbstverständlich voraussetzt, Gottes Gedanken zu denken, wenn immer er so – vielleicht ohne es zu merken! – aus dem Bekennenden von Mt 16,16 der Verkennende von 16,22 wird und er statt für Gott für Menschliches Partei ergreift, dann dreht ihm der Herr den Rücken zu, und ihn trifft das harte Wort: »Hinweg von mir, Satan! Du bist mir ein Ärgernis; denn du sinnst nicht, was Gottes, sondern was menschlich ist!« (16,23).

Die *zweite Versuchung*: Petrus verleugnet seinen Herrn (nach Lk 22,32 folgt Lk 22,34). Besondere Stellung und besondere Begabung bedeuten besondere Verantwortung. Aber gerade dies schließt Erprobung und Versuchung nicht aus: Auch hier erscheint der Satan, der sich ausgebeten hat, jeden Jünger Jesu im Sieb zu schütteln wie Weizen. Des Petrus Glaube soll nicht wanken. Aber sobald ein Papst selbstbewusst meint, seine Treue sei selbstverständlich und sein Glaube unangefochtener fester Besitz, sobald er nicht mehr weiß, dass er am Gebet des Herrn hängt und Glaube und Treue immer wieder neu empfangen muss, sobald er selbstsicher sich selbst überschätzt und nicht mehr auf den Herrn sein ganzes Vertrauen setzt, dann ist die Hahnenstunde der Verleugnung da. Da kennt er seinen Herrn nicht mehr und ist fähig, ihn nicht nur einmal, sondern dreimal, und das heißt vollständig zu verleugnen: »Ich sage dir, Petrus: Der Hahn wird heute nicht krähen, bevor du dreimal geleugnet hast, mich zu kennen!«

Die *dritte Versuchung*: Petrus kümmert sich um das Schicksal des Johannes (nach Jo 21,15 folgt Jo 21,20ff). Petrus, der den Herrn dreimal verleugnete, ist dreimal nach sei-

ner Liebe gefragt worden: »Liebst du mich mehr als diese?«
Nur so, nur unter dieser Bedingung wird ihm die Leitung
der Gemeinde übergeben; er hüte die Lämmer und weide
die Schafe, indem er Jesus in Liebe nachfolgt. Ein Papst aber,
der sich nicht um Jesus kümmert, sondern der eifersüchtig
auf alles schaut, was ihn in der Liebe Jesu übertreffen könnte,
der würde auf seine deplazierte Frage, was damit geschehen
soll, von Jesus die Antwort erhalten: »Was geht das dich an!«
Es gibt also Dinge, die den Papst nichts angehen. Wann immer ein Papst sich nicht um seine eigene Aufgabe kümmert,
wann immer er sich um alles kümmern will, wann immer
er nicht sieht, dass es Personen und Dinge gibt, über die er
nicht befinden kann, wann immer er vergisst, dass es besondere Beziehung zu Jesus gibt, die nicht über ihn läuft, wann
immer er neben seinem Weg nicht auch andere Wege gelten
lässt, dann muss er das Wort hören, das ihn hart treffen muss
und ihn doch wieder neu in die Nachfolge ruft: »Was geht
das dich an! Du folge mir nach!«

Die Größe der Versuchung entspricht der Größe der Sendung. Und zweifellos groß ist die Last der Verantwortung,
die auf dem Petrusdienst liegt, wenn er *wirklich* Fels sein
will, Schlüsselträger und Hirte im Dienst an der Gesamtkirche. Denn die Zeiten, in denen man – wie Leo X. zur Zeit
Luthers gesagt haben soll – das Papsttum, da es gottgegeben,
auch genießen konnte, sind vorbei, ob es sich nun um den
Genuss von Jagd und Vergnügen oder heute um den ana-
chronistischen Genuss einer prunkvollen Liturgie in luxuri-
öser Gewandung und grandioser Manifestation geht. Wie oft
wird da bei all der mit diesem Dienst verbundenen Mühsal
und Trübsal, bei all dem Unverstandensein und beim eigenen Unfähigsein der Glaube wanken wollen (vgl. Lk 22,32),
die Liebe versagen (vgl. Jo 21,17), die Hoffnung, gegen die
Pforten der Unterwelt anzukommen (vgl. Mt 16,18), verblas-
sen wollen …

Da stellt sich nun doch die Frage: Würde der katholischen Kirche und vielleicht auch der Christenheit nicht etwas fehlen, wenn dieser Petrusdienst plötzlich nicht mehr da wäre? Es ist etwas Großes um diesen Dienst, wenn er, wie ich immer wieder betont habe, im Lichte der Heiligen Schrift nüchtern und unsentimental verstanden wird als das, was er sein soll: Dienst an der Gesamtkirche! Die volle biblische Kategorie des Dienstes sprengt bei weitem die juristischen Kategorien des Ersten Vatikanischen Konzils von 1870. Ich wiederhole:

– Dieser Dienstprimat ist mehr als ein Ehrenprimat (primatus honoris), dessen Einflussmöglichkeiten allzu beschränkt scheinen.

– Dieser Dienstprimat ist aber auch mehr als ein Jurisdiktionsprimat (primatus iurisdictionis), der als reine Gewalt und Macht verstanden ein gründliches Missverständnis wäre und der nach seinem Wortlaut verstanden gerade das Entscheidende, den Dienst, wenn vielleicht auch nicht verleugnet, so doch verschweigt. Petrusdienst, biblisch richtig bezeichnet als *Dienstprimat*, ist ein *Seelsorge- oder Pastoralprimat*!

Dieser Dienst darf auch von seinen Brüdern und Schwestern viel erwarten, mehr als ihm oft gegeben wird und ihm nicht helfen kann: nicht servile Unterwürfigkeit, nicht kritiklose Devotion, nicht sentimentale Vergötterung. Sondern: ehrliche Fürbitte und loyale Mitarbeit, aber auch konstruktive Kritik, wie sie Paulus gegenüber Petrus in der Öffentlichkeit der Gemeindeversammlung kraftvoll vorgebracht hat – beispielhaft für alle Zeiten.

In diesem Geist loyaler Mitarbeit und konstruktiver Kritik soll nun auch im folgenden Kapitel von den konkreten Schritten gesprochen werden, die der katholischen Kirche aus ihrer Krise heraushelfen können. Ein Programm der Hoffnung, wird es sich zumindest in Teilen erfüllen?

VI. Ökumenische Therapie
Rettungsmaßnahmen

1. Osteoporose des kirchlichen Systems?

Immer wieder hört man zur Abwehr von Reformen den einfältigen Satz, die Kirche sei schließlich keine Demokratie. Doch vom Neuen Testament her gesehen ist die Kirche sicher keine (geistliche) Diktatur! Eher als mit einer Monarchie (Herrschaft eines Einzelnen) oder einer Theokratie (Herrschaft einer heiligen Kaste) ist sie mit einer *Demokratie* zu vergleichen: einer Herrschaft des ganzen heiligen Volkes. Denn während im Neuen Testament alle weltlichen und sakralen Würdetitel bei bestimmten Dienstträgern strikt vermieden werden, werden sie sehr wohl dem ganzen glaubenden Volk gegeben, das als »das auserwählte Geschlecht, die königliche Priesterschaft, das heilige Volk« (1 Petr 2,9) bezeichnet wird: »zu einem Königreich und zu Priestern gemacht, und sie werden herrschen auf Erden« (Apk 5,10).

In dieser Kirchengemeinschaft gab es von Anfang an zahlreiche Dienste (Charismen, Berufungen), permanente und nichtpermanente. Zu den permanenten Dienstträgern gehörten neben den Propheten und Lehrern in erster Linie die *Apostel*, die mit der Aufgabe betraut waren, Kirchen zu gründen und zu leiten. Sie fanden ihre Nachfolge in den verschiedenen *Hirtendiensten*, Leitungsdiensten. Von diesem *Dienst* der Kirchenleitung her haben diese Dienstträger (Bischöfe, Pfarrer, weitere Mitarbeiter) auch eine besondere *Autorität*; nur vom Dienst her kann ihre Autorität überhaupt begründet werden. Die Hirten in der Kirche sind also keineswegs eine Führungsschicht mit einseitiger Befehlsgewalt, gegenüber denen die einzig mögliche Haltung einseitiger Gehorsam wäre. Sie sind kein »dominium«, sondern ein *ministerium*. Sie bilden keine Herrschaftsstruktur, sondern eine besondere Dienststruktur.

Diese Dienststruktur könnte man vergleichen – um in der medizinischen Terminologie zu bleiben – mit dem *Skelett*, dem Stützapparat im Leib der Kirche, der allen anderen Organen zu dienen hat, mit dem Knochengerüst also, das die Kirche aufrecht- und zusammenhält. Schlimm ist es natürlich, wenn gerade dieser Stützapparat kränkelt, gar ernsthaft leidet unter einer Krankheit, etwa dem Knochenschwund, der *Osteoporose* (griech.: »ostéon = Knochen«; »póros = Öffnung, Pore, Tuffstein). Die Knochen halten zwar äußerlich noch, aber, oft lange unbemerkt und ohne Schmerzen, bildet sich die Knochendichte durch den Abbau der Knochensubstanz und -struktur zurück. Eine Krankheit, die meist zufällig, oft erst bei Knochenbruch entdeckt wird.

Eine »Osteoporose« des kirchlichen Systems – ist dies wirklich ein plausibler Vergleich, der sich auf eine gesellschaftliche Größe anwenden lässt? Etwa auf zunächst nicht ernstgenommenen Schwund und Schwäche der kirchlichen Amtsstruktur, die zur Lähmung und zum Zusammenbruch führen können? Jedenfalls können politische Systeme nicht nur von außen zu Fall gebracht, sondern auch von innen ausgehöhlt werden. Frage: auch die Kirche?

2. Autoritäre Systeme können implodieren

»Könnte es dem Vatikan und der katholischen Kirche nicht ergehen wie dem Kreml und der kommunistischen Partei der Sowjetunion?« So fragte mich vor kurzem in Italien ein kluger katholischer Beobachter des Zeitgeschehens. Auf dem Roten Platz hätten doch die hochbetagten Politbüromitglieder noch imposanten Paraden von Militärs, Parteimitgliedern und Jugendlichen zugewunken, als das scheinbar unerschütterliche Sowjetsystem bereits vom Untergang bedroht war. Bedroht nicht so sehr durch äußere feindliche Mächte, gegen die man mit Panzern, Raketen und Flugzeugen ständig aufgerüstet hatte, sondern durch inneren Zerfall, Korruption, innere Korrosion. Wenn ich es in die Sprache der Physik übersetzen darf: keine »Explosion«, vielmehr eine »Implosion«, ein schlagartiges Zusammenklappen eines Hohlkörpers (Partei) infolge äußeren (gesellschaftlichen) Überdrucks.

Ein Prozess, meinte mein Gesprächspartner, der auch in der katholischen Kirche erstaunlich rasch erfolgen könne, wie in den letzten Jahren der Zusammenbruch des früheren Mehrheitskatholizismus in Irland, Spanien, Belgien und sogar Italien zeige. Auch die kritische Entwicklung in Deutschland, wo man den Jubel nach der Wahl Benedikts XVI., »Wir sind Papst«, vielfach ersetzt habe durch Gegenparolen wie »Wir sind nicht Papst« bis hin zu »Wir sind peinlich«! Den deutschen Papst halten laut »Spiegel«-Umfrage vom 6./7. Juli 2010 nur 35 % für eine gute Verkörperung Deutschlands, während der frühere Bundeskanzler Helmut Schmidt auf 83 % kommt.

Dagegen wandte ich freilich ein, dass man den 2000jährigen Glauben der Christenheit nicht mit der kaum 70jährigen kommunistischen Parteiideologie vergleichen könne, die 2000 Jahre kirchliche Institution kaum mit dem 70jährigen totalitären Sowjetsystem. Der Kreml selber spiegelt die wechselhafte Geschichte wider. Dem alten Rom folgte Byzanz als das »zweite« Rom und diesem Moskau als das »dritte Rom«. Das zweite war durch die türkisch-muslimische Eroberung 1453 untergegangen, das dritte in der Oktoberrevolution 1917, und das damals entstandene kommunistische Imperium nach der Wende von 1989. Und das »erste Rom« erhebt wieder neu die alten Herrschaftsansprüche über die ganze Kirche.

Täuscht man sich nicht in allen drei »Rom« über die realen Machtverhältnisse hinweg? Das Moskauer Patriarchat setzt auf die Restauration der russisch-orthodoxen Kirche. Das ökumenische Patriarchat von Konstantinopel will die Einigung aller orthodoxen Kirchen des Ostens. Der Vatikan träumt von der Möglichkeit einer Re-christianisierung der westlichen säkular gewordenen Welt, von einer Re-romanisierung der evangelischen und anglikanischen Kirche und einer Restauration der vorkonziliaren römisch-katholischen Kirche. Werden diese Erwartungen in Erfüllung gehen?

Das ist eher unwahrscheinlich. Es wird jedenfalls eine *römische Illusion* bleiben, die östliche Orthodoxie mit Berufung auf die Verwandtschaft in Struktur und Amtsauffassung unter die Herrschaft des römischen Primats und der Unfehlbarkeit des Papstes bringen zu wollen. Eine zweite Illusion: die römische Einschätzung, Protestantismus und Anglikanismus würden durch immer größere Zersplitterung und geistige Entleerung und einen Schrumpfungs- und Zerfallsprozess sich selber auflösen, auch wenn die unbestreitbaren Erosionsprozesse ernstgenommen werden müssen. Eine dritte Illusion schließlich: das Bestreben, durch Zentralisierung und Bürokratisierung die eigenen Machtansprüche zu modernisieren, zu steigern und so eine römisch-katholische Gegenwelt zur abgelehnten Moderne aufzubauen und zugleich die wachsende Entfremdung zwischen römischer Hierarchie und katholischem Volk zu überwinden.

Eine »Implosion« kann sogar ein katholisches Musterland wie *Polen* treffen, dessen Kirche in den Zeiten des National-sozialismus und des Kommunismus eine bewundernswerte Widerstandskraft entwickelt hatte. Aber seit dem Zusammenbruch des Kommunismus weist die polnische Kirche bedrohliche Erosionserscheinungen auf, die nach dem Tod des polnischen Papstes offenkundig geworden sind. Kurz vor Weihnachten 2010 hat der um die Bürgerbewegung der 1970er-Jahre hochverdiente Dominikanerpater Ludwik Wiśniewski einen Klagebrief mit sieben Thesen über den bedrückenden Zustand des polnischen Katholizismus an den päpstlichen Nuntius in Warschau geschickt mit einer Kopie an die liberale Zeitung »Gazeta Wyborcza«: »Der Befund des Dominikaners ist niederschmetternd. Fünf Jahre nach dem Tod des päpstlichen Übervaters von Polen, Johannes Pauls II., verliert sich die polnische Kirche seiner Ansicht nach in eitlem Triumphalismus. Zwanzig Jahre nach dem Sieg über den Kommunismus erscheine sie nur nach außen als gewaltig, imposant und vielfarbig. In Wahrheit erinnere sie an einen aufgeblasenen Luftballon. Das spanische Gespenst, eine rasante Säkularisierung der Gesellschaft, verbunden mit einer massiven Kirchenflucht der jungen Generation, werde bald auch Polen erreichen« (so Adam Krzeminski, Publizist der Warschauer Wochenzeitung »Polityka« in: Neue Zürcher Zeitung vom 6. Januar 2011).

Wiśniewskis Befund bezüglich Polen bestätigt meine Analyse: »Schuld an der Kirchenmisere seien konservative Bischöfe, die sich hinter den Mauern eines tumben Konservatismus verschanzten und geradezu heidnische, hasserfüllte Aktivitäten nationalkatholischer Fundamentalistengruppen autorisierten, die Kreuze wie ein Totem ihrer politischen Gesinnung missbrauchten.« Auch Wiśniewski sieht die Schwäche der Kirche vor allem beim Episkopat: »Die ›Achillesferse‹ der polnischen Kirche und der Bischofskonferenz sei ihre

Unfähigkeit, sich in einer demokratischen Gesellschaft zurechtzufinden. Doch Pluralismus sei eine Chance, allerdings nur dann, wenn auch Menschen miteinander kommunizierten, die verschiedene Ansichten und Werte verträten. Die Bischofsernennungen der letzten zwanzig Jahre – also noch zur Zeit des polnischen Papstes – verwunderten oft, weil sie Würdenträgern ›nicht von dieser Welt‹ galten, die zwar in Rom ein gutes Standing, aber keinen Kontakt zum eigenen Kirchenvolk hatten und dem Prinzip jedweder Kollegialität abgeneigt waren. Laut Wiśniewski befindet sich das Land mitten in einer gesellschaftlichen Revolution. Junge Polen reisen massenhaft ins Ausland. Viele verlieren den Halt, doch mit ›heiligen Phrasen‹, mit einer ständigen Verdammung des ›verfaulten‹ Westens und der ›Verschwörung‹ zur Vernichtung des Christentums werde man sie nicht erreichen. Die polnische Kirche brauche heute weniger Überväter wie nach 1945 Kardinal Wyszynski und nach 1978 den polnischen Papst, sondern vielmehr Kirchenmänner, die an ihrer Sprache arbeiteten und die junge Generation erreichten.«

Eine Anmerkung sei mir gestattet: Statt dass die Bischöfe mit Tausenden von polnischen Katholiken zur problematischen Seligsprechung von Karol Wojtyla nach Rom reisen, wäre es vielleicht besser, entsprechend der Anregung des Dominikaners Wiśniewski, in sechs Arbeitskreisen von Bischöfen mit Laien die Lage der Kirche im Kontext des modernen Polen zu diskutieren.

Alle Diagnosen dieses Buches haben gezeigt: der Zustand der »Patientin Kirche« ist ernst. Er verlangt *Rettungsmaßnahmen*, wenn man die Zukunftsfähigkeit der Kirche nicht verspielen will. Nicht nur »Gespräche« zur Beruhigung der Gläubigen, sondern entschiedene Maßnahmen zur Reform der Kirche. Die Forderungen dieses Kapitels sind nicht meine Privatideen, sondern seit Jahren, Jahrzehnten, zum Teil gar Jahrhunderten geforderte, aber immer wieder aufgeschobene Reformmaßnahmen. Da ist – um der Heilung willen – manche bittere und schmerzhafte Medizin darunter. Aber auch (angesichts der »Osteoporose«) Therapie durch mehr Bewegung, frische Luft und Sonnenlicht.

Wie in meiner umfassenden Programmschrift zum Konzil (1960) bemühe ich mich nun fünfzig Jahre später auch in diesem »Rettungsplan«, der vielleicht ebenfalls ein Konzil erfordert, um eine gewisse Vollständigkeit. Ich bin mir bewusst, dass viele dieser Reformen eine ganze Generation oder mehr beanspruchen, andere hingegen als Sofortmaßnahmen in die Tat umgesetzt werden können und sollten. In all diesen Fragen herrscht – zumindest langfristig, oft mittelfristig, meist kurzfristig – Handlungsbedarf, und die Kirche wird erst dann wieder gesunden und an Vitalität gewinnen, wenn die Kirchenleitung sich diesen Fragen endlich stellt und den Worten Taten folgen lässt. Aber welche Taten? Dies lässt sich nur von Wesen und Aufgabe der Kirche her bestimmen.

3. Norm für Kirchenreform: kein selbstfabriziertes Kirchenrecht, sondern der in der Bibel bezeugte geschichtliche Jesus Christus

Begründung: Kirche ist, kurz definiert, Gemeinschaft der an Christus Glaubenden: die Gemeinschaft derer, die sich auf Jesus Christus und seine Sache eingelassen haben und sie als Hoffnung für die Welt tatkräftig bezeugen. Glaubwürdig ist die Kirche, wenn sie die christliche Botschaft nicht in erster Linie anderen, sondern sich selber sagt und dabei die Forderungen Jesu nicht nur predigt, sondern erfüllt. Ihre ganze Glaubwürdigkeit hängt also an der Treue zu Jesus Christus. Insofern ist keine der heutigen Kirchen – auch nicht die katholische – automatisch und in jeder Hinsicht mit der Kirche

Jesu Christi identisch. Das ist eine Kirche nur, insofern sie Jesus Christus in Wort und Tat die Treue hält.

Alle Reformen müssen sich also messen lassen am zentralen Maßstab der Kirche: am geschichtlichen Jesus, wie er uns im Neuen Testament, allen kritischen Destruktionsversuchen zum Trotz, in den Umrissen seiner Verkündigung, seines Verhaltens und seines Geschicks völlig unverwechselbar als Christus der Christen begegnet. Er muss aber den heutigen Menschen in einer zeitgemäßen und nicht in einer altertümlichen dogmatischen und für »Laien« unverständlichen Sprache vermittelt werden. Dann tritt er lebendig in unsere Gegenwart und wird zum konkreten Maßstab.

Man kann sich dann nicht vorstellen, dass Er, auf den sich das Christentum beruft, wenn Er wiederkäme wie in Dostojewskijs Erzählung (vgl. Kap. I,14), in den umstrittenen Fragen heute eine solche Einstellung zeigen würde wie die römischen und oft auch andere Kirchenautoritäten:

– dass Er, der die Pharisäer davor warnte, unerträgliche Lasten auf die Schultern der Menschen zu legen, heute nach wie vor alle »künstliche« Empfängnisverhütung als Todsünde zur inneren Aushöhlung aller Sexualität erklären und in die Nähe der Abtreibung rücken würde;

– dass Er, der gerade Gescheiterte an seinen Tisch lud, allen wiederverheirateten Geschiedenen seinen Tisch auf immer verbieten würde;

– dass Er, der ständig von (für seinen Unterhalt sorgenden) Frauen begleitet war und dessen Apostel allesamt verheiratet waren, in der heutigen Situation den ordinierten Männern die Ehe, allen Frauen aber die Ordination verböte;

– dass Er so die Gemeinden zunehmend ihrer Pfarrer und Kapläne und damit ihrer regelmäßigen Eucharistiefeier berauben würde;

– dass Er, der Ehebrecherin und Sünder in Schutz nahm, in delikaten und gewiss differenziert-kritisch zu beurteilenden

Fragen wie vorehelicher Geschlechtsverkehr, Homosexualität und Abtreibung harte Verdikte ergehen ließe ...

Nein, ich kann mir auch nicht denken, dass Er, käme Er
heute wieder, einverstanden wäre,

– wenn man im ökumenischen Bereich die Konfessions-
verschiedenheit als Ehehindernis aufrechterhielte, ja, für
katholische Laientheologen (ähnlich wie für protestantische
Pfarranwärter) zum Hindernis für den Eintritt in den pasto-
ralen Dienst machte;

– wenn man die Gültigkeit der Ordination und Abendmahlsfeier der protestantischen Pastoren bestritte;

– wenn man eucharistische Gastfreundschaft und gemeinsame Eucharistiefeiern, gemeinsamen Bau von Kirchen und
Pfarreizentren und ökumenischen Religionsunterricht verhinderte;

– wenn man die eigenen Theologen, Studentenpfarrer,
Kapläne und Religionslehrer, aber auch Journalisten, Ver-
bandsfunktionäre und Verantwortlichen in den Jugendver-
bänden statt sie mit Gründen zu überzeugen, mit Sanktionen, Dekreten, »Erklärungen« und Missio-Entzug zu zäh-
men versuchte ...

Ich kann mir schließlich auch nicht denken, dass Er bestritte, dass auch Nicht-Juden und Nicht-Christen den wirklichen Gott erkennen und den Weg zu Ihm finden können.
Er hat Menschen anderen Glaubens in anderer Weise behandelt als viele seiner »rechtgläubigen« und »rechthandelnden«
Zeitgenossen. Er hat sie als Menschen respektiert und sie
in ihrer Würde gelten lassen. Er, der von einer hebräischen
Mutter geboren war, war voller Freude über den Glauben
einer syrophönizischen Frau und eines römischen Offiziers.
Er nahm die ihn suchenden Griechen freundlich auf und
stellte seinen jüdischen Landsleuten provozierend den sa-
maritanischen Häretiker als unvergessliches Beispiel der
Nächstenliebe hin.

Im Blick auf diesen Jesus Christus können im Folgenden die nötigen *Reformen* in konkrete Forderungen ausbuchstabiert werden. Von ihm her gesehen gilt grundsätzlich:

Kirche soll nicht verstanden werden als Machtapparat, als Unternehmen oder »religiöser Konzern«, der die Ausübung von Dialog und Demokratie ständig behindert, sondern als »Volk Gottes«, »Leib Christi« und Gemeinschaft des Geistes weltweit und vor Ort.

Das kirchliche *Amt* soll nicht verstanden werden als »wohlgeordnete Schlachtreihe« (»Acies bene ordinata«) und auch nicht als »heilige Herrschaft« (= »Hierarchie«), sondern als »Dienst« (= »Diakonie«) an den Menschen.

Der *Papst* soll nicht verstanden werden als Halbgott und geistiger Autokrat, nicht als Oberkommandierender oder Konzernchef, sondern als leitender Bischof der katholischen Kirche, mit seinem Pastoralprimat kollegial eingebunden in das Bischofskollegium im Dienst an der gesamten Ökumene.

Diese letztlich biblisch begründeten Reformforderungen werden in den folgenden Abschnitten konkretisiert.

4. Die Kirche soll ihre Kernfunktionen stärken und zugleich ihre gesellschaftliche Verantwortung wahrnehmen

Begründung: Wenn die Kirche eine tiefgreifende Genesung erfahren soll, muss sie – weltweit oder vor Ort – primär ihre *Kern- oder Grundfunktionen* stärken:

– Sie soll die *christliche Botschaft* ohne biblische Archaismen und scholastische Dogmatismen, aber auch ohne modischen Theologenjargon in der Sprache des heutigen Menschen kommunizieren, verständlich, präzis, differenziert und packend.

– Die allen Christen gemeinsame *Taufe*, Zeichen des einen Christusglaubens, lässt nicht zu, dass eine einzelne Konfession sich als allein seligmachende versteht und verhält und dass sich die verschiedenen christlichen Konfessionen wegen ihrer Lehrgegensätze diskriminieren und exkommunizieren.

– Die *Eucharistie- oder Abendmahlsfeier* sei ein Gedenk-, Dankes- und Gemeinschaftsmahl, das im Geist Jesu und der urchristlichen Gemeinde Zeichen der Einheit sein soll trotz aller Unterschiede von Status, Bildung, Geschlecht und Theologie.

– Will die Kirche als dienende Kirche das Vertrauen der Menschen wiedergewinnen, muss sie – von der Taufe über Firmung/Konfirmation und Eucharistiefeiern bis zur Beerdigung – ansprechende *seelsorgliche Dienstleistungen* erbringen.

Wenn die Kirche eine tiefgreifende Genesung erfahren soll, muss sie aber zugleich – und wiederum weltweit und vor Ort – *ihre gesellschaftliche Verantwortung wahrnehmen*:

– Keine sich abkapselnde Kirche der »echten Christen« oder »Romtreuen«, die um sich selber bzw. ihren geistlichen Führer kreist.

– Aber auch keine verpolitisierte, parteiische Kirche der »Rechten« oder »Linken«, die sich moralisierend in alle möglichen Fragen einmischt.

– Der *einzelne Christ* mag in allen anstehenden Fragen Stellung beziehen. Doch die *Kirche als Glaubensgemeinschaft* und ihre Repräsentanten dürfen und sollen auch in umstrittenen Fragen der Gesellschaft dort, aber auch nur dort öffentlich Stellung nehmen, wo sie ihr besonderer Auftrag dazu ermächtigt. Noch genauer: wo und soweit das Evangelium Jesu Christi selber (und auf dessen Linie die grundlegenden Menschenrechte und Menschenpflichten) unzweideutig dazu herausfordert.

Selbstverständlich soll die Kirche auch in der heutigen säkularen und pluralistischen Gesellschaft mutig und intelligent christliche Werte vertreten, aber immer im Kontext der allen Menschen gemeinsamen humanen Werte: das spezifisch *christliche Ethos* also im Rahmen eines *Menschheits- oder Weltethos*, das gemeinsame moralische Standards und Haltungen der verschiedenen Religionen und Philosophien umfasst.

Doch angesichts der oft komplexen Sachproblematik wird man vom Evangelium her oft über die Angabe entscheidender Maßstäbe zum Handeln nicht hinauskommen und auf die Formulierung fertiger Lösungen verzichten müssen. Das heißt: Zielvorstellungen statt politischer Parteinahme, Grundoptionen statt moralischer Rezepte, Orientierungen für eine bessere Zukunft statt nur Bestätigung des Status quo.

5. Der Papst muss sich um Gemeinschaft mit der Kirche bemühen

Begründung: Wer das Petrusamt beansprucht, muss aufgrund seines Christusglaubens »Fels« der Einheit der Kirchen sein und nicht ein Felsblock im Weg zu einer neuen Einheit, wie dies auch der Konzilspapst PAUL VI. mit Bedauern festgestellt hat. Für das ost-westliche Großschisma (vgl. Kap. II,7) wie für die Spaltung infolge der Reformation (vgl. Kap. III,5–7) trugen die Päpste die Hauptverantwortung. Paul VI. versuchte die Spaltung zwischen West- und Ostkirche zu überwinden, war aber nicht bereit, die aus der Gregorianischen Reform des 11. Jahrhunderts stammenden römischen Anmaßungen aufzugeben. Dass der unter rätselhaften Umständen nach 33 Tagen verstorbene Papst JOHANNES PAUL I. hier einen Schritt weitergegangen wäre, vermuten manche. Die beiden Nachfolger freilich, die Restaurationspäpste JOHANNES PAUL II. und BENEDIKT XVI. haben außer vielen schönen Worten und wenigen Gesten kaum Reales für die Einheit der

Christenheit erreicht. Die ökumenischen Aussagen und Intentionen des Zweiten Vatikanischen Konzils wurden so nur teilweise in die Tat umgesetzt.

Im Gegenteil: Viele Katholiken stellen mit wachsendem Befremden und Unmut fest, dass gerade Benedikt XVI. sich in vielen Punkten immer mehr vom Konzil entfernt (vgl. Kap. I): Es geht dabei nicht nur um seine verpassten oder verpatzten Gelegenheiten der Verständigung mit den Juden, Muslimen und südamerikanischen Indios, sondern vor allem um ein besseres Verstehen mit Protestanten und Orthodoxen. Es geht dabei aber auch um recht unauffällige Detailentscheidungen sachlicher oder personeller Natur, die zeigen, dass dieser Papst, der sich sogar an die vier antikonziliaren und antisemitischen schismatischen Bischöfe der Pius-Bruderschaft angenähert hat, sich immer mehr vom Zweiten Vatikanischen Konzil und damit auch von der Gemeinschaft der Gläubigen entfernt.

Das Abrücken vom Vatikanum II kommt symbolhaft zum Ausdruck in Papst Benedikts neuer/alter Prunksucht und Kleidermode. Der Konzilspapst Paul VI. pflegte in Gewändern und Einrichtung vielfach einen einfachen modernen Stil. Noch während des Konzils, am 11. November 1964, legte er die Tiara, die mittelalterliche Papstmitra mit den drei Kronenreifen, weil Zeichen auch weltlicher Macht, feierlich für immer ab. Und nach dem Konzil, am 21. Juni 1968, erließ er ein Motu Proprio »Pontificalia Insignia«, um für alle Prälaten den Gebrauch von päpstlichen Insignien zu vereinfachen und zu klären, was selbstverständlich im Vatikan nicht nur willkommen geheißen wurde.

Papst Benedikt kommt nun den Reaktionären im Vatikan entgegen und versucht eine Reform der Reform in Richtung Vergangenheit durchzuführen. Vielleicht meint er, etwas von dem durch Skandale verlorenen inneren moralischen Glanz des Papsttums kompensieren zu können durch eine Restauration von altem Glanz und Gloria? Freilich hatte Joseph Ratzinger schon von Haus aus eine Neigung zum Barock und eine Nostalgie nach der alten Liturgie. Trotzdem wundern sich viele, dass dieser, wie man meinte, einfache und bescheidene Mann als Papst schon bald durch seine Kleidermode auf sich aufmerksam machte. Zusammen mit maßgeschneiderten modernen roten Schuhen trug er wieder gerne den aus dem 13. Jahrhundert stammenden Schulterumhang (»Mozzetta«) aus rotem Samt, besetzt mit Hermelin und eingefasst mit Seide. Er ließ die mit Edelsteinen besetzte Mitra, die Pius IX. zur Eröffnung des Vatikanum I getragen hatte, aber auch den prunkvollen geschnitzten Fürstenthron von dessen Nachfolger Leo XIII. und einen schweren goldenen Hirtenstab aus den Depots des Vatikan hervorholen.

Viele im Vatikan frohlocken darüber, dass mit dem neuen päpstlichen Zeremonienmeister Msg. Guido Marini wieder vorkonziliare Sitten eingeführt werden: sechs riesige Kerzen auf dem Papstaltar und für die feierliche Papstmesse als Mitzelebranten zwei mit Mitren bewehrte Kardinaldiakone. Es soll nämlich deutlich werden, dass hier nicht einfach ein Bischof zelebriert, sondern ein Monarch.

Man mag darüber lächeln, wenn dieser Papst sich der Welt in immer neuen feinen Roben und reich bestickten Mitren präsentiert: so viel alter Prunk und Plunder, der nun manche Bischöfe anregen mag, es ihm gleichzutun. Aber mehr als eine traditionalistische Modetorheit ist es, dass gerade ein deutscher Papst, der schon in den Gewändern des Borghese-Papstes Paul V. den Aschermittwoch 2008 gefeiert hatte, auch noch 30 neue liturgische Gewänder nach dem Design des Medici-Papstes Leo X. (1513–1521) schneidern ließ, der Luther verurteilt und die Reformation verschlafen hatte (vgl. The Tablet vom 8. 3. 2008). Über diese kostspielige Taktlosigkeit gegenüber den Protestanten und Geschmacklosigkeit gegenüber reformorientierten Katholiken kann man nur den Kopf schütteln. Das Abendmahl Jesu ist in solchen Pontifikalmessen jedenfalls kaum noch zu erkennen.

Aber schlimmer als des Papstes modische Eskapaden und liturgische Rückschritte (zum Beispiel wieder Mund- statt Handkommunion) sind die ständigen *Ernennungen von konzilsfernen oder gar konzilsfeindlichen Personen* auf Bischofssitze und kuriale Schaltstellen. Auch hier nur ein neueres Beispiel: Im Oktober 2010 ernannte Benedikt zum Chef der wichtigen Kongregation für den Klerus deren bisherigen Sekretär, Erzbischof MAURO PIACENZA. Er war Hauptarchitekt des »Priesterjahrs 2009/2010«, das sich nicht zuletzt aufgrund der Enthüllungen über die Pädophilieskandale als Flop erwies, und Urheber der merkwürdigen Empfehlung des »Pfarrers von Ars« aus dem 19. Jahrhundert als Modell für den Priester des 21. Jahrhunderts. Piacenza widersetzt sich jeder Diskussion des priesterlichen Pflichtzölibats, er ist ein Gegner der Volkssprache in der Liturgie und der Feier der Eucharistie zum Volk hin. Er rief im Osservatore Romano in aller Form nach einer »Reform der Reform« und vertritt wie Joseph Ratzinger eine »Hermeneutik der Kontinuität« – die aber faktisch eine Hermeneutik der vorkonziliaren Nostalgie darstellt. Dazu passt die Hochschätzung der apologetischen Kirchengeschichtsschreibung, deren deutscher Exponent im Vatikan, Prof. WALTER BRANDMÜLLER, 2010 zum Kardinal gemacht wurde.

Es gibt Leute, in und außerhalb der Kirche, die Kardinal Ratzinger/Papst Benedikt als den Hauptverantwortlichen für den reaktionären römischen Kurs und die Vertuschung der sexuellen Missbrauchsfälle zum Rücktritt aufforderten; ich gehöre nicht dazu. Aber ich gehöre zu denen, die befürchten, dass dieser Papst in der Gefahr ist, sich in seiner Abgehobenheit noch mehr vom Gottesvolk zu entfernen. Ihm sollte die klassische *Lehre vom Schisma eine Warnung* sein, wie sie unter Berufung auf andere Autoren der große spanische Jesuitentheologe des Barock FRANCISCO SUAREZ darlegte (Disputatio XII de schismate, sectio I): Ein Schisma, eine Spaltung der Kirche sei auf zwei Weisen möglich, indem man sich vom Papst trennt, aber auch indem man sich vom übrigen Leib der Kirche trennt: »Und auf diese zweite Weise könnte auch der Papst zum Schismatiker werden, wenn er nicht mit dem ganzen Leib der Kirche die geschuldete Einheit und Verbundenheit halten will« (»… posset Papa esse schismaticus, si nollet tenere cum toto Ecclesiae corpore unionem et coniunctionem quam debet …«).

Positiv formuliert: Es ist also Pflicht des Papstes, mit der ganzen Kirche innerlich Gemeinschaft zu halten. Pflicht, den geistigen Zusammenhalt zu pflegen, nicht nur mit den römisch gesinnten, sondern auch mit den romkritischen Katholiken, die in manchen Ländern die überwiegende Mehrheit bilden. Pflicht, sich nicht allzu bequem einzurichten im vatikanischen Ghetto, wo ihn übrigens selbst hohe Kuriale für einen gelehrten »Autisten« halten, der selbst- oder ichbezogen und kontaktarm am liebsten traditionell Liturgie feiert und Bücher schreibt, die er schon früher schreiben wollte, der aber die Leitung der Kirche nicht effektiv wahrnimmt und nichts tut zur Lösung ihrer angestauten riesigen Probleme.

Und doch wäre gerade letzteres für die öffentliche Anerkennung wichtig, auf die ja auch das Petrusamt in der Kirche angewiesen ist. Nicht der Anspruch, nicht das »Recht«, nicht die »Sukzessionskette« als solche sind für einen Papst das Entscheidende, vielmehr der Vollzug, die Ausübung, die Tat, der verwirklichte Dienst. Bei den großen ökumenischen Initiativen JOHANNES' XXIII. für katholische Kirche, Christenheit und Welt war die Menschheit wenig daran interessiert, wie es mit der Sukzessionskette stünde, ob er sich über die Legitimität seines Amtes historisch ausweisen könne. Sie war vielmehr froh und erleichtert zu sehen: Hier ist einer, der wirkt nun – trotz aller menschlichen Grenzen und auch Schwächen in der Kirchenführung – doch als ein »Fels« in dieser Zeit, der der Christenheit Halt und neues Zusammenstehen zu geben vermag (vgl. Mt 16, 18: »Auf diesen Felsen will ich meine Kirche bauen«). Hier ist einer, der aus starkem Glauben heraus die Menschen zu stärken und zu ermutigen vermag (vgl. Lk 22, 32: »Stärke deine Brüder!«). Hier ist einer, der die Schafe, um ein in biblischer Zeit aussagekräftiges Bild zu verwenden, wie sein Herr mit uneigennütziger Liebe hüten möchte (vgl. Jo 21, 15–17: »Weide meine Schafe!«). Die Menschen wurden deswegen nicht massenhaft katholisch. Aber sie spürten spontan, dass dieses Tun und dieser Geist das Evangelium Jesu Christi hinter sich hatte und in jedem Fall von ihm gerechtfertigt war. Der Anfang eines ökumenischen Papsttums? Das verhinderte bisher die römische Zentrale, die Kurie, Haupthindernis für eine ökumenische Verständigung.

6. Die römische Kurie zwar nicht zerstören, aber nach dem Evangelium reformieren

Begründung: Der große Römer CATO DER ÄLTERE pflegte jede Rede in der »Curia«, im römischen Senat, zu beenden mit dem stehenden Satz: »Ceterum censeo Carthaginem esse delendam – Im übrigen bin ich der Meinung, dass Karthago zerstört werden muss«. Ich wende dieses Wort auf die päpstliche Kurie an und sage sicher mit vielen: »Ceterum censeo Romanam curiam esse reformandam – Im übrigen bin ich der Meinung, die römische Kurie müsse reformiert werden«.

Eine päpstliche, »römische«, Kurie im eigentlichen Sinn gibt es erst seit dem 11. Jahrhundert. Mit der durch die Gregorianische Reform von oben durchgesetzten zentralistischen Kirchenregierung im lateinischen Westen war sie notwendig geworden. Heutzutage ist nicht ihre Zerstörung, wohl aber eine radikale Reform erforderlich, die vom Anspruch des Evangeliums bestimmt sein muss. Um an Impulse des Franz von Assisi anzuknüpfen (vgl. Kap. III,4):

Evangelische Demut: Verzicht auf unbiblische Ehrentitel, die entweder nur Gott oder Christus (Sanctissimus Dominus, Beatissimus Pater, Seine Heiligkeit, Heiliger Vater, Haupt der Kirche) oder allen Christen, bzw. Bischöfen (Stellvertreter Christi usw.) zukommen. Zumindest missverständlich ist der Titel des heidnischen Oberpriesters Pontifex Maximus für den Papst und ähnliches. Passende Titel sind: römischer Bischof, Diener der Diener Gottes, vielleicht Oberhirte. Zurückhaltung ist auch angebracht beim Gebrauch der Worte »apostolisch« und »heilig« im Zusammenhang mit Personen und Institutionen.

Evangelische Einfachheit: Keine unrealistische Armutsromantik, aber Verzicht auf den aus früheren Zeiten der Petrusmacht stammenden Pomp und Luxus. Bescheidenheit in Kleidung, Dienerschaft, Hofhaltung, Ehrengarden und besonders im Gottesdienst. Päpstliche Orden und römische Hoftitel haben in einer Kirche des Dienstes wenig Sinn.

Evangelische Brüderlichkeit: Verzicht auf allen absolutistischen Regierungsstil, den imperialen Rede- und Dekretstil, die geheimen Verfahren. Keine einsamen Entschlüsse ohne Mitwirkung der Kirche, unter Vernachlässigung der Kollegialität mit dem Episkopat. Eine nicht nur beratende, sondern mitentscheidende Bischofssynode, womöglich auch ein Laienrat. Beschränkung des Einflusses der päpstlichen Gesandten auf Bischofskonferenzen und Bischofsernennungen (Nuntiaturen dürften nicht Denunziaturen werden, wurde im Zweiten Vatikanum moniert).

Evangelische Freiheit: Förderung der Selbständigkeit der Kirchen und Hirtendienste nach dem Subsidiaritätsprinzip. Verschlankung und Abbau des aufgeblähten kurialen Machtapparates. Einschaltung der Gesamtkirche bei der Wahl des Papstes (mittels der Bischofssynode und einer Laienvertretung).

Natürlich weiß ich, dass hier Maximalforderungen in langfristiger Perspektive formuliert sind. Aber es wäre zu sehen, was sich alles kurzfristig oder zumindest mittelfristig realisieren ließe. Denn wenn sich schon die britische Monarchin und die britische Krone grundlegend verändern musste und nur so überlebte, so wird auch dem Papst zugemutet werden dürfen, dass er und seine Kurie sich grundlegend ändern, damit aus einem mittelalterlichen Imperium Romanum ein zeitgemäßes katholisches Commonwealth wird. Aus christlicher Perspektive sind diese Forderungen nichts weniger als selbstverständlich.

7. Statt Günstlingswirtschaft mehr kompetentes Fachpersonal

Begründung: Das vatikanische Machtgefüge muss durchleuchtet und offengelegt werden. Denn wer hat die Macht im Vatikan? Man braucht nur einen Blick in das jährlich erscheinende »Annuario Pontificio« (die mir vorliegende Ausgabe vom Jahr 2004 zählt über 2 200 Seiten) zu werfen, um zu sehen, wie komplex und durchorganisiert der Machtapparat der Curia Romana ist: mit dem Staatssekretariat als zentraler Schaltstelle, mit all den Kongregationen (Ministerien), Tribunalen, päpstlichen Räten, Uffizien und Kommissionen. Und dazu natürlich die weltweite katholische Hierarchie mit all ihren Patriarchaten, Erzdiözesen und Diözesen, Ordinariaten, Vikariaten und Präfekturen etc.

Aber die äußere Organisation täuscht leicht darüber hinweg, dass der Vatikan noch immer im Kern ein »Hof« geblieben ist, der Sitz eines absolutistisch regierenden Fürsten mit mittelalterlichen, barocken und modernen Kostümen und Gepflogenheiten. Zahllos die »Höflinge« der verschiedenen Ränge von den Reverendi und Monsignori bis zu den Exzellenzen und Eminenzen – eine männlich-zölibatäre Hofgesellschaft mit einer ganz besonderen Etikette und Atmosphäre. Und je weiter einer in die Nähe des Fürsten aufsteigt, umso mehr kommt es nicht in erster Linie auf Kompetenz und Charakter an, sondern auf die Gunst des Fürsten: er bestimmt, wer persona grata oder non grata ist. Auch auf den unteren Stufen ist der Vatikan weithin eine »Günstlingswirtschaft«. Nach Duden bedeutet dies »die Besetzung von Stellen mit begünstigten statt mit befähigten Personen«.

Dass es sich noch heute so verhält, wird bestätigt durch neuestens veröffentlichte Wikileaks-Depeschen. Aus den 729 Berichten, welche amerikanische Diplomaten an das State Department geschickt haben (vgl. Ulrich Schwarz, »Spiegel online« vom 11. 12. 2010), wird klar, wie oft sie das Funktionieren des merkwürdigen vatikanischen Hofstaates erklären mussten. Diese Kirche sei »hochgradig hierarchisch« und doch chaotisch, so eine Depesche von 2009. Meistens »wissen nur eine Handvoll von Experten von anstehenden Entscheidungen«. Und sie würden ihrem Chef dann in der Regel einfach zustimmen. Kaum jemand traue sich, den Papst zu kritisieren oder ihm schlechte Nachrichten zu überbringen. Unabhängige Berater seien selten. Der innerste Kreis des Vatikan bestehe fast ausschließlich aus Italienern (im Übrigen durch die Kardinalsernennungen des Jahres 2010 erheblich gestärkt), die in schwer verständlichem Kurialjargon miteinander verkehren und die modernen Medien und die Informationstechnik nicht verstehen. Selbst der Kardinalstaatssekretär spreche nicht einmal Englisch und sei ohnehin ein »Ja-Sager«.

An der Spitze des kurialen Machtapparates stehen heute überall die *Kardinäle*. Auch das Kardinalat – im Gegensatz zu dem durch Wahl und Weihe verliehenen Bischofsamt – wird als Gunst des Papstes verliehen (»frei vom römischen Pontifex ausgewählt«, Kanon 351, § 1). Die Kardinäle waren ursprünglich als Geistliche an den Hauptkirchen Roms angestellt, »inkardiniert« (lat.: »cardo – Türangel«), später wurden sie die Vorsteher der Kirchen Roms. Erst durch die Gregorianische Reform erhielten sie gesamtkirchliche Bedeutung als päpstliche Legaten und vor allem durch das Privileg der Wahl des Papstes. Im kurialen Sprachgebrauch werden sie noch heute als die »Kreaturen des Papstes« bezeichnet, weil sie nicht durch ein Sakrament, eine Weihe zum ersehnten »roten Hut« kommen, sondern allein durch die Gunst des Papstes. Er spricht die Bischöfe als »Brüder«, die Kardinäle aber als »Söhne« an. Sie werden zwar oft als »oberste Berater des Papstes« bezeichnet, aber das hält sich selbst bei Kurienkardinälen in engen Grenzen. Außer bei der Papstwahl kommen sie kaum einmal zu einer echten Beratung zusammen. Papst Ratzinger hat es am Anfang versucht, aber bald wieder aufgegeben. Auch das sogenannte »Konsistorium« zur Ernennung neuer Kardinäle etwa ist meistens eine Formsache. Benedikt XVI. hat erfolglos eine Änderung versucht. Schließlich erwartete auch er, der immer das Sagen hat, keinen Widerspruch.

Neuestes Beispiel eines solchen Konsistoriums: Am 19. November 2010 wurden sämtliche Kardinäle anlässlich der »Kreation« neuer Kardinäle wie Priesterseminaristen zu einer Art Einkehrtag mit Gebet und Liturgie eingeladen. Jedenfalls nicht um die Probleme der Kirche ernst und offen zu diskutieren, sondern um Vorträge von hochrangigen päpstlichen Referenten zu den heute brennenden Fragen (Anglikaner, sexueller Missbrauch, Erklärung »Dominus Jesus«, Säkularisierung in Europa …) anzuhören. Statt kontroverse Diskussion römische Indoktrination. EUGENE CULLEN KENNEDY, ein bekannter Psychologe und Theologe von der

Loyola University in Chicago, kommentierte dies in einem Vorausartikel zum Konsistorium (National Catholic Reporter vom 12. 11. 2010): »Wenn die Kardinäle wirklich reflektieren oder beten, werden sie keine Zeit haben, viel Betroffenheit über etwas auszudrücken [gemeint ist die Missbrauchsproblematik], was nicht ein schlichter ›Tagesordnungspunkt‹ ist, sondern wirklich eine Wunde, die bisher ohne Diagnose, weitgehend ohne Behandlung und eindeutig ohne Heilung geblieben ist. Dass dieser Punkt ganz an das Ende des Tages gestellt wird, ohne diesen Männern ein Forum zum Austausch zu geben, die ja doch die feierliche Verpflichtung teilen, diesem Problem nachzugehen und es zu behandeln, mag sie zu Seminaristen machen, aber es bewirkt noch etwas viel Schlimmeres für Katholiken im allgemeinen und für Missbrauchsopfer im besonderen. Es zeigt nämlich, dass diese zu Seminaristen degradierten Kirchenfürsten nicht gleichzeitig reflektieren und beten können. Und es macht ebenfalls klar, dass sie gleichzeitig – vielleicht unbeabsichtigt und unter dem Vorwand der Schirmherrschaft des Papstes – an ein und demselben Tag Katholiken auf der ganzen Welt skandalisieren und missbrauchen können.«

Von der Gunst des Kirchenmonarchen abhängig sind namentlich die *Hofbischöfe*, deren Zahl leider durch eine Fehlentscheidung von Johannes XXIII. stark erhöht wurde. Er hatte sich von Kurialen dazu überreden lassen, sämtliche Sekretäre für Kongregationen, die bis dahin »Monsignori« der verschiedenen Grade waren, ohne weitere Überprüfung zu Erzbischöfen zu machen. Dadurch wurden sie mit den Diözesanbischöfen auf den gleichen oder einen protokollarisch höheren Rang gestellt und wurde die kuriale Partei in Konzil und Kirche verstärkt.

Die vatikanische Bürokratie, die selbstverständlich auch nicht wenige fähige Mitarbeiter aufweist, könnte ohne weiteres auf die Hälfte zusammenschrumpfen, wenn man sie einerseits im Sinn des Subsidiaritätsprinzips von unnötigen Aufgaben entlastete und andererseits gerade die Spitzenpositionen mehr mit kompetenten Personen besetzte. Allerdings herrscht heute *Mangel an hochqualifiziertem Nachwuchs*. Die Nachwuchskrise in der katholischen Kirche hat selbstverständlich Auswirkungen auch auf den Vatikan. Immer weniger Diözesen können und wollen ihre besten Leute nach Rom zum Studium oder in die Kurie schicken. Wie in den diözesanen Priesterseminarien vieler Länder, so fehlt es auch in den päpstlichen Kollegien in Rom an hochqualifizierten Kräften. Selbst das Pontificium Collegium Germanicum in Rom, in welchem ich selber sieben wertvolle Studienjahre verbracht habe, damals »Kaderschmiede des deutschen Episkopats« genannt, leidet heutzutage an einem Schrumpfungsprozess. Statt der früher 120 gibt es im Studienjahr 2009/10 nur noch 63 Alumnen. Dabei haben sich die Nationalitäten verschoben. Früher kamen die Alumnen hauptsächlich aus deutschsprachigen Ländern, jetzt zur Hälfte aus ehemals »östlichen« Ländern. Aus Deutschland nur vier »Neugermaniker«, aus Österreich und der Schweiz keiner.

Aber nicht nur die Diözesen haben große Nachwuchssorgen, sondern auch die Orden. Dafür hat sich nun in der römischen Kurie auf weiten Strecken ein anderes Personal breitgemacht, das man früher gar nicht kannte. Es sind dies die fundamentalistischen *Bewegungen* (»Movimenti«), die mit dem Amtsantritt des polnischen Pontifex einen gewaltigen Aufschwung nahmen und sich auch in der römischen Kurie immer neuen Einfluss verschafft haben.

Es ist das große Verdienst des Journalisten und Buchautors HANSPETER OSCHWALD, der über eine vierzigjährige Erfahrung in der Vatikanberichterstattung verfügt und sich besondere Mühe gemacht hat, gerade das schwer durchschaubare Netzwerk dieser neuen Bewegungen zu durchleuchten: »Im Namen des Heiligen Vaters. Wie fundamentalistische Mächte den Vatikan steuern« (Heyne, München 2010). Aus vielen Hinweisen leitet Oschwald (S. 157f) eine Rangordnung der Bewegungen ab, bei der zwei Gruppen zu unterscheiden sind:

– Die erste Gruppe übt die größte Macht im Apparat aus. Sie setzt sich zusammen aus: (1) Opus Dei, (2) Legionäre Christi, (3) Comunione e Liberazione, (4) Neokatechumenat, (5) Focolarini, (6) Sant' Egidio.

– Die zweite Gruppe mit dem größten Einfluss auf den Papst selber: (1) Sekretär Georg Gänswein und Kardinalstaatssekretär Tarcisio Bertone, (2) Integrierte Gemeinde (durch persönliche und private Bindung), (3) Opus Dei, (4) Traditionalisten (durch die Nähe im Denken).

Aber diese Bewegungen ziehen nicht am selben Strick. Nach dem Selbstverständnis der Organisationen jedenfalls lassen sich Oschwald zufolge drei Gruppen unterscheiden: (1) Die Reaktionären, zu denen die spanischen Gründungen Opus Dei und Legionäre Christi sowie die Traditionalisten gehören. (2) Die betont urchristlichen Gemeinden, die beherrscht werden vom Neokatechumenalen Weg, den Focolarini und der Integrierten Gemeinde (München). (3) Die politisch Gewichtigen, zu denen Comunione e Liberazione und Sant' Egidio zählen.

Manche Leser werden verwirrt sein durch diese vielen Namen, aber verwirrend sind weniger die Namen, sondern die ganze Situation, die so in der römischen Kurie entstanden ist. An kompetentem Personal mangelt es also in der Kurie, allerdings nicht an »Karrieristen«. »Karrierismus« in der Kurie, das rücksichtslose Streben nach Erfolg, nach einer schnellen Karriere, wurde sogar von Kardinal JOSEPH RATZINGER öffentlich angeprangert. Aber er hätte noch sehr viel deutlicher nennen können, was seit dem Mittelalter bis in unsere Tage hinein Kennzeichen des kurialen Systems geblieben sind: Nepotismus, Begünstigung von Verwandten und Cliquenwirtschaft, Raffgier, Korruption, Vertuschung. Einen konkreten Einblick in das kuriale Leben heute mit vielen Beispielen von Missständen gibt das Buch »Via col vento in Vaticano« (»Vom Winde verweht im Vatikan«). Es wurde 1999 geschrieben vom 72jährigen (inzwischen verstorbenen) Msg. LUIGI MARINELLI (Pseudonym »I Millenari«), langjähriges Mitglied der Kongregation für die Ostkirchen. Er berief sich auf neun oder zehn Co-Autoren. Das Buch erreichte in drei Wochen eine verkaufte Auflage von 100 000 Exemplaren. Marinelli erhielt im Jahr 2003 den Herbert-Haag-Preis »Für Freiheit in der Kirche«. In seinem Buch beschreibt er das römische System als ein verrottetes System, das auch in der Alltagsadministration dringend einer radikalen Reform bedürfte, allerdings noch mehr im vatikanischen Finanzwesen.

8. Glasnost und Perestroika für die Kirchen- finanzen

Begründung: Seit dem Entstehen der römischen Kurie im 11. Jahrhundert zeigten die Päpste ein problematisches Verhältnis zum Geld. Die Reformbewegung von Cluny unterstellte ihre Hunderte von Klöstern direkt dem Heiligen Stuhl und verschaffte ihnen gewaltige Einnahmen und immensen Grundbesitz überall in Europa. Wie andere römische Bischöfe sann auch der große INNOZENZ III. stets auf neue Geldquellen und verlangte sogar von jedem Teilnehmer des Vierten Ökumenischen Laterankonzils, ihm ein »Abschiedsgeschenk« zu machen. Besonders die neue päpstliche Residenz und Kurie in Avignon während des Großen Schismas erforderten Unsummen von Geld. Deswegen wurde ein ausgeklügeltes Abgaben- und Gebührensystem entwickelt, das zum Teil bis heute beibehalten wurde. Der dann von LEO X. aus dem Handels- und Bankhaus der Medici zur Finanzierung des Neubaus der Peterskirche initiierte Ablasshandel war unmittelbarer Anlass für MARTIN LUTHERS Thesen.

An Finanzskandalen (und bescheidenen Finanzreformen) fehlte es der römischen Kurie auch in der Neuzeit nicht. Gegen Ende des 19. Jahrhunderts hatte Papst LEO XIII. in enger Verbindung mit der Banco di Roma die Kommission »Ad pias causas« (»Für wohltätige Zwecke«) gegründet und so ein vatikanisches Engagement an den Börsen von London, Paris und Berlin möglich gemacht. Daraus ging unter Papst PIUS XII. 1942 das »Istituto per le Opere di Religione« (IOR: »Institut für Werke der Religion«), die eigentliche Vatikanbank hervor, die freilich höchst verborgen operierte und bis in unsere Tage auch auf der Homepage des Vatikans überhaupt nicht verzeichnet war.

Schon unter dem Pontifikat PAULS VI. und JOHANNES PAULS II. aber kamen riesige Finanzskandale ans Licht. Über das dabei führende verbrecherische Trio ist viel geschrieben worden. Es sind:
– der Amerikaner Msg. Paul Marcinkus, zum Chef des IOR und Titularerzbischof aufgestiegen,
– der sizilianische Mafiabankier und Geldwäscher Michele Sindona, Berater von Marcinkus,
– Roberto Calvi, der Chef des Banco Ambrosiano, der größten Privatbank Italiens, die 1987 mit einem Riesenverlust von rund drei Milliarden Dollar in Konkurs ging.
Der Erzbischof wurde durch den Vatikan vor der Verhaftung durch die italienische Justiz geschützt und nach einem längeren Aufenthalt im Vatikan in aller Stille in die USA abgeschoben. Der Mafiabankier endete in einem italienischen Gefängnis an einem vergifteten Espresso, entweder durch Mord oder Selbstmord. Der »Bankier Gottes« Calvi wurde 1982 unter einer Londoner Themsebrücke erhängt aufgefunden. Deshalb fand im selben Jahr die erste italienische Untersuchung der vatikanischen Finanzen statt.

Und der Vatikan? Dort rührte niemand einen Finger zur Aufklärung der verbrecherischen Aktivitäten, aber als Hauptaktionär des Banco Ambrosiano zahlte der Vatikan »freiwillig«, ohne eine Schuld zuzugeben, 240 Millionen Dollar. Kardinal Joseph Ratzinger, seit 1981 als Chef der Glaubenskongregation im vatikanischen Machtzentrum, konzentrierte sich auf den Kampf gegen die lateinamerikanische Befreiungstheologie und leitete ein Verfahren gegen den hochverdienten brasilianischen Theologen Leonardo Boff.

Neben anderen hat DAVID A. YALLOP in seinem Bestseller »Im Namen Gottes?« (1984) über all die Verstrickungen des Vatikans im Detail berichtet. Allerdings konnte er keine Verbindung zum mysteriösen plötzlichen Tod des 33-Tage-Papstes JOHANNES PAULS I. nachweisen, der auf das IOR nicht gut zu sprechen war, und auch nicht die Rolle des siebenfachen italienischen Premierministers Giulio Andreotti klären, der, wiewohl verschiedentlich wegen Beziehungen zur Mafia angeklagt, sich der italienischen Justiz immer wieder entziehen konnte. Der Vatikan, sonst zu moralischen Verdikten rasch bereit, hat sich weder zum »Fall Andreotti« noch zum »Fall Berlusconi« kritisch geäußert.

Eine neue Situation entstand 2009, wie bereits erwähnt (Kap. I,5), durch die Veröffentlichung von mehr als 4000 Originaldokumenten – Buchungsbelege, Briefe, Aufsichtsratsprotokolle, Nummern, Konten, Bilanzen – aus dem Geheimarchiv des gewissenhaften Msg. RENATO DARDOZZI (1922–2003), Beauftragter des päpstlichen Staatssekretariats für das IOR und somit in alle vatikanischen Finanzgeheimnisse eingeweiht. Er hielt sich lebenslang loyal an seine Schweigepflicht, aber sein letzter Wille lautete: »Diese Dokumente sollen veröffentlicht werden, damit alle erfahren, was hier geschehen ist.« Aus Sicherheitsgründen in einem Tessiner Bauernhof versteckt, wurden die Dokumente nach

Dardozzis Tod in Italien registriert und fotokopiert. Im Jahr 2009 wurden im Auftrag der Testamentsvollstrecker die wichtigsten davon kommentiert veröffentlicht durch den Journalisten GIANLUIGI NUZZI unter dem Titel »Vaticano S.p.A.«, deutsche Ausgabe »Vatikan AG« (Ecowin, Salzburg 2010). Untertitel: »Ein Geheimarchiv enthüllt die Wahrheit über die Finanz- und Politskandale der Kirche.« Seither weiß man genau Bescheid über die Verdunkelungsstrategien, Ströme von Schmiergeldern und Geheimkonten italienischer Spitzenpolitiker, insbesondere Andreottis, und anderer Prominenter.

Die Veröffentlichung war ein gewaltiger Schock für die Herren im Vatikan. Papst BENEDIKT XVI. und sein Kardinalstaatssekretär TARCISIO BERTONE sahen sich zum Handeln herausgefordert. Denn von dem im Mai 2009 erschienenen Buch wurden in Italien in wenigen Monaten 250 000 Exemplare verkauft. Im Vatikan erfolgten daraufhin einschneidende Veränderungen: Der seit 20 Jahren amtierende Chef des IOR, Angelo Caloia, wurde vorzeitig »entlassen«, als neuer Präsident der ebenfalls Opus-Dei-nahe ETTORE GOTTI TEDESCHI, ein Freund Bertones, eingesetzt. Der Posten eines »Prälaten« des IOR – im Zentrum der skrupellosen Finanzoperationen – wurde abgeschafft, und der aktuelle Inhaber (früherer Privatsekretär des Kardinalstaatssekretärs Sodano) als Nuntius nach Afrika verpflanzt. Benedikt XVI. wagte, in seiner Sozialenzyklika »Caritas in veritate« eine Verurteilung von Finanzaktivitäten, die dem Menschen schaden, auszusprechen.

Doch politisch und juristisch folgenreich: Für den bisher so sehr auf absolute Geheimhaltung bedachten Vatikan sah sich der neue Chef des IOR, Gotti Tedeschi, gezwungen, am 29. November 2009 ein Übereinkommen zu unterzeichnen, dass der Vatikan nunmehr die in der EU geltenden Gesetze zur Verhinderung von Geldwäsche mitträgt: »Der Staat der Vatikanstadt verpflichtet sich, durch direkte Umsetzung oder gleichwertige Schritte alle zweckdienlichen Maßnahmen zu treffen, damit alle einschlägigen gemeinschaftlichen Rechtsvorschriften zur Verhinderung von Geldwäsche, Betrug und Fälschung von Bargeld oder bargeldlosen Zahlungsmitteln anwendbar werden. Er verpflichtet sich weiterhin, alle einschlägigen gemeinschaftlichen Rechtsvorschriften im Banken- und Finanzsektor umzusetzen, wenn und insofern im Staat der Vatikanstadt ein Bankensektor geschaffen wird« (vgl. Nuzzi, S. 26f). Das Übereinkommen trat am 1. Januar 2010 in Kraft. Damit schien alles in Ordnung ...

Aber was geschah? Wie schon im ersten Kapitel berichtet, ging im Oktober 2010 eine Nachricht durch die Medien, die im Vatikan »Bestürzung und Staunen« auslöst: die römische Staatsanwaltschaft ermittle wegen Verdacht der Geldwäsche gegen die Vatikanbank. 23 Millionen Euro nicht deklarierte Gelder seien aus dem Vatikan auf das Konto einer italienischen Bank geflossen und deshalb beschlagnahmt worden. Gegen die neuen Verantwortlichen des IOR, Präsident Gotti Tedeschi und Generaldirektor Paolo Cipriani, wurde ein Gerichtsverfahren eingeleitet; sie wurden zum Verhör geladen. Die früher oft missbrauchte vatikanische Immunität (»Wir sind ein souveräner Staat!«) fand bei ihnen keine Anwendung. Sie konnten den Richtern Herkunft und Zweck der beschlagnahmten Millionen nicht befriedigend erklären. Seither behandeln die italienischen Institutionen die Vatikanbank wie eines jener obskuren Off-Shore-Institute, die in der Karibik oder anderswo als Steuerparadiese dienen. Der Fall liegt jetzt beim italienischen Obersten Gericht.

Verfolgt von einem italienischen Gerichtsverfahren und bedroht von EU-Sanktionen entschlossen sich Papst Benedikt und die zuständigen Kurienleute, ihre Reform des vatikanischen Finanzwesens energisch voranzutreiben. Genau 30 Jahre sind es her, seit Kardinal Joseph Ratzinger in den innersten Zirkel der kurialen Macht eingetreten ist, und seit mehr als fünf Jahren ist er Papst – Zeit genug also, aber jetzt eilte es! Mitten in der Weihnachtszeit, am 30. Dezember 2010, kündigte der Papst in einem »Apostolischen Brief« mit Wirkung auf den 1. April 2011 die Einsetzung einer Aufsichtsbehörde (»Financial Information Authority«) und den Erlass neuer strenger Gesetze und Strafen für sämtliche Kurienorgane an (auch für die Kongregation für die Evangelisierung der Völker, die mit ihrem großen Grundbesitz ebenfalls Objekt eines Gerichtsverfahrens ist). Ziel der päpstlichen Aktion: »die Vorbeugung und Abwehr illegaler Aktivitäten auf dem Feld des Finanz- und Währungswesens« zu gewährleisten.

Diese Reinigung des eigenen Hauses durch den Papst wurde mit Recht gelobt. Der äußere Druck führte zum Fortschritt im Vatikan. Aber alles hängt natürlich davon ab, wie die neuen Bestimmungen in der Vatikanbank in die Tat umgesetzt werden und wie besonders die fünfköpfige (allein dem Papst verantwortliche) Aufsichtskommission zusammengesetzt sein wird und wie sie funktioniert (es gab schon früher eine ähnliche, wenig erfolgreiche Bankierskommission). Es geht hier ja nicht nur um einige traditionelle »Konstruktionsfehler« der Vatikanbank, sondern um den Fundamentalmangel an Transparenz innerhalb des römischen Systems überhaupt. Wurde hier doch demonstriert, wie wenig die Päpste, denen das Vatikanum I die oberste und volle Jurisdiktion über alle Kirchen und einzelnen Christen zuschreibt, sich als fähig erwiesen haben, auch nur die eigene Bank effektiv zu kontrollieren.

Nun lebt der Vatikan aber zu einem großen Teil von Spenden der Gläubigen und von Abgaben und Gebühren der Diözesen, und die Vatikanbank verwaltet Milliarden Euro Ersparnisse von Orden, kirchlichen Einrichtungen und Diözesen weltweit und stellt ihre Gewinne dem Papst zur Verfügung. Was vor einiger Zeit vom Kreml gefordert wurde, darf doch wohl angesichts eines völlig undurchsichtigen Finanzgebarens auch von der Zentrale der katholischen Kirche erwartet werden:

– »*Glasnost*« (russ.: »Öffentlichkeit«): gerade der Vatikan sollte sich um »Transparenz« in seinem Finanzwesen und ehrliche Information der Öffentlichkeit bemüht zeigen.

– »*Perestroika*« (russ.: »Umbau«): der Vatikan sollte sich für eine »Umstrukturierung« des vatikanischen Finanzwesens und eine »Umgestaltung« oder »Neuorientierung« seiner Finanzpolitik engagieren. Ist das zuviel verlangt?

Dies verlangt auch die *Europäische Union* in jenem, am 29. November 2009 abgeschlossenen und 2010 in Kraft getretenen Abkommen mit dem Vatikan. Ähnliches darf aber auch die *katholische Kirchengemeinschaft* von ihrer römischen Zentrale verlangen. Deren kostspieliges Abgaben- und Gebührensystem war bisher vor katholischem Klerus und Volk weithin geheim gehalten worden. Alles – von den Prälatentiteln über die Eheprozesse bis zu den Heiligsprechungen – hat im Vatikan seinen Preis. Die Öffentlichkeit und besonders die Katholiken aber möchten wissen, wie viele Millionen zum Beispiel die katholische Kirche Deutschlands oder der USA (die beiden in der kurialen Praxis oft wenig geschätzten und respektierten »Hauptsponsoren« des Vatikan) jährlich an die römische Kurie abführen – neben der von Pius IX. neu belebten freiwilligen Gabe des »Peterspfennigs«, üblicherweise bei der Kollekte am Fest »Peter und Paul« eingezogen. Aufklärung und Transparenz über die Gelder der Gläubigen sind somit dringend erfordert. »Was ich euch im Dunkeln sage«, ist man versucht zu zitieren, »das sagt im Licht, und was ihr ins Ohr geflüstert bekommt, das ruft aus auf den Dächern« (Mt 10,27).

Erheblich transparenter ist die Verwendung der *Kirchensteuergelder in den deutschen Bistümern*, und zwar besonders in Diözesen wie Rottenburg-Stuttgart, wo der Pastoralrat aus Repräsentanten von Klerus und Laien über den Etat mitent-

scheiden kann. Noch demokratischer und der neutestamentlichen Kirchenstruktur angemessener ist das Kirchensteuer-
system in schweizerischen Kantonen, wo die Kirchensteuer
nicht zentralistisch in Hunderten von Millionen Franken in
eine bischöfliche Kasse fließt wie in Deutschland, sondern
von der Gesamtkirchengemeinde des Ortes, die auch über
ihre Höhe beschließt, eingezogen und dann ein bestimmter
Prozentsatz an die Diözese abgeführt wird.

Neuerdings stellt sich aber die Problematik der zunehmenden Zahl derer, die aus der Kirche als Körperschaft des
öffentlichen Rechts austreten und deshalb keine Kirchensteuer bezahlen wollen, aber sich nach wie vor als Mitglieder der
katholischen Glaubensgemeinschaft verstehen. Nun hat die
deutsche Bischofskonferenz von Rom die Weisung erhalten,
solche Gläubige nicht mehr automatisch zu exkommunizieren, sondern bei jedem Austritt zu überprüfen, ob sich die
Person nur von der Kirche oder auch vom christlichen Glauben abgewendet hat. Im ersten Fall könnten solche Christen
auch dann kirchliche Leistungen in Anspruch nehmen, wenn
sie keine Kirchensteuer bezahlen. Es wäre demnach möglich,
dass das Bundesverwaltungsgericht in Leipzig, bei dem der
emeritierte Freiburger Kirchenrechtler Hartmut Zapp diesen Fall anhängig gemacht hat, sich für »Katholiken ohne
Steuerpflicht« aussprechen wird.

9. Die Inquisition nicht reformieren, sondern abschaffen

Begründung: Unter dem Schreckensnamen »Inquisition« füllen sich viele der furchtbarsten Seiten der Kirchengeschichte:
die systematische gerichtliche Verfolgung von Häretikern
durch ein kirchliches Glaubensgericht (»Inquisitio haereticae
pravitatis«), das die Unterstützung nicht nur der weltlichen

Macht besaß, sondern auch die weiter Volkskreise, die öfters Ketzerhinrichtungen höchst begierig genossen. So wurde denn die Inquisition bedauerlicherweise ebenfalls zu einem Charakteristikum gerade der römisch-katholischen Kirche, wenngleich Hinrichtungen von »Häretikern« auch in den reformatorischen Kirchen vorkamen.

Nur ein kurzer Blick in die Geschichte, die eine Institution im Wandel zeigt: Entscheidenden Einfluss auf die Entstehung der Inquisition hatte einerseits Kaiser FRIEDRICH II., der in seinen Krönungsedikten als Strafmaß für Ketzerei den Tod auf dem Scheiterhaufen festlegte. Andererseits Papst GRE-GOR IX., Neffe von Innozenz III., der durch eine Konstitution die bisher vor allem von Ortsbischöfen organisierte Ketzer-bekämpfung an sich zog und für die Aufspürung der Ketzer päpstliche Inquisitoren vor allem aus den mobilen Bettelorden ernannte. Die universale und effektivere päpstliche Inquisiti-on als Entlastung, Ergänzung und Intensivierung der (schon im Frühmittelalter geübten) bischöflichen Inquisition!

Die von der Kirche verurteilten Häretiker sollten dem weltlichen Gericht übergeben werden – zur Bestrafung durch Feuertod oder wenigstens Abschneiden der Zunge. Die Laien aber sollten weder privat noch öffentlich über den Glauben diskutieren, sondern vielmehr alle der Häresie Verdächtigen denunzieren. Für die Entscheidung der Glaubensfragen war allein die kirchliche Obrigkeit zuständig, und die ließ keine Gedanken- und Redefreiheit zu. Ausgerechnet Innozenz IV., ein großer Juristenpapst, ging noch einen Schritt weiter. Er ermächtigte die Inquisition, zur Erzwingung des Geständ-nisses auch die Folter durch die weltliche Obrigkeit anwen-den zu lassen. Welche konkreten Qualen dies für die Opfer bedeutete, spottet jeder Beschreibung.

Erst die Aufklärung räumte mit den Barbarismen der Folter und des Feuertods für Ketzer auf. Aber die römische Inquisition besteht unter verändertem Namen (»Sanctum

Officium«, »Kongregation für die Glaubenslehre«) und mit psychischen Foltermethoden weiter und verfügt heute über digitale Registriermethoden. Doch verfährt sie immer noch nach ihren mittelalterlichen Grundsätzen – einer der Gründe, warum der Vatikan der Europäischen Menschenrechtskonvention von 1950, die auf einem Mindestniveau die Einhaltung der Menschenrechte gewährleisten soll, nicht beitreten darf.

Trotz einer schließlich neu formulierten und erstmalig veröffentlichten Verfahrensordnung – der Glaubenskongregation im Unfehlbarkeitsstreit abgerungen – gilt noch immer: Das Verfahren gegen einen Verdächtigten oder Angeklagten ist geheim. Niemand weiß, wer die Informanten sind. Ein Kreuzverhör von Zeugen oder Gutachtern findet nicht statt. Akteneinsicht wird nicht gewährt, so dass eine Kenntnis der Vorverhandlungen verhindert wird. Ankläger und Richter sind identisch. Appellation an ein unabhängiges Gericht ist ausgeschlossen, beziehungsweise nutzlos.

Denn nicht die Wahrheitsfindung ist Ziel des Verfahrens, sondern die bedingungslose Unterwerfung unter die mit der Wahrheit stets identische römische Lehre, kurz: »Gehorsam« gegenüber »der Kirche« nach der bis heute gebrauchten Formel »humiliter se subiecit«, »er hat sich demütig unterworfen« (zum »Index der Volksverdummung« vgl. Kap. IV,11). Solcher Gehorsam will schon früh gelernt sein: Nach dem neuen kirchlichen Gesetzbuch sind die Alumnen in Priesterseminaren »so zu bilden, dass sie, von der Liebe zur Kirche Christi erfüllt, dem Papst als Nachfolger Petri in demütiger und kindlicher Liebe ergeben sind …« (Kanon 245 § 1). Dazu passt dann der von jedem Bischof vor Amtsantritt geforderte Treueid gegenüber dem Papst (Kanon 380), normalerweise im Rahmen der Bischofsweihe abzulegen.

Die Macht des Chefs der Glaubensbehörde ist noch immer gewaltig und besonders von Bischöfen und Theologen gefürchtet. Ihm steht der gesamte kuriale Apparat zur Verfügung. Es ist ihm ein Leichtes, direkt an jede der päpstlichen Nuntiaturen in aller Welt zu gelangen, um den Repräsentanten des Papstes zu einer Intervention bei einer Bischofskonferenz, einer Regierung oder eben auch gegen einen Einzelnen zu veranlassen. Er kann auch jeden der rund fünftausend Bischöfe in aller Welt direkt anschreiben, um gegen ihn oder gegen einen seiner Theologen, Seelsorger oder Ordensleute vorzugehen. Und dies alles geräuschlos und von der Öffentlichkeit völlig unbeobachtet, oft ausdrücklich »*sub secreto pontificio*«, unter der hohen Geheimhaltungsstufe des Sanctum Officium. Nur so konnte ja auch die jahrzehntelange weltweite Vertuschung klerikaler Sexualmissbrauchsfälle funktionieren.

Keine Frage: Die Inquisition, auch in ihrer modernisierten Form, spricht dem Evangelium ebenso Hohn wie dem heute allgemein verbreiteten Rechtsempfinden, das sich insbesondere in den Menschenrechtserklärungen Ausdruck verschafft hat. Die Inquisition ist nicht, wie unter Paul VI. versucht wurde, zu reformieren, sondern schlicht abzuschaffen. Am besten sollte die »Glaubenskongregation« ersetzt werden durch eine »Liebeskongregation«, eine Kontrollinstanz, die jeden kurialen Akt oder Maßnahme überprüft, ob sie dem Geist christlicher Liebe nicht widerspricht. Denn es geht hier nicht nur um die formelle Inquisition, sondern auch die viel weiter ausgreifende römische Repression.

10. Alle Formen von Repression beseitigen

Begründung: Unter »Repression« ist zu verstehen jede Form von Unterdrückung von Menschen durch Menschen, durch ein bestimmtes System und seine Repräsentanten. Natürlich braucht eine Glaubensgemeinschaft Kriterien und Maßstäbe, an denen sich ihre Mitglieder orientieren können. Aber viele in der katholischen Kirche – Einzelne, mitunter auch ganze Gruppen – beklagen Einschränkungen und Behinderungen durch verschiedene geistliche (und oft auch politische, rechtliche, finanzielle) Druck- und Machtmittel. Statt Freiheit im Geiste des Evangeliums »geistliche« Gängelung, ja Unterdrückung (vgl. Kap. I,1ff).

Vertreter der Amtskirche freilich wiegeln gern ab und versuchen den Eindruck zu erwecken, als ob es solche Repression gar nicht gäbe. Vielmehr herrsche pastoral ein Klima der Geschwisterlichkeit und Liebe; bestehe volle Freiheit theologischer Forschung und Lehre; könne kein ökumenischer Stillstand festgestellt werden; gebe es keine Allianzen zwischen konservativer Kurie und Bischöfen einerseits und reaktionären Tendenzen in Politik, Kultur und Gesellschaft andererseits.

Selbstverständlich will ich hier nicht alles schwarz malen, allerdings auch nicht alles rosa färben. Nicht nur »kritische« Theologen, sondern zahllose Katholikinnen und Katholiken in den Gemeinden haben kein Verständnis
– für die von amtskirchlicher Seite nach wie vor angewandte Methode der Diskriminierung und Diffamierung derjenigen Kirchenglieder oder Gruppen, die in manchen Punkten der Lehre, der Moral, der Disziplin und der Politik anders denken als der Papst oder bestimmte Kardinäle und Bischöfe in Rom und im eigenen Land;
– für die Diffamierung sozial engagierter Christen – Bischöfe, Seelsorger, Theologen, Laien – in Afrika, besonders aber in Lateinamerika, die man als Marxisten und Kommunisten unglaubwürdig und mundtot zu machen versucht;
– für die Diffamierung von Frauen, auch Ordensschwestern (römische »Visitation« in den USA), die sich gegen die Diskriminierung von Frauen in der Kirche und das Verbot der Frauenordination einsetzen;

– für die Diffamierung von Moraltheologen weltweit, die für die moralische Mündigkeit heutiger Christen und für verständnisvollere und differenziertere Positionen in existentiell relevanten ethischen Fragen eintreten.

Wie viele loyale katholische Männer und Frauen mögen in dieser römisch-katholischen Kirche unter repressiven Maßnahmen gelitten haben! Einige Fälle wurden bekannt, mehr blieben unbekannt. Wenn ich daran denke, was mir in den 28 Jahren des Regimes Wojtyla-Ratzinger von Betroffenen alles schriftlich mitgeteilt wurde oder mündlich zu Ohren kam, müsste ich ungezählte Seiten füllen: Mahnungen, Warnungen, Drohungen, Vorladungen, Versetzungen, Absetzungen, »Bußschweigen«, Entzug der kirchlichen Lehrbefugnis, Entzug der Predigtbefugnis, Suspension vom priesterlichen Amt ...

Der National Catholic Reporter (NCR), das angesehene Organ der kritischen Katholiken der USA, veröffentlichte am 28. September 2007 einen »Special Report: Theology Censure«. Hier ist eine Liste der »Zielscheiben« (*targets*), um nicht zu sagen »Opfer«, von »28 Jahren päpstlicher Disziplinierung« unter Johannes Paul II. aufgeführt, die zwar »keine vollständige, aber eine substantielle Repräsentation« der Bestraften zu sein beansprucht. Darunter fallen zum Teil schon unter dem Pontifikat Pauls VI. berühmte Namen: der französische Moraltheologe Jacques Pohier OP, der belgisch-holländische Dogmatikprofessor Edward Schillebeeckx OP, der deutsche Dogmatikprofessor Karl Rahner SJ, der amerikanische Moraltheologe Charles Curran und, als einziger Konservativer, der traditionalistische Erzbischof Marcel Lefebvre.

Dazu kommen auf der NCR-Liste der Erzbischof von Seattle/USA, Raymond Hunthausen (wegen liturgischer »Missbräuche«) und der Bischof von Evreux/Frankreich, Jacques Gaillot (wegen seines Einsatzes für Randgruppen), die Befreiungstheologen Ernesto Cardenal (Nicaragua), Leonardo Boff (Brasilien) und Jon Sobrino (El Salvador). Dazu die um eine kulturell verwurzelte (»inkulturierte«) Theologie bemühten Theologen Tissa Balasuriya (Sri Lanka), Jacques Dupuis (Gregoriana, Rom) und Anthony de Mello (Indien, mehrere Jahre nach seinem Tod verurteilt). Auf der Liste stehen aber auch die amerikanischen Homosexuellen-Seelsorger Robert Nugent und Schwester Jeannine Gramick sowie Dr. John McNeill (wegen seiner Veröffentlichungen über Homosexualität). Weiter die Ordensfrauen Mary Agnes Mansour (Sister of Mercy, USA), Elisabeth Morancy und Arlene Violet (ebenfalls Sister of Mercy, USA), die gezwungen wurden, sich zwischen ihrer Führungsposition im sozialen oder politischen Bereich und dem Ordensleben zu entscheiden und aus ihrem Orden austraten. Aber auch Barbara Ferraro und Patricia Hussey (Sister of Notre Dame de Namur) und Ivone Gebara (Brasilien), wegen ihrer Opposition gegen die römische Haltung zur Abtreibung sanktioniert. Schließlich der amerikanische Dominikaner Matthew Fox (wegen Erbsündenlehre, Sexualität und »Pantheismus« aus dem Orden ausgeschlossen) und der amerikanische Jesuit Robert Haight (wegen abweichender Christologie) … Und kein Ende?

Ich kann nur wiederholen: Wenn die katholische Kirche nicht weiter schrumpfen, sondern überleben will, darf sie nicht die kreativsten Geister unterdrücken und wieder eine antimodernistische Festungsmentalität entwickeln. Sie muss, was Johannes XXIII. mit dem Öffnen der Fenster der Kirche meinte, den Geist jener Freiheit, zu der uns Christus befreit hat, erneut einziehen lassen. Frische Luft und Sonnenlicht, hörten wir, ist ein gutes Heilmittel zur Bekämpfung der Osteoporose. Besonders therapiebedürftig ist hier das Kirchenrecht.

11. Das Kirchenrecht nicht nur verbessern, sondern gründlich neugestalten

Begründung: Das im 11. Jahrhundert ausgestaltete »kanonische« (päpstliche) Kirchenrecht samt Kirchenrechtswissenschaft ist die wichtigste ideologische Stütze des römischen Systems; nur mit ihrem juristischen Instrumentarium ließen sich die mittelalterlichen römischen Ansprüche durchsetzen (vgl. Kap. III,2). Aber auch ein modern verkleidetes, im Grunde aber mittelalterlich-gegenreformatorisches Paradigma von Kirche und Kirchenrecht steht im Widerspruch zu den neutestamentlichen Grundlinien einer Kirchenverfassung, auch wenn man es im Vatikanum I (1870) sakral zu legitimieren und auch wieder nach dem Vatikanum II (1962–1965) mit autoritär-inquisitorischen Mitteln und einem neuen alten Codex Iuris Canonici durchzusetzen versucht. Und ein solches Paradigma von Kirche und Kirchenrecht steht erst recht im Widerspruch zu den Idealen der modernen Demokratie und des Volkes Gottes, auch wenn es unterstützt wird durch einen massenwirksamen Personenkult und eine auf römische Machterhaltung und Machterweiterung zielende, unkollegiale und undemokratische Personalpolitik.

Man erinnere sich daran, dass schon Papst JOHANNES XXIII., unzufrieden mit dem Codex Iuris Canonici (CIC) von 1917, im Jahre 1959 gleichzeitig mit dem Konzil auch eine *Reform des Kirchenrechts* der Lateinischen Kirche angekündigt hat – auch dies nicht unbedingt zur Freude seiner Kurie. Das Konzil rechnete mit einer grundlegenden Reform. Doch während der Codex von 1917 in dreizehn Jahren fertiggestellt wurde, brauchte es für den neuen sechzehn Jahre. Erst im Januar 1983 wurde er von Papst Johannes Paul II. feierlich unter ständigem Zitieren und Beschwören des Konzils proklamiert.

Aber die Kommission für die Revision des kirchlichen Rechts lag fast ganz in den Händen der Kurie, und so brachte der Codex mit seinen 1752 Kanones gerade nicht, was das Konzil anzielte, sondern eher, was die Kurie wollte. Natürlich hat dieser neue CIC auch formale und inhaltliche Fortschritte gebracht. Doch hinter einer Systematik und Terminologie, die sich auf Begriffe und Vorstellungen des Konzils stützt, verbergen sich allzu oft wenig konzilskonforme Inhalte. »Das neue Kirchenrecht – das alte System. Vorkonziliarer Geist in nachkonziliaren Formulierungen«: unter diesen Titel stellte der deutsche Kirchenrechtler KNUT WALF, Professor an der Universität Nijmegen und profunder Kenner der Konzilsproblematik, seine Analyse des »neuen« Codex (Sammelband »Katholische Kirche – wohin? Wider den Verrat am Konzil«, 1986 hrsg. von Norbert Greinacher und mir). Ich fasse die komplexe und kontroverse Materie knapp zusammen.

Zunächst einige für die Reform besonders problematische Punkte: Gewichtige Termini des Konzils wie Kirche als »communio« oder Amt als »munus« (Dienst, nicht »potestas«, Macht) und überhaupt manche Konzilsergebnisse wurden in die römische Rechtssystematik eingepasst. Der Primat des Papstes wird im Codex von 1983 noch massiver als im CIC von 1917 betont; neu wird der Papst neben allen anderen Titeln auch noch als »Stellvertreter Christi« bezeichnet (Kanon 331). Dem Ökumenischen Konzil aber wird kein eigenes Kapitel mehr geschenkt und ihm auch nicht mehr eindeutig wie im Codex von 1917 (Kanon 228) mit Berufung auf das Konzil von Konstanz »höchste« Gewalt über die Gesamtkirche zugesprochen (Kanon 337 § 1). Zugleich wird alle Kollegialität der Bischöfe und der Bischofssynode an das »Haupt« des Bischofskollegiums, den Papst, gebunden, ohne den das Bischofskollegium handlungsunfähig ist (Kanon 336). Die Entscheidungskompetenz der Bischofskonferenzen wird eingeschränkt: In Fragen von größerer Tragweite müssen sie für ihre Beschlüsse die Zustimmung des Heiligen Stuhles verlangen. Die päpstlichen Gesandten (Nuntien) müssen rechtzeitig vor jeder Sitzung die Tagesordnung der Bischofskonferenz erhalten und später ebenso die Sitzungsprotokolle, so dass ihre totale Überwachung gewährleistet ist. Der Heilige Stuhl kann sogar verlangen, dass der Nuntius nicht nur zur ersten Sitzung, sondern auch zu den weiteren eingeladen wird. Institutionalisiertes römisches Misstrauen.

Zwei weitere Beispiele für die Veränderung des traditionellen Rechts zugunsten des Primats: Erstens die Einrichtung von »Personalprälaturen« für Organisationen wie das Opus Dei – faktisch Quasi-Bistümer, die dem Papst direkt unterstellt und der Autorität der Bischöfe weithin entzogen sind; dies kann zu Spannungen, gar Spaltungen führen. Zweitens: die Ernennung eines Koadjutors (Hilfsbischofs) wird jetzt immer verbunden mit dem Recht auf Bischofsnachfolge. Der Papst kann einem Bischof einen solchen Koadjutor an die Seite stellen, ihm auf diese Weise sogar den Nachfolger aufzwingen und so eventuell auch konkordatär verbrieftes Wahlrecht der Domkapitel umgehen. Von echter Kollegialität des Papstes mit den Bischöfen ist da außer Worten kaum etwas geblieben.

Nicht unwichtig aber ist das, was nicht im neuen Codex steht:

1. Von den Laien, auch ihren Rechten und Pflichten, ist zwar öfters die Rede, aber der Codex enthält kein Dienstrecht für *Laien in kirchlicher Daueranstellung*; man wollte ihnen auch nicht den Schatten einer »Jurisdiktion« zuschreiben. Wichtige kirchliche Ämter wie das des Pastoralreferenten oder -assistenten (männlichen oder weiblichen Geschlechts) werden nicht einmal erwähnt.

2. Es fehlen Bestimmungen für die *Laisierung von Klerikern*, welche die Kommission bereits in der Zeit von Papst

Paul VI. ausgearbeitet hatte (Entlassung auch auf dem einfacheren und schnelleren Verwaltungsweg). Aber seinem polnischen Nachfolger missfiel dies (nicht zuletzt aufgrund vieler Dispensgesuche aus Polen), und schon am 14. Oktober 1980 ließ er Bischöfe und Ordensobere durch einen geheimen Brief der Glaubenskongregation wissen, dass Dispens vom Zölibat nicht das gleichsam automatische Resultat eines Verwaltungsverfahrens sei; in Zukunft werde Dispens nur noch in Ausnahmefällen erteilt. Dies verschärfte die Zölibatsproblematik noch und förderte die Vertuschung von Missständen.

3. Derselbe Johannes Paul II. trägt persönlich die Verantwortung für die Zurückweisung der ausführlichen Ordnung für eine kirchliche *Verwaltungsgerichtsbarkeit*, wie sie noch der Entwurf des neuen Codex von 1980 enthielt. Akte oder Maßnahmen der kirchlichen Verwaltung sollen also unkontrollierbar bleiben, das bisweilen willkürliche Vorgehen von Kurie und bischöflichen Ordinariaten nicht durch ein unabhängiges Gericht geahndet werden können.

Der Schlussfolgerung des Kirchenrechtlers Knut Walf muss ich zustimmen: »Wegen seiner Rückwärtsgewandtheit kann der neue Codex keine Hilfen und Weisungen für den Weg der katholischen Kirche und deren nähere und fernere Zukunft anbieten.« Wenn aber »dieses Gesetzbuch mit seinem Inkrafttreten bereits überholt war«, dann steht die fundamentale Reform des Kirchenrechts noch aus. Für eine solche wäre zu beachten:

– Diese Reform muss ausgehen von einer grundsätzlichen Überprüfung von Wesen und Funktion des Rechts in der Kirche.

– Sie muss die konkreten Reformen nicht nur nach einer bestimmten juristischen (besonders kurialen) Tradition, sondern nach der Norm des Evangeliums selbst und den Erfordernissen der heutigen Zeit durchführen.

– Die über Fälschungen schon früh in das offizielle Kirchenrecht eingedrungenen Bestimmungen (etwa zur Einberufung, Leitung und Approbation des Ökumenischen Konzils oder zur Bischofswahl) sind im einzelnen zu überprüfen und nur wenn pastoral notwendig, beizubehalten. »Salus animarum suprema lex – das Heil der Seelen muss in der Kirche immer das oberste Gesetz sein«: Dieser alte Satz steht auch am Ende des neuen Codex, zum Abschluss eines sage und schreibe 442 Kanones zählenden Straf- und Prozessrechts. Darunter sind 13 wenig erfreuliche Kanones über Verfahren zur Absetzung oder Versetzung von Pfarrern, aber bezeichnenderweise kein einziger über einen Dispens vom Zölibatsgesetz. In diesem Zusammenhang drängt sich die grundsätzliche Forderung auf:

12. Priestern und Bischöfen die Ehe erlauben

Begründung: Jesus und Paulus haben Ehelosigkeit für den Dienst an den Menschen zwar exemplarisch vorgelebt, aber dem Einzelnen diesbezüglich die volle Freiheit gewährt. Petrus und die übrigen Apostel waren in ihrem Dienst verheiratet. Ehelosigkeit kann vom Evangelium her nur als frei ergriffene Berufung (Charisma) und nicht als allgemein verbindliches Gesetz vertreten werden. Jesus spricht nur an einer Stelle von der (freiwilligen!) Ehelosigkeit: »Wer es fassen kann, der fasse es«, nicht: der muss es fassen. Auch ist bezeugt, dass Jesus das Haus des Petrus besuchte und dessen kranke Schwiegermutter heilte (Mt 8,14). Paulus hat sich entschieden gegen diejenigen gewendet, die schon damals die Ansicht vertraten, »dass es für einen Mann gut sei, keine Frau zu berühren«: »Wegen der Versuchungen zur Unzucht soll jeder Mann seine Frau und jede Frau ihren Mann haben« (1 Kor 7,1f). Nach dem neutestamentlichen Ersten

Brief an Timotheus soll »der Bischof Mann nur einer (nicht: keiner!) Frau sein« (3,2).

Dies blieb durch viele Jahrhunderte für Bischöfe und Presbyter selbstverständlich und hat sich im Osten auch bei den mit Rom unierten Kirchen, wie in der ganzen Orthodoxie, zumindest für die Priester bis heute durchgehalten. Das römische Zölibatsgesetz aber widerspricht dem Evangelium und der alten katholischen Tradition. Es widerspricht aber auch der Erklärung der Menschenrechte, zu denen das Recht eines jeden Menschen auf Ehe gehört.

Freilich leben manche Priester den Zölibat scheinbar ohne größere Probleme; viele wären aufgrund ihrer notorischen Überlastung auch kaum in der Lage, sich um Partnerschaft oder Familie zu kümmern. Aber umgekehrt führt der Zwangszölibat in der Praxis auch vielfach zu untragbaren Situationen: Viele Priester sehnen sich nach Liebe und Geborgenheit, können eine Beziehung aber bestenfalls heimlich leben – mancherorts als mehr oder weniger »offenes Geheimnis«. Und gehen daraus Kinder hervor, so werden diese auf Druck von oben verschwiegen, mit verheerenden Folgen für die Betroffenen ein Leben lang. Andere werden durch die Ehelosigkeit verbittert und weltfremd, oft mit einem gespannten Verhältnis zu Frauen, die sie im schlimmsten Fall als reine Geschlechtswesen oder sexuelle Versuchung betrachten. Deshalb werden viele zur Ehelosigkeit gezwungene ordinierte Männer auch kaum die Ordination von Frauen und deren gleichberechtigte kollegiale Zusammenarbeit in den Entscheidungs- und Leitungsgremien der Kirche begrüßen. Ein Grund mehr, den Zwangszölibat durch die frei gewählte Ehelosigkeit der dafür Berufenen zu ersetzen und zu sehen, dass ein eheloses Leben seinen richtigen Ort in Orden und klösterlichen Gemeinschaften hat. 87 % der Deutschen sind der Ansicht, dass das Eheverbot für das Priesteramt nicht mehr zeitgemäß ist (ARD-Deutschlandtrend vom 19. 3. 2010).

Die Korrelation zwischen dem sexuellen Missbrauch Jugendlicher durch Kleriker und dem Zölibatsgesetz wird zwar immer wieder geleugnet, aber man kann doch die Zusammenhänge nicht übersehen: Die zwangszölibatäre und monosexuelle Kirche konnte die Frauen aus allen kirchlichen Ämtern, nicht aber die Sexualität aus dem Menschen vertreiben und nahm so, wie der katholische Religionssoziologe Franz-Xaver Kaufmann ausführt, das Risiko der Pädophilie in Kauf. Zahlreiche Psychotherapeuten und Psychoanalytiker bestätigen: Das Zölibatsgesetz verpflichte die Priester, sich jeglicher sexuellen Aktivität zu enthalten. Aber deren Impulse blieben nun einmal virulent, und es bestehe die Gefahr, dass sie in eine Tabuzone abgedrängt und dort kompensiert werden. Zölibatäre Lebensform, besonders die zu dieser hinführende, oft von zölibatären Männern dominierte, Sozialisation (häufig Internat, dann Priesterseminar) könne also pädophilen Neigungen Vorschub leisten. Verschiedene Studien zeigen, dass eine Hemmung der psychosexuellen Entwicklung bei Zölibatären häufiger auftritt als in der Durchschnittsbevölkerung. Entwicklungspsychologische Defizite und sexuelle Neigungen werden jedoch oft erst nach der Ordination bewusst. Aber sexuelle Fehlentwicklungen und Fehlverhalten werden in der katholischen Kirche systematisch verschleiert. Es bedarf einer neuen positiven Einstellung nicht nur zur Sexualität, sondern besonders zur Frau.

13. Den Frauen alle kirchlichen Ämter öffnen

Begründung: Schon lange akzeptieren Frauen nicht mehr, wie die Kirche faktisch mit ihnen umgeht, vom (inzwischen wieder aufgehobenen) Verbot von Ministrantinnen bis zu dem von Frauenordination und von künstlicher Geburtenregelung. Sie lassen sich heute nicht mehr zu Objekten männlicher Gebote, Verbote, Regeln und Rollenzuweisungen degradieren. Wie in Familie und Gesellschaft überhaupt fordern mehr und mehr Frauen auch in der Kirche gleiche Entfaltungsmöglichkeiten und die ihnen zustehenden Rechte. Viele, vor allem jüngere, haben der Kirche resigniert den Rücken gekehrt, sich aus Gemeinden zurückgezogen oder gehen theologisch und spirituell ganz eigene Wege. Und von denen, die bleiben, widersetzen sich immer mehr solchen Zwängen und arbeiten damit für eine andere Kirche. Die wichtigsten Kriterien für ein Amt in der Kirche dürfen nicht mehr männliches Geschlecht und opportunistisch-konformistische Bejahung des Status quo sein. Vielmehr sollten wir ernst damit machen, dass es unterschiedliche Fähigkeiten, Berufungen, Charismen gibt, die zum Aufbau einer partnerschaftlichen Gemeinschaft von Frauen und Männern in der Kirche beitragen.

Eine Wiedereinführung des *Diakonats* der Frau ist zu wünschen. Doch reicht diese Maßnahme nicht aus: Wird nicht gleichzeitig mit der Zulassung der Frau zum Diakonat auch ihre Zulassung zum Presbyterat (Priestertum) ermöglicht, würde dies nicht zur Gleichberechtigung, sondern eher zu einem Hinauszögern der Frauenordination führen. Auch die in vielen katholischen Gemeinden schon praktizierte Zulassung von Frauen zu liturgischen Funktionen (Messdienerin, Lektorin, Kommunionsausteilerin, Predigerin) kann ein wichtiger Schritt auf dem Wege zur vollen Integration der Frauen in den kirchlichen Leitungsdienst sein. Aber auch sie macht die Forderung nach der vollen Ordination von Frauen nicht überflüssig.

Auch gegen die Zulassung der Frau zum *Presbyterat* gibt es keine ernsthaften theologischen Gründe. Die exklusiv männliche Konstitution des Zwölferkollegiums der Apostel Jesu muss aus der damaligen soziokulturellen Situation heraus verstanden werden. Die in der Tradition vorfindbaren

Gründe für den Ausschluss der Frau (durch »das Weib« kam die Sünde in die Welt; die Frau wurde als zweite erschaffen; die Frau ist nicht nach dem Bilde Gottes erschaffen; die Frau ist kein volles Mitglied der Kirche; Menstruationstabu) können sich nicht auf Jesus berufen und zeugen von einer grundsätzlichen theologischen Diffamierung der Frau. Der Apostel Paulus redet in seinen Briefen von Frauen ausdrücklich als von seinen »Synergoi«, was wörtlich heißt: »Mitarbeiterinnen«, sinngemäß »Kolleginnen«. Mehrere Frauen nennt er respektvoll mit Namen, vor allem Junia, die er als »angesehen unter den Aposteln« bezeichnet (Röm 16,7). Angesichts leitender Funktionen von Frauen in der Urkirche einerseits und angesichts der heute selbstverständlichen Präsenz kompetenter Frauen in Wirtschaft, Wissenschaft, Kultur, Staat und Gesellschaft andererseits sollte die Zulassung von Frauen zum Presbyterat nicht länger hinausgezögert werden. Jesus und die frühe Kirche waren in der Hochschätzung der Frau ihrer Zeit voraus, die heutige katholische Kirche kann jetzt schon die Weihe von katholischen Priesterinnen nicht mehr verhindern; sie hinkt ihrer Zeit und anderen christlichen Kirchen weit hinterher, in denen schon lange Pfarrerinnen und Bischöfinnen erfolgreich ihren Dienst tun. Dies ist ein Dienst in gleicher Würde wie die Männer, völlig verschieden von der subalternen Position und Funktion, welche die neuerdings zahlreichen Frauen der »Movimenti« in der römischen Kurie haben.

Dass Widerstand und unter Umständen auch Ungehorsam in der katholischen Kirche durchaus erfolgreich sein kann, zeigt das Beispiel der *Ministrantinnen*. Sie wurden von Rom aus vor Jahren einfachhin verboten. Aber die Empörung in Volk und Klerus war groß und man hielt in den meisten Pfarreien an den Ministrantinnen einfach fest. Von Rom wurde dies zunächst geduldet, schließlich gestattet. Bei einem großen Ministrantentreffen im August 2010 in Rom übertrafen die Ministrantinnen die Ministranten an Zahl mit 60 % zu 40 %. So ändern sich die Zeiten. Ja, am 7. August 2010 pries ein Artikel im Osservatore Romano diese Entwicklung als wichtigen Durchbruch, da heute der Frau keine »Unreinheit« mehr zugeschrieben werden könne und auf diese Weise eine »tiefe Ungleichheit« beseitigt werde. Wie lange es wohl noch dauert, bis man in Rom einsieht, dass dieselben Argumente auch für eine Priesterweihe, besser: Ordination der Frau gelten? Vieles hängt ab von der Einstellung und vom Einsatz der Bischöfe.

14. Klerus und Laien bei der Bischofswahl wieder einschalten

Begründung: In der altchristlichen Zeit wurde der Bischof von Klerus und Volk gewählt. So sind auch die vielleicht größten Bischöfe aller Zeiten wie Ambrosius von Mailand und Augustinus von Hippo vom Volk gewählt worden. »Nos eligimus eum«, »Wir erwählen ihn« – so lautete in den lateinischen Gemeinden die Akklamationsformel des Volkes. Nicht der römische Bischof, sondern die Nachbarbischöfe wirkten bei der Wahl maßgeblich mit. Das Bestätigungs- und Weiherecht kam auch später nach den Bestimmungen des Ersten Ökumenischen Konzils von Nikaia nicht dem römischen Bischofsstuhl, sondern dem Metropoliten der betreffenden Kirchenprovinz zu.

Im Mittelalter ging die Besetzung der Bischofsstühle vielfach an die Fürsten über, und dann im 11. Jahrhundert, wie nach der Vorstellung der Gregorianischen Reform von den Päpsten gewünscht, an die Domkapitel. So gelangte das Bestätigungs- und Ordinationsrecht immer mehr an den Heiligen Stuhl. Es kam zu »Reservationen«, durch die sich die Päpste die Besetzung von Bischofssitzen vorbehielten:

zunächst vereinzelt, dann für bestimmte Sitze, schließlich seit dem 14. Jahrhundert allgemein.

So wurde das Wahlrecht der Kapitel ausgehöhlt und mit der Zeit sogar rechtlich verdrängt. Beim Wegfall der katholischen Herrscherhäuser entfielen diese Rechte weitgehend. Damit war der Weg erst recht frei für die schon längst vorbereitete und nun im neuen (von Rom 1918 ohne Mitbestimmung oder Befragung des Episkopats und der Kirche einseitig proklamierten!) Codex Iuris Canonici in aller Form festgelegte allgemeine päpstliche Ernennung der Bischöfe.

Das zunächst unbeschränkte Bischofswahlrecht der schweizerischen Bistümer Basel, Chur und St. Gallen sowie des tschechischen Olmütz ist noch die große Ausnahme. Anzustreben ist die Wahl des Bischofs nach alter Tradition durch ein repräsentatives Organ der Diözese, etwa den Pastoralrat oder den durch Laien ergänzten Priesterrat. Die Wahl soll dann vom Papst bestätigt werden (vgl. zur Tradition zuletzt: G. Hartmann, Wählt die Bischöfe. Ein Vorschlag zur Güte, Regensburg 2010). Doch hier noch ein weiterer »Vorschlag zur Güte«:

15. Mahlgemeinschaft katholischen und evangelischen Christen nicht länger verwehren

Begründung: Es wäre nach den vielen Konsensdokumenten offizieller und inoffizieller ökumenischer Kommissionen an der Zeit, dass die katholische Kirche, auf der die Hauptverantwortung für die Kirchenspaltung lastet, die protestantischen Amtsträger und die protestantischen Abendmahlsfeiern als gültig anerkennt. In der seelsorgerlichen Praxis der Gemeinden geschieht dies ohnehin schon weithin.

Schon auf dem ökumenischen Pfingsttreffen in Augsburg 1971, wo Tausende spontan Interkommunion praktizierten, war mit großer Mehrheit in aller Form der Wunsch an die Kirchenleitungen herangetragen worden, für ökumenische Gruppen und konfessionsverschiedene Ehepaare gemeinsame Eucharistiefeiern zuzulassen und jedem Christen, der die Kommunion empfangen wolle, dies in jeder christlichen Kirche zu erlauben. Entgegenstehende Verbote sollten von den Kirchen aufgehoben werden.

Warum aber sind wir auch nach 40 Jahren noch nicht weiter? Warum reagiert man immer noch – oft auf beiden Seiten – mit Engstirnigkeit, Angst um Rechtgläubigkeit, Misstrauen und Furcht? Warum blieb die Würzburger Synode der Bistümer der Bundesrepublik Deutschland (1971–1975) ebenso wie die Papstbesuche trotz vieler schöner Worte ökumenisch folgenlos?

Aus Angst vor spontaner ökumenischer Gastfreundschaft und gemeinsamen Abendmahlsfeiern schob die katholische Kirchenhierarchie ein weiteres ökumenisches Treffen hinaus bis ins Jahr 2003, zum Ökumenischen Kirchentag in Berlin, auf dem die katholische Hierarchie der evangelischen wiederum die Abendmahlsgemeinschaft verweigerte, was diese aber stillschweigend hinnahm. Zugleich erpresste man die evangelischen Kirchenleitungen, sogar auf die selbstverständliche Praxis zu verzichten, Christen aller Konfessionen zum Abendmahl einzuladen.

Doch bereits 1982 wurde in Lima eine Konvergenzerklärung verabschiedet unter dem Titel »Taufe, Eucharistie und Amt«, die von der Kommission für Glauben und Kirchenverfassung des Ökumenischen Rates zusammen mit offiziellen katholischen Vertretern ausgearbeitet worden war. Darin wird deutlich: die theologischen Differenzen, die zur Kirchenspaltung im 16. Jahrhundert geführt haben, sind überwindbar geworden. Zwei der damaligen praktischen Hauptstreitfragen sind vom Zweiten Vatikanischen Konzil aus der Welt geschafft worden: die Volkssprache der Liturgie und der Kelch für die Laien. Und wer, außer ein paar zurückgebliebene Kontroverstheologen, möchte sich noch entzweien über die alten Streitfragen: ob es beim Tod Jesu um ein »Sühneopfer« geht, ob Brot und Wein eine »Wesensverwandlung« (»Transsubstantiation«) durchmachen, ob und wie unter den Gestalten von Brot und Wein Christus wahrhaft präsent sei und ob die evangelischen Kirchen Abendmahlsfeier und Kommunion überhaupt den gebotenen Respekt entgegenbringen.

Und was die schwierigere Frage der Amtsträger bei der Eucharistiefeier betrifft, so werden heute immer weniger Katholiken behaupten, die Eucharistie würde allein vom Priester für das Volk »zelebriert«. Und kein Evangelischer wird behaupten, es könne und solle einfachhin jeder Christ die Eucharistie feiern, wann und wie immer er wolle. Vom neutestamentlichen Befund her ist aber klar: Neben der Berufung von Amtsträgern durch Amtsträger gibt es zweitens eine Sendung durch solche, die selber keine besondere Sendung empfangen haben (in der Apostelgeschichte etwa die Handauflegung durch Propheten und Lehrer). Und drittens gibt es das frei aufbrechende Charisma von Menschen, die sich in einer Gemeinschaft von Glaubenden zum Dienst der Leitung (1 Kor 12,28; 16, 15) oder des Vorsitzes in der Gottesdienstfeier (Röm 12,8) berufen erkennen. In der Kirche der nachapostolischen Zeit hat sich verständlicherweise der erstgenannte Weg ins Amt, der aufgrund besonderer Sendung durch Handauflegung, schließlich durchgesetzt, sodass man ihn »apostolische Sukzession oder Nachfolge« nennt.

Dies alles hat die Arbeitsgemeinschaft ökumenischer Universitätsinstitute in der Bundesrepublik schon 1973 in einem ausführlichen Memorandum »Reform und Anerkennung kirchlicher Ämter« (Mainz 1973) dargelegt und gefordert, dass auch die katholische Kirche für die anderen beiden Wege grundsätzlich offen bleiben muss. Daher stünde der Anerkennung evangelischer Amtsträger durch die katholische Kirche ebensowenig etwas entgegen wie einer gemeinsamen Feier der Eucharistie oder des Abendmahls. Gruppen oder Gemeinden, die das schon jetzt am Rande des offiziell Erlaubten praktizieren, haben also die biblische Botschaft hinter sich. Es gibt auch weitere Memoranden in derselben Sache, zuletzt »Thesen zur Eucharistischen Gastfreundschaft« der ökumenischen Institute von Straßburg, Tübingen und Bensheim unter dem programmatischen Titel »Abendmahlsgemeinschaft ist möglich« (Frankfurt/M. 2003). Sie kommen nach sorgfältigen Analysen zu demselben Ergebnis. Es geht jetzt darum, das theologisch schon längst Geklärte endlich in die kirchliche Praxis umzusetzen.

16. Ökumenische Verständigung und Zusammenarbeit in Wahrhaftigkeit ohne Ausreden und Verschweigen

Begründung: Gerade von der Kirche ist wahrhaftige Rede erfordert: »Euer Ja sei ein Ja, und euer Nein sei ein Nein« (Mt 5,37). Besonders das formelle Ja zur Ökumene darf nicht in ein faktisches Nein verfälscht werden. Mehr und mehr Menschen verbitten sich die ständig wiederholten faulen Ausreden römischer und auch deutscher Kirchenmänner (Frauen sind kaum darunter!), manchmal sogar unterstützt von allein auf protestantische Identität bedachten Evangelischen:
– die Zeit sei noch nicht reif zur ökumenischen Verständigung, zur Aufhebung der Exkommunikationen, zur Herstellung der Communio, zur gemeinsamen Eucharistie- und Abendmahlsfeier, als ob darüber nicht schon endlose – offizielle oder nicht offizielle – Gespräche geführt worden wären;
– es müssten noch viele Kommissionen und Synoden tagen, obwohl schon so viele stattfanden, deren Ergebnisse schlicht ignoriert wurden;

– es müsste noch mehr »gebetet« werden, als ob sich mit der Oratio der Gläubigen nicht endlich die Actio der Leitenden verbinden müsste;

– es müsste noch mehr geduldig an der Kirche und ihrer Spaltung »gelitten« werden, als ob das Leid, das die Kirchenspaltung in die Menschheit, die Völker und die Gemeinden, die Familien und Ehen brachte und bringt, nicht schon lange zum Himmel schriee …

Aus solchen Worten spricht kein guter Geist, sondern ein Geist, der trennt, verschleppt, verzögert! Es ist nicht der bei solchen Gelegenheiten gerne zitierte Heilige Geist: Dieser vermag die Kirche von Selbstgerechtigkeit zu befreien und von Verlogenheit zu reinigen, vermag auch den Starrsinn der Theologen und Hierarchen zu erweichen und Ängste abzubauen durch eine Liebe, die Grenzen überwindet und Brücken des Vertrauens baut.

Wahrhaftige Rede schließt Prüfung und Differenzierung nicht aus. »Prüfet aber alles, das Gute behaltet!«: Was der Apostel Paulus an die Gemeinde von Thessaloniki (1 Thess 5,21) von den prophetischen Äußerungen schreibt, gilt in unseren Tagen erst recht von den Äußerungen der Wissenschaftler. Sie sollen in der Kirche gehört, aber nicht blind akzeptiert, sondern durchaus überprüft werden, ob sie wahr und gut für den Menschen sind.

Besonders gilt dies für die vieldiskutierten medizinethischen Fragen, insbesondere die auch unter Katholiken heiß umstrittene Frage der *Präimplantationsdiagnostik* (PID), bei der im Reagenzglas erzeugte Embryonen außerhalb des Mutterleibs auf Erbkrankheiten untersucht und gegebenenfalls aussortiert werden. Natürlich kann diese Methode missbraucht werden. Aber das ethische Axiom: »Abusus non tollit usum – Missbrauch verbietet nicht den Gebrauch« gilt auch hier. Das von Kirchenmännern geforderte undifferenzierte Verbot der PID gründet sich auf fragwürdige Argumente.

Man bedenke: Nicht zuletzt unter den rund 250 000 im Jahr 2010 aus der katholischen Kirche der Bundesrepublik Ausgetretenen sind zweifellos viele, die entgegen der offiziellen Lehre nicht nur die Pille, sondern auch künstliche Befruchtung und PID bejahen. Sie möchten aber nicht weiterhin in arrogantem moralisierendem Ton von zölibatären, für die Vertuschung von Missbrauchsfällen verantwortlichen Amtsträgern angeklagt werden, sie würden sich schwer schuldig machen, denn sie würden »dem lieben Gott ins Handwerk pfuschen«, würden einen moralischen »Dammbruch« bewirken, ja, würden sich als Mensch »zum Herrn über andere Menschen machen«.

Dieses letzte Argument bedarf besonders der Prüfung, da gerade hier unbedingt differenziert werden muss, wie dies in der klassischen römisch-katholischen Tradition durchaus geschah, was aber von heutigen Amtsträgern – aus Absicht oder Unkenntnis – *verschwiegen* wird. Die Grundfrage ist ja: Ist der individuelle, personal-beseelte Mensch schon ab der biologisch-chemischen Verschmelzung von Ei- und Samenzelle (bzw. Nidation) existent oder aber erst zu einem späteren Zeitpunkt, der vielleicht mathematisch nicht bestimmbar ist?

Doch verschwiegen wird im allgemeinen von katholischen Amtsträgern: Es ist keineswegs die übereinstimmende römisch-katholische Tradition, dass von Anfang an von einer menschlichen *Person* die Rede sein kann. Thomas von Aquin, von Aristoteles her, nimmt eine nach und nach erfolgende Beseelung (»animatio successiva«) an: in der ersten Phase eine vegetative Seele (»anima« oder Lebensprinzip), in der zweiten Phase eine »anima sensitiva« und erst in der dritten Phase eine »anima intellectualis« oder Geistseele. Der entscheidende Punkt: Ohne eine »anima intellectualis«, eine Geistseele, ist eine menschliche *Person* nicht gegeben: Persona »non invenitur nisi in rationali natura – eine Person findet sich nur in einer rationalen Natur« (Summa theologiae III, q.6, a.4 ad 3, vgl. I q.29 1 co, Definition nach Boethius).

Dies blieb bis ins 19. Jahrhundert die traditionelle katholische Lehre. Aber ist dies nicht – entsprechend dem damaligen naturwissenschaftlichen Wissensstand – eine viel zu schematische Auffassung vom Entstehen des Menschenlebens? Dies ist zweifellos der Fall, doch entspricht sie den Gegebenheiten der Biologie noch immer besser als die Behauptung, schon mit der Verschmelzung von Ei- und Samenzelle sei eine »menschliche *Person*« gegeben und im Fall einer PID, einer Abtreibung oder sogar der »Pille danach« würde »ein Mensch« getötet, gar (in böser Absicht) ermordet. Im Bild dagegen: Wer mir eine Eichel (das ist eine Eiche »in potentia«) aus dem Garten entwendet, hat mir noch keine Eiche gefällt.

Aber wie sieht es in der römisch-katholischen Praxis aus? Diese bestätigt vollauf die klassische Lehre: Spontane Abgänge oder Totgeburten erhielten deshalb anders als Säuglinge nie ein kirchliches Begräbnis mit Kreuz und Fahne. Die konsequente Gleichsetzung von befruchteter Eizelle und menschlicher Person würde erfordern: Jede Totgeburt, ja, jede im Labor künstlich befruchtete Eizelle müsste kirchlich begraben werden. Das wäre, wenn überhaupt möglich, wenig sinnvoll.

Schließlich die Frage: Seit wann kennt denn die katholische Theologie eine derart forcierte Konzentration auf den Anfangspunkt des menschlichen Lebens? Dafür wäre schon längst eine genaue wissenschaftliche Arbeit (etwa eine Dissertation) fällig. Es besteht indes kein Zweifel, dass für diese zugespitzte Lehre die Diskussion um das Dogma der »unbefleckten Empfängnis Mariens« 1854 unter Pius IX. eine entscheidende Rolle gespielt hat. Warum? Das können mit einiger Mühe auch theologisch nicht gebildete Laien verstehen.

Thomas von Aquin und die gesamte lateinische Theologie hatte unter dem Einfluss der augustinischen Erbsündenlehre daran festgehalten, dass auch Maria von der Erbsünde »befleckt« gezeugt wurde. Erst im Spätmittelalter war der spitzfindige Franziskanertheologe Duns Scotus (»Doctor subtilis«) auf die Idee verfallen, Maria sei durch eine »Voraus-Erlösung« von der Erbsünde bewahrt worden: »Conceptio immaculata«, wie das denn auch im seltsamen Dogma von der »Unbefleckten Empfängnis Mariens« (Maria, im Leib ihrer Mutter ohne Erbsünde gezeugt) von 1854 definiert wurde, worüber man aber in der Bibel und in der katholischen Tradition des ersten Jahrtausends kein Wort findet und das im Lichte der Evolutionstheorie auch kaum einen Sinn hat.

Also mein Standpunkt zur medizinethischen Diskussion präzis zusammengefasst: Von Anfang an ist »*menschliches Leben*« vorhanden, deswegen ist auch von Anfang an eine besondere Ehrfurcht vor diesem Leben gefordert und kann man mit ihm nicht beliebig umgehen; schon ihm kommt nach der Rechtsprechung des deutschen Bundesverfassungsgerichts Menschenwürde zu. Aber eine »*menschliche Person*« ist nicht von Anfang an gegeben, und insofern müssen die ethischen Kriterien bezüglich Abtreibung und Stammzellenuntersuchung differenziert angewendet werden, nicht als ob man es schon mit einer menschlichen Person zu tun habe, die m. E. zumindest eine Ausbildung des Gehirns voraussetzt. In diesem Sinne möchte ich zur Besonnenheit und Zurückhaltung raten, damit wir hier nicht wieder einmal in alte Streitfronten – Kirche gegen Wissenschaft – zurückfallen, an denen weder Wissenschaftlern noch Kirchenleuten gelegen sein kann. Eine Hilfe wäre es, wenn das kirchliche »Lehramt« in solchen auch unter Katholiken umstrittenen Fragen statt zur Polarisierung und Verschärfung zur konstruktiven Lösung und ökumenischen Verständigung beitrüge. Leider ist das bisher kaum der Fall.

17. Notfalls Zwangstherapie erforderlich?

Als ich eine provisorische Fassung des Manuskripts dieses Buches einen befreundeten Arzt in meiner Schweizer Heimat lesen ließ, war dessen wichtigste kritische Anmerkung, es fehle am Ende ein Kapitel über eine eventuelle »Zwangstherapie«. Er, ein überzeugter Katholik und aufrechter Demokrat, bat mich, ich möge »die unbedingt notwendigen Schritte detailliert aufzeigen, wie dem sicher weiterhin uneinsichtigen Patienten ›Römisches System‹ die zur Behandlung der Krankheit als wirksam erkannten Therapien *notfalls im Sinne einer Zwangstherapie verordnet werden können und sollen*«: »Ohne Zwangsmaßnahmen wird Rom auch dieses Buch ignorieren und zur Tagesordnung übergehen. Eine erschreckende Erfahrung hast Du ja mit dem Offenen Brief an die Bischöfe bereits gemacht, welcher nicht eine einzige Reaktion bewirkt hat. Das Gleiche wird wohl auch diesem großartigen Buch passieren.«

Manche Katholiken werden vielleicht über den Begriff »Zwangstherapie« erschrecken, andere hingegen dürften der Klage zustimmen. Aber was soll man im Kontext der *Kirche* unter einer »Zwangstherapie« verstehen? In der *Medizin* jedenfalls darf in rechtlich genau umschriebenen Fällen eine bestimmte Therapie aufgezwungen, also eine Zwangstherapie durchgeführt werden. Keinesfalls jedoch bei einem mündigen Patienten, der im Vollbesitz seiner geistigen Kräfte ist, aber eine bedrohliche organische Krankheit hat und seine Situation zu erkennen vermag. Er darf eine Therapie verweigern, und niemand kann ihm eine Therapie aufzwingen, selbst wenn ihm diese Verweigerung den Tod bringt. Dies kann der Kirche niemand wünschen.

Anders liegt der Fall, wenn ein Kranker (und besonders ein psychisch Kranker) aufgrund seiner Krankheit gar nicht zu erkennen vermag, dass er krank ist, und ihm deshalb körperliche und/oder geistige Verwahrlosung droht. Bei solch fehlender Einsicht darf ihm, um sein Leben zu retten und auch andere zu schützen, eine Therapie aufgezwungen werden, unter Umständen durch Freiheitsentzug und Hospitalisierung. Eine Zwangstherapie ist auch gestattet, wenn Eltern (zum Beispiel Zeugen Jehovas) aufgrund religiöser Überzeugungen ihrem todkranken Kind keine Bluttransfusion gestatten wollen. Dann kann auch gegen den Willen der Eltern die Therapie zum Heil des Kindes durchgeführt werden.

Und wo liegt nun die *Analogie zur Kirche*? Natürlich behauptet niemand, die Dialogverweigerer und Reformverhinderer unter den Kirchenoberen seien allesamt pathologische Fälle, wiewohl dies im Einzelfall (etwa beim Unfehlbarkeitspapst Pius IX.) in der Literatur offen diskutiert wird. Doch eine Analogie zu jenen Krankheitsfällen lässt sich erkennen: Aufgrund ihrer religiösen Sozialisierung und »Kurialisierung« sind solche Persönlichkeiten oft gar nicht mehr fähig zu erkennen, wie sehr die Kirche am eigenen römischen System krankt. Doch diesen Kirchenoberen gehört die Kirche ja nicht, sondern sie ist ihrer Treuhänderschaft und Führung anvertraut, aber sie weigern sich aufgrund ihrer ekklesiogenen Betriebsblindheit (biblisch: »Verstocktheit«), der Kirchengemeinschaft eine effektive Behandlung und Heilung zukommen zu lassen. Es müsste ihnen also, damit die Kirche gerettet wird, eine Therapie aufgezwungen werden. Aber wie?

Blickt man in die Geschichte der Neuzeit, so zeigen sich zwei Modelle von »Zwangstherapie«, um in einer absolutistischen Monarchie eine grundlegende Veränderung zu erzielen:

– die *gewaltsame Revolution* nach dem Beispiel der Französischen oder Russischen Revolution. Doch ein blutiger Umsturz kommt für eine Kirche, die sich auf den gewaltlosen Jesus beruft, selbstverständlich nicht in Frage;

– die *politische Evolution* nach dem Beispiel des englischen Parlamentarismus. Mit der Institution des Parlaments vermochte das Bürgertum im Lauf der Jahrhunderte die Überwindung feudaler Gesellschafts- und absolutistischer Herrschaftsformen zugunsten der Verantwortlichkeit der Regierung gegenüber dem Parlament durchzusetzen. Aber in der römisch-katholischen Kirche fehlt auf Weltebene jegliche gewählte Repräsentation des Volkes oder auch nur des Klerus, die parlamentarische Qualität besäße.

Was also? Ist in dieser absolutistischen Kirche der Einzelne (Gläubige, Pfarrer, auch Bischof) allein auf sich selbst gestellt, was heißt: auf verlorenem Posten? Nein, auch in diesem System hat der Einzelne durchaus *verschiedene Optionen* des Widerstands, und manche nehmen sie auch wahr – mit gewissen therapeutischen Auswirkungen für die Kirche:

– Er/sie kann aus der Kirche austreten: Das praktizierten in den letzten Jahren Hunderttausende, und zwar nicht nur wegen der Kirchensteuer, sondern wegen vieler Unrechtsverhältnisse in der Kirche und wegen des allgemeinen Reformstaus, seit 2010 besonders auch wegen der Missbrauchsskandale.

– Er/sie kann die Kirchensteuer verweigern: Der Austritt aus der Kirchensteuergemeinschaft öffentlichen Rechts ohne Austritt aus der Gemeinschaft der Glaubenden wird in Deutschland immer mehr auch von der Justiz zugelassen. Selbst der Papst hat dafür ein offenes Ohr. Und in der Schweiz, wo die Kirchenmitglieder die Kirchensteuer direkt an die Kirchengemeinde bezahlen, hat sich die Verweigerung der Weiterleitung des Diözesananteils durch die Gemeinde bzw. die kantonale Synode an die bischöfliche Kasse in mehreren Fällen als wirksames Druckmittel erwiesen.

– Er/sie kann zu einer anderen Kirche konvertieren: Schon viele katholische Pfarrer haben, wenn sie sich verheirateten, in der Alt- oder Christkatholischen Kirche ein Amt übernommen; aber in neuester Zeit konvertieren aus den genannten Gründen auch öfters Katholiken zur evangelischen Kirche.

– Er/sie kann gar nicht erst in die Kirche eintreten: Das trifft auf immer mehr Jugendliche zu, die entweder nicht getauft wurden oder als Getaufte später bestenfalls passive Mitglieder ihrer Kirche sind.

– Er/sie kann sich aktiv reformerisch engagieren in der Gemeinde, in Reformbewegungen, in der Theologie. Diese Option habe ich für mich gewählt.

Aber welches sind denn die *Methoden*, mit denen in der Kirche Engagierte dieses autoritäre absolutistische System sozusagen zwangstherapieren können? Schon vor vier Jahrzehnten habe ich mir darüber Gedanken gemacht, wie man »gegen die Resignation« in der Kirche – würde ich heute sagen – therapeutisch angehen kann. 33 prominente Theologen aus aller Welt haben 1972 eine Erklärung in diesem Sinn unterschrieben, darunter Alfons Auer (Tübingen), Gregory Baum (Toronto), Franz Böckle (Bonn), Norbert Greinacher (Tübingen), Herbert Haag (Tübingen), Otto Karrer (Luzern), Walter Kasper (Tübingen), Ferdinand Klostermann (Wien), Richard McBrien (Boston), Johann Baptist Metz (Münster), Stephan Pfürtner (Fribourg), Edward Schillebeeckx (Nijmegen) … Es ist klar, dass auf diese Weise der Einzelne nicht ohnmächtig ist, sondern in einem kleineren oder größeren Bereich *Macht (nicht Herrschaft) ausüben kann und darf.*

Fünf Therapiekomponenten bieten sich an:

1. Nicht schweigen: die *Macht der Sprache.* Der einzelne Gläubige soll nicht schweigen, sei es aus Opportunismus, Mutlosigkeit oder Oberflächlichkeit. Jedermann in der Kirche, ob im Amt oder nicht, ob Mann oder Frau, hat das Recht und oft die Pflicht, über Kirche und Kirchenleitung zu sagen, was er denkt und zu tun für nötig erachtet, also Vorschläge zur Verbesserung einzubringen.

2. Selber handeln: die *Macht der Tat*. Je mehr Leute in der Kirche nicht nur klagen und über Rom und die Bischöfe schimpfen, sondern selber handeln, umso mehr helfen sie mit, dass die Kirchengemeinschaft das belastende römisch-katholische System zu überwinden vermag. Viel Großes in den Gemeinden und in der gesamten Kirche ist durch die Initiative Einzelner in Gang gekommen. Und gerade in der modernen Gesellschaft hat der Einzelne Möglichkeiten, das kirchliche Leben positiv zu beeinflussen (man denke auch an die neuen Medien und das Internet). In verschiedener Weise kann er so auf besseren Gottesdienst, verständlichere Predigt und zeitgemäßere Seelsorge, auf Strukturveränderungen, auf ökumenische Integration der Gemeinden und ein christliches Engagement in der Gesellschaft drängen.

3. Gemeinsam vorgehen: die *Macht der Gemeinschaft*. Der Einzelne soll nicht allein vorgehen, im Gegenteil, wo immer möglich mit der Unterstützung von anderen, von Freunden, des Pfarrgemeinderates, des Priesterrates, der Pastoralräte und katholischen Laienverbände, oder auch der freien Gruppierungen von Laien, der Reformbewegungen, der Priester- und Solidaritätsgruppen. Die Zusammenarbeit der verschiedenen Gruppierungen darf nicht durch sektiererische Abkapselung erschwert, sondern muss um des gemeinsamen Zieles willen verstärkt werden. Insbesondere muss der Kontakt der reformerischen Priestergruppen mit den zahlreichen verheirateten Priestern ohne Amt aufrechterhalten werden im Hinblick auf deren Rückkehr in den vollen kirchlichen Dienst.

4. Zwischenlösungen anstreben: die *Macht des Widerstands*. Diskussionen allein helfen nicht, oft muss man zeigen, dass man es ernst meint. Und dies durchaus mit gutem Gewissen. Denn ein Druck auf die Autoritäten im Geist christlicher Brüderlichkeit kann dort legitim sein, wo Amtsträger ihrem Auftrag nicht entsprechen. Die Volkssprache

in der gesamten katholischen Liturgie, die Änderung der Mischehenbestimmungen, die Bejahung von Toleranz, Demokratie, Menschenrechten und so vieles in der Kirchengeschichte ist nur durch ständigen loyalen Druck von unten erreicht worden.

Für die Praxis heißt dies: Wo eine Maßnahme der übergeordneten kirchlichen Autorität ganz offensichtlich dem Evangelium nicht entspricht, kann Widerstand erlaubt und sogar geboten sein. Beispiele: Der bereits erwähnte erfolgreiche zivile Ungehorsam der deutschen Pfarrgemeinden gegenüber dem römischen Verbot von Ministrantinnen. Ebenso die Gründung der deutschen Initiative »Donum Vitae«, nachdem sich die katholische Kirche auf Druck Roms aus der Schwangerschaftskonfliktberatung zurückgezogen hatte. Weiter die Tatsache, dass in manchen Diözesen Laien (Männer und Frauen) trotz römischen Verbots predigen dürfen. Oder die Basler Gemeinde Röschenz, die erfolgreich auch beim weltlichen Gericht dafür kämpfte, dass sie einen vom Bischof widerrechtlich abgesetzten Pfarrer behalten konnte.

Wo eine dringend nötige Maßnahme der übergeordneten kirchlichen Autorität in unzumutbarer Weise hinausgezögert wird, können unter Wahrung der Kircheneinheit in kluger und maßvoller Weise provisorische oder alternative Lösungen in Gang gesetzt werden. Beispiele: Der frühere Bischof von Basel, Otto Wüst, der in eigener Verantwortung ohne römische Erlaubnis dem jungen Theologen Kurt Koch, jetzt Kurienkardinal, die kirchliche Lehrbefugnis für seine Lehrtätigkeit verlieh. Oder in Österreich, Deutschland und anderen Ländern die aufgrund der Verschleppung von Reformen gegründete KirchenVolksBewegung. Und was das unbiblische und inhumane Zölibatsgesetz betrifft: Ein Priester, der nach reiflicher Überlegung zu heiraten gedenkt, möge sich nicht mehr heimlich von seinem Amt zurückziehen, sondern seine Gemeinde rechtzeitig informieren. Wünscht die Gemeinde sein Bleiben, so wird sie mit allen legitimen Mitteln darauf hinwirken, dass der betreffende Priester die Gemeinde nicht verlassen muss.

5. Nicht aufgeben: die *Macht der Hoffnung*. Bei der Rettung oder Erneuerung der Kirche wirkt als die größte Versuchung, oft auch als bequemes Alibi, die Meinung, dass alles keinen Sinn habe, dass man doch nicht vorankomme und sich somit besser verabschiede. Wo indessen die Hoffnung fehlt, fehlt auch die Tat. Gerade in einer Phase der innerkirchlichen Restauration und Stagnation kommt es darauf an, in vertrauendem Glauben ruhig durchzuhalten und den langen Atem zu bewahren. Noch hoffen viele auf die Einsicht der Verantwortlichen. Hat doch die Aufarbeitung der Missbrauchsfälle auch bei vielen Bischöfen langsam einen Bewusstseinswandel in Gang gesetzt. Und sie sind nun auch grundsätzlicheren Fragestellungen ausgesetzt: etwa nach der Macht und ihrer Ausübung in der katholischen Kirche, nach ihrem rigiden Dogmatismus oder nach der Sexualität und ihrer Verdrängung.

Es gibt ja auch immer wieder kleine Hoffnungszeichen, so etwa wenn der Bischof von Rottenburg-Stuttgart, Dr. GEBHARD FÜRST, in seiner Neujahrsansprache am 6. Januar 2011 in Stuttgart verkündete: »Wir brauchen in der katholischen Kirche in Deutschland einen Läuterungs- und einen Erneuerungsprozess.« Aber unter den Zuhörern fragten sich doch manche, wie ernst es ihm damit sei, wenn der Prozess von vornherein begrenzt sein soll durch den Kontext der »Universalkirche« (gemeint ist natürlich »Rom«) und man bei dieser Gelegenheit einmal mehr die »Kostbarkeit« des Pflichtzölibats herausstellte, statt seine Abschaffung zu fordern. Dabei hatte doch vor genau vierzig Jahren, vom 3.–5. Januar 1971, die konstituierende Vollversammlung der Würzburger Synode der deutschen Bistümer stattgefunden, an der in den folgenden Jahren mit gleichem Stimmrecht 58

Bischöfe, 88 Priester, 30 Ordensleute und 141 Laien »heiße Eisen« wie den Pflichtzölibat anpackten. Aber realisiert wurde nichts, kein einziges der heißen Eisen wurde geschmiedet – wegen der Blockade der Kurie und der Untätigkeit der deutschen Bischöfe. Der Zeitzeuge Dr. Wolfgang Seibel SJ schrieb zum Synodenjubiläum 2011 in den »Stimmen der Zeit«: »Es ist bedauerlich, dass diese gemeinsame Form der Entscheidungsfindung nicht stilbildend geworden ist … Die heutige Kirchenführung blendet dieses gute Stück der Tradition aus«.

Freilich, in manchen Reformanliegen müssen wir mit längerer Zeit für ihre Durchsetzung rechnen: dies ist auch in der Zivilgesellschaft so. Ein Beispiel: Als ich vor einiger Zeit einen Vortrag in Cincinnati hielt, steckte mir ein älterer Herr eine ermutigende Notiz zu: Vier Gruppen von Menschen hatte er aufgeschrieben, die in den USA unter der Vorherrschaft der WASP (White Anglo-Saxon Protestants) vor ein paar Jahrzehnten gesellschaftlich noch keine relevante Rolle spielten: die Schwarzen, die Juden, die Katholiken und die Frauen. Niemand wird bestreiten, dass bei allen noch immer bestehenden großen Mängeln die Relevanz dieser Gruppen in der amerikanischen Gesellschaft sich grundlegend zum Besseren verändert hat. Auf solche langfristigen Wandlungsprozesse ist auch in der Kirche konsequent und energisch hinzuarbeiten.

18. Im Blick auf eine Rekonvaleszenz

Was ich zu Beginn dieses Buches versprochen habe, meine ich nun mit dem sechsten Kapitel über die konkreten Maßnahmen erfüllt zu haben. Wie für die dramatische Situation der katholischen Kirche vor dem Zweiten Vatikanischen Konzil im Buch »Konzil und Wiedervereinigung. Erneuerung als Ruf in die Einheit« (1960) so jetzt genau 50 Jahre später angesichts der erneut dramatischen Situation: »Ist die Kirche noch zu retten?« (2011): auf der Basis einer präzisen aktuellen, historischen und systematischen Diagnose in den Kapiteln I bis V habe ich in Kapitel VI einen umfassenden und detaillierten »Rettungsplan« für die schwer erkrankte Kirche vorgelegt.

So möchte ich auf eine »Rekonvaleszenz« (vom spätlateinischen »reconvalescere – erstarken, genesen«) auf eine »Wiedererstarkung«, »Wiedergesundung«, »Genesung« dieser Kirche hoffen. Die zur Rekonvaleszenz führenden notwendigen Therapien, Operationen und Medikationen habe ich beschrieben. Manches habe ich hart formuliert, aber nie menschlich herabsetzend, deutlich, aber nicht denunziatorisch. Sicher hat man gemerkt, dass der »Therapeut« aus Liebe zur Kirche und zur Sache so scharf geredet hat.

Und so hoffe ich denn, dass die für die Kirche (vor Ort und weltweit) Verantwortlichen diese notwendigen Rettungsmaßnahmen entschlossen einleiten. Was soll unmittelbar kurzfristig getan werden?

– In den *Pfarrgemeinden* mögen alle, besonders aber die Verantwortlichen in den Pfarrgemeinderäten, die sie betreffenden Fragen ohne Einschränkung offen diskutieren und konkrete Maßnahmen erörtern und beschließen.

– Die *Reformbewegungen* wie »Wir sind Kirche« und »IKvu« mögen diese umfassende Reformagenda, die sie bestätigt und in einen weiteren Kontext stellt, samt Begründung aufgreifen und international verbreiten.

– Das *Zentralkomitee der deutschen Katholiken* möge mit Mut und Beständigkeit gegenüber der Bischofskonferenz konkrete Schritte der Sanierung und Erneuerung einfordern.

– Prominente *katholische Laien* mögen ihr Ansehen nutzen, um öffentlich als Einzelne oder als Gruppe konkrete Reformen von den Bischöfen und von Rom einzufordern. Das taten exemplarisch acht angesehene Politiker der Bundesrepublik, die im Januar 2011 eine Lockerung des Zölibatsgesetzes und zur Not eine regionale Sonderregelung verlangten: Bundestagspräsident Norbert Lammert, Bundesbildungsministerin Annette Schavan, die früheren Ministerpräsidenten Bernhard Vogel, Erwin Teufel und Dieter Althaus und der langjährige ZdK-Generalsekretär Friedrich Kronenberg.

– Hoffentlich wird auch der eine oder andere *Bischof* auf sein Gewissen hören und den Mut aufbringen für eine persönliche wohlinformierte und begründete Stellungnahme zur Reform in seinem Bistum und in der Kirche als ganzer.

– Die *Deutsche Bischofskonferenz* möge zu Taten schreiten und ihren Einfluss bei anderen Bischofskonferenzen und in Rom geltend machen, um die kranke Kirche aus ihrer Krise herauszuführen und die Erneuerung und Reform im Sinn des Zweiten Vatikanischen Konzils weiterzuführen.

– Der *Papst* möge Einsicht zeigen und die Bitten ungezählter Menschen erfüllen und bei der Gesundung der Kirche vorangehen. Er möge eine kompetente Reformkommission einsetzen und möglichst bald ein (zahlenmäßig beschränktes, doch repräsentatives) Ökumenisches Konzil einberufen.

Damit komme ich zum Schluss auf die globale Perspektive zurück.

Zum Schluss: Die Vision bleibt

In diesem Buch habe ich in weit vorgerücktem Alter noch einmal meine Vision von Kirche, die meinen Erfahrungen zufolge die Erwartungen von Millionen von Christen und Nichtchristen ausdrückt, zusammenfassend dargelegt. Eine Vision, wie ich sie durch all die Jahrzehnte erforscht, erkämpft und erlitten habe. Eine Vision, wie die Kirche überleben kann, gegen welche all die Reformverhinderer bis heute kaum Argumente aufzubieten hatten.

Diese Vision von Kirche ist bestimmt durch drei Charakteristika:

– *Christliche Radikalität*: Alle Aussagen zur Reform der Kirche sind nicht in der Anpassung an einen »Zeitgeist« oder nur in soziologischen und praktischen Erwägungen begründet, sondern in der christlichen Ur-Kunde selber. Alle Reformforderungen haben hier ihre Wurzel, ihre »Radix«, werden ferner gestützt durch die große katholische Tradition und sind formuliert im Blick auf die Nöte und Hoffnungen der Menschen von heute.

– *Konstanz*: Ohne Wanken und Schwanken, ohne Rücksicht auf Opportunität, ohne Konzessionen an kirchliche Hoftheologie wurde hier eine Konzeption vorgelegt, welche die Grundimpulse des Zweiten Vatikanischen Konzils aufgenommen hat und welche durch Jahrzehnte hindurch systematisch durchdacht und auf die Praxis hin konkretisiert wurde. Alle Reformforderungen kommen nicht aus einem innerkirchlichen Enthusiasmus oder hyperkritischen Extremismus, sondern sind realistisch und konstruktiv formuliert im Blick auf das jetzt schon innerkirchlich Mögliche.

– *Kohärenz*: Die einzelnen Reformforderungen stehen nicht für sich und isoliert, sondern sind Teil einer geschlossenen Gesamtkonzeption. Fragen wie Zölibat, Frauenordination oder Mitentscheidung von Laien sind keine beliebigen Detailfragen, sondern Ausdruck eines in sich kohärenten ekklesiologischen Entwurfs, der, auf das Evangelium konzentriert, den vom Vatikanum II für die katholische Kirche eingeleiteten Wandel der Gesamtkonstellation (Paradigmenwechsel) – weg von Mittelalter, Gegenreformation und Antimodernismus – in Richtung Nach-Moderne konkretisiert.

Ich habe diese Vision, wie die Kirche zu retten ist, schon vor langer Zeit in vier Doppelsätze zusammengefasst. Diese Gesamtsicht – sie gilt nicht nur für die katholische Kirche – wurde in den zurückliegenden Jahren immer wieder bestätigt und ich sehe deshalb keinen Grund, von ihr abzuweichen:

1. Nicht zu retten ist eine Kirche, die rückwärtsgewandt ins Mittelalter oder die Reformationszeit oder auch in die Aufklärung verliebt ist. Überleben aber kann eine Kirche, die *am christlichen Ursprung orientiert und auf die gegenwärtigen Aufgaben konzentriert ist.*

2. Nicht zu retten ist eine Kirche, die patriarchal auf stereotype Frauenbilder, exklusiv männliche Sprache und vordefinierte Geschlechterrollen festgelegt ist. Doch überleben kann eine Kirche, die eine *partnerschaftliche Kirche* ist, die Amt und Charisma verbindet und Frauen in allen kirchlichen Ämtern akzeptiert.

3. Nicht zu retten ist eine Kirche, die ideologisch verengt konfessionalistischer Exklusivität, Amtsanmaßung und Ge-

meinschaftsverweigerung verfallen ist. Überleben jedoch kann eine Kirche, die eine *ökumenisch offene Kirche* ist, die Ökumene nach innen praktiziert und endlich auf viele ökumenische Worte auch ökumenische Taten wie Ämteranerkennung, Aufhebung aller Exkommunikationen und volle Abendmahlsgemeinschaft folgen lässt.

4. Nicht zu retten ist eine Kirche, die eurozentrisch ist und einen christlichen Alleinanspruch und römischen Imperialismus vertritt. Überleben aber kann eine Kirche, die eine tolerante *universale Kirche* ist, die Respekt hat vor der immer größeren Wahrheit, die deshalb auch von den anderen Religionen zu lernen versucht und den National-, Regional- und Lokalkirchen eine angemessene Autonomie lässt. Und die deswegen auch von den Menschen – Christen wie Nichtchristen – respektiert wird.

Ist die Kirche noch zu retten? Ich habe die Hoffnung nicht aufgegeben, dass sie überleben wird.

Dankeswort

Am liebsten hätte ich dieses Buch allen Freunden der Erneuerung unserer katholischen Kirche gewidmet und besonders denen, mit denen ich seit vielen Jahren ständig im Austausch stehe. Aber das Buch ist ja für ein breites Publikum gedacht, das am Geschick der Kirche auf unterschiedliche Weise Anteil nimmt.

Ich will meinen namentlich ausgedrückten Dank auf diejenigen beschränken, mit denen ich in einer ständigen freundschaftlichen Arbeitsgemeinschaft stehe und die auch in verschiedenen Funktionen wesentlich zum Entstehen dieses Buches beigetragen haben: Dr. Stephan Schlensog, Generalsekretär der Stiftung Weltethos, Dr. Günther Gebhardt, Projektkoordinator, Anette Stuber-Rousselle, M.A., Stiftungsassistentin, und Ute Wanner, Chefsekretärin. Ihnen allen von Herzen Dank!

Hinzuzufügen wären manche Freunde und Kollegen, die mir zu ganz bestimmten Fragestellungen ihren wertvollen Rat gegeben haben. Hervorheben möchte ich Prof. Dr. Hermann Häring, der als mein Schüler, Kollege und Freund unabhängig von mir, aber zeitgleich mit mir ein äußerst kenntnisreiches und tief durchdachtes Buch zum Ende der klerikalen Weltkirche mit ihrer unerbittlichen Autoritätsstruktur, ihrem dogmatischen Rigorismus und unbiblischen Sakramentalismus geschrieben hat.

Dem Piper Verlag habe ich erneut zu danken für die schon seit Jahrzehnten bewährte höchst angenehme Zusammenarbeit. Sowohl mein Lektor Ulrich Wank als auch die Leiterin der Presse- und Öffentlichkeitsarbeit, Eva Brenndörfer, haben mich ermutigt, dieses Buch zu schreiben und all die Strapazen durchzustehen, die damit verbunden waren.

Tübingen, 1. Februar 2011   *Hans Küng*

Der Autor dieses Buches

HANS KÜNG, in eine katholische Familie hineingeboren, ist im katholischen Schweizer Städtchen Sursee aufgewachsen und hat in der katholischen Stadt Luzern sein Gymnasium absolviert.

Er hat dann volle sieben Jahre in Rom im elitären Päpstlichen Collegium Germanicum et Hungaricum gelebt und an der Päpstlichen Universitas Gregoriana seine philosophischen und theologischen Studien absolviert und hat schließlich, zum Priester geweiht, in der Petersbasilika seine erste Eucharistiefeier zelebriert und vor der Gemeinschaft der päpstlichen Schweizergardisten seine erste Predigt gehalten.

Er wurde mit seiner Dissertation über den reformierten Theologen Karl Barth am Institut Catholique in Paris zum Doktor der Theologie promoviert. Nach zwei Jahren Seelsorge in Luzern wurde er 1960 mit 32 Jahren Professor der katholischen Theologie an der Universität Tübingen.

Er nahm als von Johannes XXIII. ernannter Experte 1962–1965 am Zweiten Vatikanischen Konzil teil, lehrte zwei Jahrzehnte Theologie in der Katholisch-Theologischen Fakultät Tübingen, gründete und leitete das Institut für ökumenische Forschung der Universität.

Er erfuhr aber 1979 unter einem anderen Papst die Inquisition am eigenen Leib, behielt jedoch trotz des Entzugs der kirchlichen Lehrbefugnis Lehrstuhl und Institut (aus der Katholischen Fakultät ausgegliedert).

Er hielt seiner Kirche drei weitere Jahrzehnte in kritischer Loyalität unerschütterliche Treue und blieb, vielfach ausgezeichnet, bis auf den heutigen Tag Professor der ökumenischen Theologie und katholischer Priester »in good standing« (zu allen Amtshandlungen ermächtigt).

Er hat das Papsttum als pastorales Petrusamt in der katholischen Kirche stets bejaht, doch zugleich unverdrossen dessen radikale Reform nach dem Maßstab des Evangeliums gefordert.

So blieb die katholische Glaubensgemeinschaft trotz aller Erfahrungen mit der Unbarmherzigkeit des römischen Systems bis heute seine geistige Heimat, für deren Gesundung und Überleben in der christlichen Ökumene er dieses Buch geschrieben hat.

Bücher des Autors zur Vertiefung

Rechtfertigung. Die Lehre Karl Barths und eine katholische Besinnung, Johannes/Benziger 1957; Serie Piper 674, München 1986.

Konzil und Wiedervereinigung. Erneuerung als Ruf in die Einheit, Herder 1960.

Strukturen der Kirche, Herder 1962; Serie Piper 762, München 1987.

Die Kirche, Herder 1967; Serie Piper 161, München 1977.

Unfehlbar? Eine Anfrage, Benziger 1970; Ullstein-Taschenbuch 34512, Frankfurt/M.-Berlin-Wien 1980; Erweiterte Neuausgabe: Unfehlbar? Eine unerledigte Anfrage, Serie Piper 1016, München 1989, mit einem aktuellen Vorwort von Herbert Haag.

Fehlbar? Eine Bilanz, Benziger 1973.

Christ sein, Piper 1974; Serie Piper 1736, München 1993.

Die Hoffnung bewahren. Schriften zur Reform der Kirche, Benziger 1990; Serie Piper 1467, München 1994.

Das Christentum. Wesen und Geschichte, Piper 1994; Serie Piper 2940, München 1999.

Kleine Geschichte der katholischen Kirche, Berliner Taschenbuch Verlag 2001.

Die Frau im Christentum, Piper 2001.

Erkämpfte Freiheit. Erinnerungen, Piper 2002, Serie Piper 4135, München 2008.

Umstrittene Wahrheit. Erinnerungen, Piper 2007; Serie Piper 5387, München 2009.

Was ich glaube, Piper 2009; Serie Piper 6390, München 2010.

Hans Küng
Erkämpfte Freiheit

Erinnerungen. 621 Seiten. Piper Taschenbuch

In Rom kannte sie jeder: Die »cardinaletti«, die Studenten des
Collegium Germanicum in ihren roten Roben. Unter den
Augen des Papstes wurden sie zur künftigen Elite ausgebildet:
Sieben Jahre lang Studium, in Latein selbstverständlich, ein
streng reglementierter Tagesablauf, genaueste Vorschriften
über Benehmen, Auftreten, ja Denken. Der junge Hans
Küng erfährt am eigenen Leib das Zwanghafte des römischen
Systems: Der Kampf um Freiheit wird sein Lebensthema.
Sehr persönlich erzählt er hier über seine Schweizer Jugend
und den Entschluß, Priester zu werden, über manche Zweifel und Kämpfe in Rom und Paris und seine Erfahrungen als
junger Professor. Zum prägenden Erlebnis wurde das Konzil, bei dem er Einblicke über die Kämpfe hinter den Kulissen
gewann. Begegnungen mit Präsidenten wie John F.
Kennedy, mit Päpsten wie Johannes XXIII. und Paul VI. und
mit Menschen aus allen Erdteilen schildert er zugleich mit-
reißend und analytisch. Eine ebenso gedankenreiche wie glän-
zend erzählte Autobiographie über Küngs erste vier Jahrzehnte und seinen Kampf um ein ursprüngliches Christentum.

01/1252/02/R

PIPER

Hans Küng

Das Christentum

Die religiöse Situation der Zeit. 1060 Seiten.
Piper Taschenbuch

Was ist das Christentum? Was ist das Wesen des Christlichen?
Was hält die so vielfältigen und verschiedenartigen christlichen Kirchen zusammen? Was ist das Verbindende in den
Jahrhunderten der christlichen Geschichte? Hans Küng
setzt sich kritisch mit zwei Jahrtausenden Christentum ausein-
ander. Seine Bilanz ist weniger bloße Geschichte, vielmehr
eine historische Analyse des Christentums, die auf Küngsche
Weise radikal ist. Sie verschont keine christliche Tradition,
keine Kirche vor Kritik, weil sie von der Wurzel her der Sache
des Evangeliums vertraut. Sie konfrontiert Katholizismus,
Orthodoxie und Protestantismus mit der ursprünglichen Botschaft und leistet damit auch der ökumenischen Bewegung
und der weltpolitischen Perspektive des Religionsfriedens
einen Dienst.

01/1396/02/R

PIPER

Hans Küng

Was ich glaube

320 Seiten. Gebunden

Was glaubt Hans Küng ganz persönlich? Er gilt als universaler
Denker unserer Zeit; seine Bücher sind in hohen Auflagen,
in vielen Sprachen über die Welt verbreitet. Doch dieses Buch
ist anders, auch wenn es auf seinem gesamten Werk auf-
baut. Es ist das persönliche Glaubensbekenntnis eines Man-
nes, der das theologische Denken weltweit stärker verändert hat als andere. Wenn man aber die ganze gelehrte Wissenschaft, die theologische Formelsprache, die kunstvollen
Theoriegebäude – wenn man das alles hinter sich lässt, was
bleibt dann als Kern des Glaubens? Was brauche ich für
mein Leben? Was ist mir unverzichtbar? Von »Lebensver-
trauen« über »Lebensfreude«, »Lebenssinn« und »Lebens-
leid« schreibt Hans Küng und bietet so eine »summa« seines
Lebens.

01/1870/01/R

Hans Küng

Rechtfertigung

Die Lehre Karl Barths und eine katholische Besinnung.
371 Seiten. Piper Taschenbuch

Als der junge streitbare Theologe Hans Küng 1957 seine Dissertation über die Rechtfertigungslehre Karl Barths veröffentlichte, kam das einer ökumenischen Sensation gleich: Küng sagte nichts weniger, als daß eine richtig verstandene Lehre von der Rechtfertigung des Menschen vor Gott Protestanten und Katholiken zusammenführen könne. Gerade heute ist ein gemeinsames ökumenisches Rechtfertigungsverständnis von Bedeutung: Denn in der heutigen Gesellschaft ist die Frage der Rechtfertigung und der Freiheit eines Christenmenschen aktueller denn je.

»Ich begrüße Ihr Buch als ein Symptom dafür, daß die Sündflut der Zeiten, in denen katholische und protestantische Theologen nur entweder polemisch gegeneinander oder in unverbindlichem Pazifismus, meistens gar nicht, miteinander reden wollten, zwar noch nicht vorbei, aber immerhin im Sinken ist.«
Karl Barth an Hans Küng

01/1932/01/R